EDITION OSHO

Die Texte für dieses Buch sind eine Zusammenstellung aus der Diskurs-Serie „Yoga, The Alpha & the Omega", die Osho vor einer internationalen Zuhörerschaft gehalten hat. Alle Osho Diskurse sind als Originale publiziert worden und als Original-Audios erhältlich. Audios und das vollständige Text-Archiv finden Sie unter der online Bibliothek „Osho Library" bei www.osho.com

Titel der Originalausgabe:
Osho, Talks on the Yoga Sutras of Patanjali.
Yoga, The Alpha & the Omega

4. Auflage 2016
Übersetzung: Prem Nirvano, Dhyan Nirbija, Prem Samvedan
Umschlaggestaltung: Silke Watermeier, www.watermeier.net
Fotos Umschlag: Stepen Coburn, Sculpies, www.fotalia.com

Druck: CPI books, Leck
Printed in Germany
ISBN 978-3-936360-55-4

OSHO

Das YOGA BUCH

Die Geburt des Individuums

innenwelt verlag

Inhalt

Vorwort

Yoga ist heute weltweit eine kulturelle Selbstverständlichkeit in nahezu allen Bereichen des gesellschaftlichen Lebens. Seine Präsenz ist überwältigend und unüberschaubar. In den unterschiedlichsten Angeboten für Entspannung, Therapie, Spiritualität und auch als Forschung in der interdisziplinären Humanwissenschaft, Yoga ist dabei. Diese wie auch immer vorhandene Vielfalt des Yoga trägt dazu bei, unsere meist vernachlässigte, existenzielle Sehnsucht in die Mitte unseres Lebens zurückzuholen.

Es sind existenzielle Fragen, die an unserem logischen Verstand vorbei, immer mehr Menschen auf die Angebote der unterschiedlichsten spirituellen Richtungen zurückgreifen lassen. Genau besehen geht es dabei um die eine Frage: *„Wer bin ich denn, nach all dem, was ich gesehen und erlebt habe?"* Es ist das Markenzeichen des modernen Geistes, im Grunde zu wissen, dass jede Antwort von außen einer Art Unterhaltung, ja Zeitvertreib gleichkommt. Sie mag vorübergehend trösten, beruhigen und unserem Verstand ein Gefühl des Zusammenhanges all seiner Fragmente ermöglichen – aber weil die Antwort von außen kommt, wird sie die Vorläufigkeit und Unsicherheiten nicht ausräumen. Die Verführung, trotzdem immer wieder den Weg der Unterhaltung zu gehen, ist uns in die Knochen geschrieben. *„Man hat uns beigebracht, nahezu überall auf der Welt, in jedem Kulturkreis, in jedem Land, jeder Klimazone, unsere Ziele irgendwo außerhalb von uns selbst zu suchen. Das Ziel mag Geld sein, das Ziel mag Macht sein, das Ziel mag Ansehen* *sein, ja das Ziel mag Gott sein, das Paradies – es macht keinen Unterschied: All diese Ziele liegen außerhalb von dir. Dabei besteht das wirkliche Ziel darin, zur Quelle zurückzukehren, von der du kommst." (Osho)*

Um mit dieser Situation intelligent umzugehen, ist es hilfreich, sich bewusst zu machen, dass die Quelle der spirituellen Wissenschaft nicht Schriften, sondern die Erfahrung ist. Wir sind nicht die Ersten, die fähig und bereit sind, das Leben existenziell zu hinterfragen. Ob es uns bewusst geworden ist oder nicht, wir bewegen uns seit Jahrtausenden im Lichte der Vision von Menschen, in denen sich jenseits von Lehrsystemen und Traditionen die Möglichkeit der vollendeten Freiheit und Liebe manifestiert hat. Sie werden Buddhas, Mystiker und Meister genannt.

In unserer Zeit eines umfassenden und immer differenzierteren Dialoges zwischen allen Kulturen ist mit Osho eine Vision präsent, die jeden von uns über alle halbherzigen Veränderungen und neuen Anpassungen hinaus, mit der radikalen Freiheit menschlicher Existenz konfrontiert: die unfassbare Schönheit und Kreativität menschlichen Bewusstseins. Es gibt nahezu keinen spirituellen Weg, keinen Meister der großen Traditionen, den uns Osho nicht als Spiegel vorgehalten hätte, um uns darin wiederzuerkennen. Und so spricht Osho auch über die Yoga-Sutren des großen Yogi Patanjali. Er bezeichnet ihn als den größten Wissenschaftler des Innen. In seinen Diskursen dazu wird eine Wissenschaft sichtbar, die uns mitten auf den unüberschaubaren Wegen und Richtungen existentiell entspannen lässt: Ja, so ist es möglich, Schritt für Schritt der eigenen Existenz zu vertrauen.

Aber es ist nicht nur das. Im Lichte der Meditationswissenschaft – und Yoga ist dabei ein Königsweg (*raja-yoga, raja* bedeutet im Sanskrit König) – ist der traditionelle Gegensatz zwischen Wissenschaft und Glauben hinfällig geworden. Meditationspraxis und die umfassende wissenschaftliche Meditationsliteratur unterschiedlichster Richtungen machen deutlich, dass existenzielle Fragen keines Glaubens und keiner Gelehrten-Hierarchie und schon gar keiner Organisation bedürfen, im Gegenteil!

Es wird klar: Wissenschaft und Spiritualität sind zwei Seiten der einen großen Kreativität menschlichen Bewusstseins: die bedingungslose Erforschung der Wirklichkeit in all ihren Dimensionen. Die quantentheoretische und gehirntheoretische Befreiung von der Illusion einer gegenständlichen, objektiven Wirklichkeit und eines substanziellen Ich ist für die Yoga-Wissenschaft kein Dilemma, sondern ein wesentlicher Aspekt der Disziplin selbst. Yoga ist eine Erforschung des Innen, bei der wir praktisch entdecken, wie wir schrittweise jede Annahme, jede Erwartung, jede Vorstellung, jede Theorie und damit das Ich, hinter uns lassen und in eine *sehende Anwesenheit* hineinfinden – undefinierbar, grenzenlos und jenseits aller Dualität. Hier sind die Yoga-Diskurse Oshos von zentraler Bedeutung: *„Jetzt die Disziplin des Yoga"* – das erste Sutra von Patanjali. Mit Yoga lernen wir Schritt für Schritt, der Existenz zu vertrauen, die forschende Sehnsucht nach der Wirklichkeit individueller Existenz nicht mehr zu überhören, nicht mehr zu überspringen – jetzt und nicht morgen und nicht im nächsten Leben! Im Vordergrund steht die Erfahrung des Lesers und nicht die Priorität eines Textes oder die Ziele von Übungsprogrammen.

Aber wie sich auf Erfahrung einlassen, was ist mit Erfahrung gemeint? Deswegen *jetzt* die Praxis der Yoga-Wissenschaft. Leidenschaftliche Ehrlichkeit und Intensität – zwei Qualitäten, die in der Wissenschaft des Patanjali eine große Rolle spielen – führen dazu, ein grundlegendes und tiefsitzendes Muster unseres gewöhnlichen Bewusstseins zu verlassen: das alles durchziehende Muster *‚für etwas'* oder *‚von etwas'* zu leben. Man könnte dies auch so umschreiben, dass mit Yoga in uns eine Situation entsteht, in der wir nach unserem vorsprachlichen Kindsein vielleicht zum ersten Mal die Qualität zeitloser Existenz erfahren: *zeitlos*, weil außerhalb aller Vorstellungen; *Erfahrung*, weil wir zum ersten Mal wirklich sind – ohne Abgrenzung und ohne Selbstverlust, ein Individuum, ungeteilte Existenz, die Ahnung unserer zweiten Geburt. Das System des Yoga mit all seinen Facetten, Stufen und Übungen ist die Hebamme dieser *zweiten Geburt.*

Hindernisse gibt es viele. Erkennen und Fühlen auf den Rahmen festzulegen, den unser Verstand für vernünftig hält, ist in Wirklichkeit eine ständige Abwehr von Erkennen und Fühlen. Im Yoga geht es weder um eine neue Weltanschauung, noch um eine neue Selbstinterpretation. Es geht auch nicht darum, dem Verstand in seiner Verwirrung zu helfen, ihn zu trösten oder zu stärken. Deswegen die acht Stufen und deswegen die Ausführungen Oshos zu den Sutren von Patanjali. Das tiefe und immer wieder neue Verstehen dieser Diskurse verleiht unseren Yoga-Übungen eine Seele.

Eine perfekte Ausführung der vielfältigen Yoga-Übungen entspannt sicherlich unseren unruhigen Körper und rastlosen Verstand. Aber uns selbst erreichen sie so nicht. Wir bleiben uns trotzdem fremd. Die Disziplin des Yoga beginnt dort, wo wir bereit sind, auch diese subtile und vielleicht letzte Illusion unseres Fremdseins in uns selbst zu verstehen.

Noch ein Hinweis zur Lektüre. „Der Mensch ist fähig, sich Vergnügen zu organisieren, aber er vermag nicht, Glück herzustellen", sagt Osho. Dies gilt auch für die Lektüre dieser Yoga-Diskurse. Wir können ohne Zweifel mit Gewinn durch die einzelnen Kapitel wandern, dieses und jenes auf uns wirken lassen, diesem und jenem zustimmen oder es ablehnen, oder im einen oder anderen einen guten Hinweis für unsere Yoga-Praxis finden. Aber Verstehen ist etwas anderes – wir können es nicht machen.

Wenn wir die Lektüre selbst als Yoga verstehen, als eine *asana*, in der wir ohne Ziel und ohne Besserwisserei einfach innehalten, wird es immer wieder auf's Neue geschehen, dass wir verstehen – und dies kommt dann in die Nähe dessen, was Patanjali in einem seiner Sutren so beschreibt: „Es beginnt ein spirituelles Licht zu erscheinen."

Dr. phil. Peter Palla und Edith Palla

* Die ausgewählten Patanjali-Sutren sind im Text zentriert und kursiv hervorgehoben.

Anmerkung zur Übersetzung

Für den englischsprachigen Ausdruck „Mind" gibt es im Deutschen kein Äquivalent. Wörter wie Verstand, Geist oder Denken beziehen sich jeweils auf Aspekte dessen, was mit dem englischen Wort Mind bezeichnet wird. Gefühle, das Irrationale, die Träume, die Verbindung zwischen Bewusstsein und Körper, Wollen, Wünschen, Erinnerungen und Begehren, all dies, jede Form unserer Identifikationen ist mit dem für die Yoga- und Meditationswissenschaft so zentralen englischen Wort Mind angesprochen. Es sind alle mentalen und emotionalen Vorgänge gemeint, alle Formen unseres Ego-Systems, das Reich des Unbewussten genauso wie der Denkprozess im Allgemeinen bis hin zu seiner wissenschaftlichen Form.

Mangels eines geeigneten deutschen Wortes, das dieser Komplexität entsprechen würde, wird in der vorliegenden Übersetzung der Ausdruck Mind immer dann übernommen, wenn eine Übersetzung das im englischen Text Angesprochene verkürzen und eingrenzen würde.

1. Kapitel

Einführung in den Weg des Yoga

Wir leben in einer tiefen Illusion – in der Illusion der Hoffnung, der Zukunft, des Morgen. Der Mensch kann, so wie er ist, nicht ohne Selbsttäuschungen leben, nicht in der Wahrheit existieren.

Das muss ganz klar verstanden werden, weil es ohne dies Verständnis keinen Zugang zu dem geben kann, was Yoga genannt wird. Man muss den Mind gründlich begreifen – den Mind, der Lügen und Illusionen braucht, den Mind, der dem Wirklichen ausweicht und von seinen Träumen lebt. Du träumst nicht nur nachts, du träumst sogar, wenn du wach bist.

Wir projizieren unsere Hoffnungen auf die Zukunft. Die Gegenwart ist fast immer eine Hölle. Du kannst es mit ihr nur aufgrund einer in die Zukunft gerichteten Hoffnung aushalten. Du kannst heute leben, weil es ein Morgen gibt. Du hoffst, dass morgen etwas passieren wird, dass sich morgen einige Türen zum Paradies öffnen werden. Sie öffnen sich nie heute, aber wenn morgen kommt, kommt es nicht als morgen. Es kommt als heute, aber wenn es so weit ist, ist dein Mind schon wieder weiter. Du läufst dir selbst voraus: genau das bedeutet Träumen. Du bist mit der Wirklichkeit nicht eins: mit dem, was vorhanden ist, mit dem, was hier und jetzt ist. Du bist irgendwo anders – du läufst voraus, springst voraus.

Diesem Morgen, dieser Zukunft wurden unendlich viele Namen gegeben. Die einen nennen es Himmel, die anderen nennen es *moksha*, aber es ist immer in der Zukunft. Der eine stellt sich die Zukunft als Reichtum vor, ein anderer denkt ans Paradies, aber dieses Paradies kommt erst nach dem Tod, weit weit weg, in der Zukunft. Du verfehlst deine Gegenwart für das, was nicht ist, genau das bedeutet Träumen.

Du bist unfähig, im Hier und Jetzt zu sein. Genau im Augenblick zu sein, scheint dir praktisch unmöglich zu sein. Du kannst in der Vergangenheit sein: auch dies ist Träumen – in Erinnerungen schwelgen, Dingen nachhängen, die nicht mehr sind. Oder du kannst in der Zukunft sein, aber diese Zukunft ist nichts anderes als die projizierte Vergangenheit – farbenprächtiger, schöner, angenehmer, aber sie ist nur eine aufgebesserte Vergangenheit. Die Zukunft ist nichts als die Vergangenheit, neu projiziert – und beide sind nicht. Die Gegenwart ist, aber du bist nie in der Gegenwart. Genau das ist Träumen.

Yoga ist eine Methode, ein nicht-träumendes Bewusstsein zu erlangen. Es ist die Wissenschaft vom Sein im Hier und Jetzt. Yoga bedeutet, dass du jetzt bereit bist, nicht mehr in die Zukunft abzuwandern. Es bedeutet, dass du jetzt bereit bist, die Wirklichkeit zu sehen, so wie sie ist. Deswegen kannst du den Weg des Yoga nur dann betreten, wenn du von deinem eigenen Mind, so wie er ist, total enttäuscht bist. Wenn du immer noch hoffst, durch deinen Mind etwas zu erreichen, ist Yoga nichts für dich.

Eine umfassende Enttäuschung ist nötig – die Einsicht, dass ein Mind, der projiziert, nutzlos, dass ein Mind, der hofft, unsinnig ist und nirgendwo hinführt. Er verschließt dir die Augen, er vergiftet dich, er ist eine Droge und schirmt dich von der Wirklichkeit ab.

Wenn ihr von eurem Mind, von eurer Art und Weise zu leben nicht total frustriert seid, wenn es euch unmöglich scheint, den Mind bedingungslos fallen zu lassen, könnt ihr den Weg des Yoga nicht betreten. Sehr viele fangen an, sich für Yoga zu interessieren, aber sehr wenige betreten seinen Weg, weil ihr Interesse aus dem Mind kommt. Man mag vielleicht hoffen, durch Yoga etwas erreichen zu können, ein Motiv ist da. Du glaubst vielleicht, durch Yoga den seligen Zustand eines perfekten Wesens erreichen zu können, vielleicht eins mit dem *brahma* zu werden, vielleicht *satchidananda* zu erreichen – Sein, Bewusstsein, Seligkeit.

Vielleicht interessierst du dich deshalb für Yoga; wenn dies der Grund ist, kann es zwischen dir und dem Weg des Yoga zu keiner Berührung kommen. Dann gehst du genau in eine entgegengesetzte Richtung.

Yoga bedeutet, dass es jetzt keine Hoffnung gibt, keine Zukunft, keine Wünsche. Du bist bereit, das kennenzulernen, was ist. Du interessierst dich nicht dafür, was sein kann, was sein sollte, was sein müsste, du interessierst dich nur für das, was ist. Werde vollkommen hoffnungslos, keine Zukunft, keine Hoffnung. Es ist nicht leicht. Man braucht Mut, um der Wirklichkeit ins Gesicht zu schauen.

Es kommt für jeden Menschen der Augenblick, in dem er sich vollkommen hoffnungslos fühlt. Alles erscheint ihm absolut sinnlos. Sobald ihm bewusst wird, dass alles, was er tut, nutzlos ist, dass er, wohin er auch geht, nirgendwo ankommt, dass sein ganzes Leben bedeutungslos ist, fällt plötzlich alle Hoffnung von ihm ab. Die Zukunft verliert ihre Bedeutung und zum ersten Mal in seinem Leben ist er im Einklang mit der Gegenwart, zum ersten Mal steht er seiner Wirklichkeit von Angesicht zu Angesicht gegenüber.

Yoga ist eine innere Wende – eine totale Kehrtwendung. Wenn du dich weder in der Zukunft noch in der Vergangenheit verlierst, beginnst du damit, in dich selbst hineinzugehen – weil dein Sein hier und jetzt ist. Gegenwärtig hier und jetzt kannst du in die Wirklichkeit eintauchen. Aber dafür muss dein Bewusstsein hier sein. Genau auf dieses Jetzt verweist das erste Sutra von Patanjali.

Bevor wir über das erste Sutra sprechen, müssen ein paar andere Dinge geklärt werden. Yoga ist keine Religion. Yoga ist eine Wissenschaft, genau wie Mathematik, Physik oder Chemie. Physik ist weder christlich noch buddhistisch. Religionen brauchen Glaubenssätze. In Wirklichkeit gibt es keinen Unterschied zwischen der einen und der anderen Religion: der Unterschied besteht lediglich in den Glaubenssätzen. Ein Muslim hat ganz bestimmte Glaubenssätze, ein Hindu andere, ein Christ wieder andere. Was Glauben angeht, hat Yoga nichts zu sagen: er fordert nicht auf, an irgendetwas zu glauben.

Yoga sagt: Erfahre! So wie die Wissenschaft das Experiment fordert, fordert Yoga die Erfahrung. Nur die Richtung ist eine andere: Experiment bedeutet, dass du etwas im Außen, und Erfahrung bedeutet, dass du etwas im Inneren tust. Die Wissenschaft fordert dich nicht auf zu glauben, sondern so viel wie möglich zu zweifeln. Aber verliere dich auch nicht im Unglauben, denn der Unglaube ist wieder eine Art von Glaube. Du kannst an Gott glauben, oder du kannst an die Idee eines Nicht-Gottes glauben. Du kannst mit einer fanatischen Haltung behaupten, dass Gott ist, oder du kannst mit demselben Fanatismus genau das Gegenteil behaupten: Gott ist nicht. Atheisten und Theisten sind Gläubige.

Yoga gründet in der Existenz, in deinen Erfahrungen und im Experimentieren damit. Keine Überzeugung, keinerlei Glaube, nur der Mut, in die eigene Erfahrung zu gehen! Aber genau daran mangelt es. Zu glauben fällt euch leicht, weil ihr durch den Glauben nicht wirklich transformiert werdet. Der Glaube ist etwas, das euch stützt, er ist etwas Oberflächliches. Euer Sein verändert sich dadurch nicht; du machst keine Wandlung durch. Vielleicht bist du ein Hindu, aber du kannst einen Tag später ein Christ werden. Du wechselst einfach die Kleider: Statt der Gita nimmst du die Bibel oder du kannst stattdessen auch den Koran nehmen. Der Mensch aber, der vorher die Gita hielt und nun die Bibel oder den Koran in Händen hält, bleibt derselbe. Er hat nur seine Glaubenssätze gewechselt. Überzeugungen sind wie Kleider. Nichts Wesentliches wird verwandelt; du bleibst derselbe. An etwas zu glauben ist einfach, weil du nicht wirklich gefordert wirst. Nur eine oberflächliche Kleidung – eine Dekoration – etwas, das du jederzeit beiseite legen kannst.

Yoga hingegen ist kein Glaube. Deshalb ist er schwierig, mühsam und manchmal erscheint er unmöglich. Er ist ein Eindringen in deine Existenz. Du kommst nicht durch Glauben zur Wahrheit, sondern durch deine eigene Erfahrung, durch deine eigene Einsicht. Das bedeutet, du wirst dich total verändern müssen. Deine Ansichten, deine Lebensweise, dein Mind, deine Psyche werden, so wie sie sind, völlig erschüttert werden. Es entsteht etwas Neues.

So ist Yoga sowohl Tod als auch neues Leben. So wie du bist, wirst du sterben müssen und wenn du nicht stirbst, kann das Neue nicht geboren werden. Das Neue ist in dir verborgen. Du bist ein Saatkorn und das Saatkorn muss in die Erde fallen und von ihr aufgenommen werden. Es wird als Saatkorn sterben: nur dann wird das Neue in dir aufgehen. Dein Tod wird dein neues Leben werden. Yoga ist beides, ein Tod und eine neue Geburt. Wenn du nicht bereit bist zu sterben, kannst du nicht wiedergeboren werden. Yoga befasst sich mit deinem ganzen Sein, mit deinen Wurzeln. Deshalb werden wir mit Patanjali nicht denken und Vermutungen anstellen. Mit Patanjali werden wir versuchen, die fundamentalen Gesetze des Lebens kennenzulernen: die Gesetze seiner Transformation, die Gesetze des Sterbens und Wiedergeborenwerdens, die Gesetze einer neuen Lebensordnung. Darum nenne ich Yoga eine Wissenschaft.

Nun zu den Sutren von Patanjali:

Jetzt die Disziplin des Yoga.

Jedes einzelne Wort muss verstanden werden, weil Patanjali kein einziges überflüssiges Wort benutzt. „Jetzt die Disziplin des Yoga." Versuche zuerst, das Wort „jetzt" zu verstehen. Dieses „Jetzt" verweist auf den Bewusstseinszustand, von dem ich gesprochen habe. Wenn dir deine Illusionen entgleiten und du ohne Hoffnungen bist, wenn dir die Nutzlosigkeit aller Wünsche bewusst geworden ist, wenn du dein Leben als sinnlos betrachtest, wenn sich einfach alles, was du bis jetzt getan hast, als schal erweist und nichts mehr für die Zukunft bleibt, wenn du in Verzweiflung bist, leidest und nicht mehr weißt, was du tun kannst, wohin du gehen sollst, wenn dein ganzer Lebensplan plötzlich unnütz geworden ist – wenn dieser Moment gekommen ist, sagt Patanjali: „Jetzt die Disziplin des Yoga." Erst jetzt bist du für die Wissenschaft und Disziplin des Yoga offen.

Wenn dieser Augenblick noch nicht gekommen ist, kannst du Yoga studieren, kannst du ein großartiger Schüler werden, aber du wirst kein Yogi sein. Du kannst Dissertationen darüber schreiben, du kannst Reden darüber halten, aber du wirst kein Yogi sein. Der Moment ist für dich noch nicht gekommen. Vielleicht bist du intellektuell interessiert, vielleicht bist du verstandesmäßig mit Yoga verbunden: aber Yoga ist nichts, wenn es keine Disziplin ist.

Yoga ist keine Heilige Schrift. Er ist eine Disziplin. Er ist etwas, was du tun musst, nicht aus Neugier, nicht aus philosophischer Spekulation. Er geht tiefer als das. Er ist eine Frage auf Leben oder Tod.

Wenn der Moment kommt, wo du fühlst, dass dich alle Richtungen verwirrt haben und alle Wege verschwunden sind, dass die Zukunft dunkel und jeder Wunsch bitter geworden ist und du nur Enttäuschung kennengelernt hast, wenn jede Neigung zur Hoffnung und zum Träumen aufgehört hat: „Jetzt die Disziplin des Yoga".

Bist du wirklich unzufrieden? Du wirst sagen „ja"; aber diese Unzufriedenheit ist nicht wirklich. Du magst mit diesem und mit jenem unzufrieden sein, aber du bist nicht total unzufrieden. Du hoffst immer noch. Du bist unzufrieden aufgrund deiner früheren Hoffnungen, aber du hoffst immer noch auf die Zukunft. Deine Unzufriedenheit ist nicht total. Du fühlst dich hoffnungslos, weil bestimmte Hoffnungen sich nicht verwirklicht haben, bestimmte Hoffnungen sich aufgelöst haben.

Aber das Hoffen ist immer noch da: das Hoffen hat nicht aufgehört. Du bist frustriert von dieser oder jener Hoffnung, aber du bist nicht frustriert von der Hoffnung an sich. Erst wenn du vom Hoffen als solchem frustriert bist, ist der Augenblick gekommen. Du kannst mit Yoga anfangen. Du gehst nicht in eine Welt spekulativer Gedanken, du gehst in eine Disziplin.

Was ist Disziplin? Disziplin bedeutet, dass du eine Ordnung in dir schaffst. So wie du bist, bist du ein Chaos. So wie du bist, bist du total in Unordnung. Einmal kam ein Mann zu Buddha, der ein Gesellschaftsreformer gewesen sein muss – ein Revolutionär. Er sagte zu Buddha, „Die Welt ist im Elend. Ich bin ganz deiner Meinung". Buddha hatte nie gesagt, dass die Welt im Elend sei. Buddha hatte gesagt, „Ihr seid das Elend", nicht die Welt. „Das Leben ist das Elend", nicht die Welt. „Der Mensch ist das Elend", nicht die Welt. „Der Mind ist das Elend", nicht die Welt. Aber dieser Revolutionär sagte, „Die Welt ist im Elend. Ich bin ganz deiner Meinung. Nun sage mir, was kann ich tun? Ich habe tiefes Mitgefühl und ich möchte der Menschheit dienen." Dienen muss sein Wahlspruch gewesen sein. Buddha sah ihn an und blieb still. Buddhas Schüler Ananda sagte: „Dieser Mann scheint es ernst zu meinen. Gib ihm einen Rat. Warum schweigst du?" Darauf sagte Buddha zu dem Revolutionär: „Du willst der Welt dienen, aber wo bist du? Ich sehe innen niemanden. Ich schaue in dich hinein und da ist niemand."

Du bist nicht in deinem Zentrum und wenn du nicht zentriert bist, wird alles, was auch immer du tust, nur Unheil anrichten. All diese Sozialreformer, Revolutionäre und Führer, sie sind in Wirklichkeit die großen Unheilstifter. Die Welt wäre besser, wenn es keine Führer gäbe. Sie glauben, etwas tun zu müssen, weil die Welt im Elend ist. Aber sie sind nicht in ihrer Mitte und erzeugen mit allem, was sie tun, noch mehr Unheil. Mitleid allein hilft nicht, Dienen allein hilft nicht. Das Mitgefühl eines zentrierten Wesens ist etwas vollkommen anderes.

Disziplin bedeutet „die Fähigkeit zu sein, die Fähigkeit zu wissen, die Fähigkeit zu lernen". Wir müssen diese drei Dinge verstehen. Die Fähigkeit zu sein: Wenn du ein paar Stunden ruhig dasitzen kannst, ohne deinen Körper zu bewegen, wächst du in die Fähigkeit zu sein hinein. Warum bewegst du dich? Du kannst nicht einmal ein paar Sekunden sitzen, ohne dich zu bewegen. Dein Körper fängt an sich zu bewegen. Irgendwo juckt es dich; die Beine schlafen ein, vieles. Dies alles sind nur Vorwände, damit du dich bewegen kannst. Du bist nicht der Meister. Du bist unfähig, dem Körper zu sagen: „Jetzt werde ich mich eine Stunde lang nicht bewegen." Er wird sich sofort auflehnen. Sofort wird er dich zwingen, dich zu bewegen, etwas zu tun und er wird dir Gründe liefern – du bist Unruhe, eine ununterbrochene hektische Aktivität.

Patanjalis *asanas* befassen sich in Wirklichkeit nicht mit physiologischem Training, sondern damit, wie du *sein* kannst – ohne irgendetwas zu tun, ohne jede Bewegung, ohne jede Aktivität – dies hilft dir, in die Mitte zu kommen.

Je mehr dir der Körper folgt, desto größer wird deine innere Erfahrung, desto stärker das innere Sein. Wenn du mit dem Körper innehältst, kommt auch dein Geist zur Ruhe, weil Geist und Körper nicht zweierlei sind. Sie sind zwei Pole eines Phänomens: Es ist nicht Körper und Geist, sondern Körper-Geist.

Der Geist ist die subtilste Seite deines Körpers. Oder man kann es auch umgekehrt sagen: Der Körper ist die grobstoffliche Seite des Geistes.

Patanjali beginnt beim Körper, weil wir im Körper verwurzelt sind und mit der Atmung, weil in der Atmung unser Leben ist. Es gibt viele Methoden, die direkt beim Mind ansetzen. Dies ist nicht so logisch und wissenschaftlich, da wir in einem Körper leben. Wenn sich dein Körper verändert, kann auch deine Atmung verändert werden. Wenn sich deine Atmung verändert, können deine Gedanken verändert werden. Und wenn sich deine Gedanken verändern, dann kannst du dich verändern. Das Grobstofflichste ist der Körper und das Feinstofflichste ist der Geist. Aber fang nicht beim Feinstofflichen an, weil das schwieriger ist. Es ist ungreifbar, du kannst es nicht fassen. Beginne beim Körper. Darum setzt Patanjali bei den *asanas* an.

Ihr habt vielleicht noch nicht beobachtet, dass ihr mit einer bestimmten psychischen Stimmung eine entsprechende Körperhaltung einnehmt. Wenn man wütend ist, verändert sich die Körperhaltung, ebenso wenn du aufmerksam oder schläfrig bist. Wenn du vollkommen ruhig bist, wirst du wie ein Buddha sitzen, du wirst wie ein Buddha gehen. Und wenn du wie ein Buddha gehst, wirst du spüren, wie sich in deinem Herzen Ruhe ausbreitet – setz dich unter einen Baum wie ein Buddha, lass den Körper einfach da sein. Plötzlich wirst du merken, dass sich deine Atmung verändert. Sie ist entspannter, sie wird harmonischer. Wenn die Atmung harmonisch und entspannt ist, wirst du spüren, dass auch dein Geist entspannt – weniger Gedanken, weniger Wolken, mehr Raum, mehr Himmel. Du wirst eine Stille ein- und ausströmen fühlen.

Darum sage ich, dass Patanjali wissenschaftlich vorgeht. Wenn du deine Körperhaltung verändern willst, wird Patanjali sagen, ändere deine Essgewohnheiten, denn jede Essgewohnheit erzeugt subtile Körperhaltungen. Wenn du ein Fleischesser bist, wird sich dies in deiner Körperhaltung zum Ausdruck bringen. Dein Körper ist kein Zufall. Was immer du in den Körper hinein gibst, der Körper wird es widerspiegeln.

Vegetarier zu sein ist darum für Patanjali kein moralischer Kult, sondern eine wissenschaftliche Methode. Wenn du Fleisch isst, nimmst du damit nicht nur Nahrung zu dir: Du erlaubst einem bestimmten Tier, von dem das Fleisch kommt, in dich einzugehen. Das Fleisch war Teil eines spezifischen Körpers, das Fleisch war Teil einer spezifischen Instinktstruktur. Das Fleisch eines ganz bestimmten Tieres enthält seine Eindrücke und Gewohnheiten. Wenn du Fleisch isst, werden alle deine Einstellungen davon betroffen sein. Wenn du feinfühlig genug bist, kann dir bewusst werden, dass mit einer jeden Diät ganz bestimmte körperliche Reaktionen verbunden sind. Jedes Mal, wenn du Alkohol zu dir nimmst, bist du nicht mehr derselbe, er verändert deine Körperchemie. Die Veränderung der Körperchemie verursacht eine subtile Strukturveränderung des Mindes und wenn der Mind seine Struktur verändert, ist eine neue Persönlichkeit entstanden.

Patanjali verfährt wissenschaftlich, weil er auf alles achtet: die Nahrung, die Haltung, die Art wie du schläfst, die Art wie und wann du morgens aufstehst, wann du schlafen gehst. Deswegen achtet er auch auf deine Atmung.

Wenn du traurig bist, hast du einen anderen Atemrhythmus. Versuche Folgendes: Immer wenn du traurig bist, beobachte deinen Atem. Wie viel Zeit brauche ich zum Einatmen, wie viel Zeit zum Ausatmen? Zähle im Stillen: eins, zwei, drei, vier, fünf usw. Du kommst vielleicht bis fünf und das Einatmen ist vorüber. Dann, wenn du von eins bis vielleicht zehn gezählt hast, ist das Ausatmen vorüber. Beobachte wirklich ganz genau, so dass du das Verhältnis erkennen kannst und probiere dann, sobald du dich glücklich fühlst, sofort das traurige Muster aus – fünf zu zehn, oder was auch immer. Das Glücksgefühl wird verschwinden.

Die Umkehrung stimmt auch. Wann immer du glücklich bist, achte genau darauf, wie du atmest. Dann probiere, wenn du traurig bist, den Rhythmus des „glücklichen" Atmens aus. Sofort wird die Traurigkeit verschwinden, weil deine Befindlichkeit grundsätzlich in ein System eingebunden ist. Und die Atmung ist das grundlegende System für deine mental-emotionale Befindlichkeit. Kein Denken ohne Atmen. Wenn du aufhörst zu atmen, hören sofort die Gedanken auf. Versuch es eine Sekunde lang. Halte den Atem an. Sofort gibt es einen Bruch im Denkprozess: Der Prozess ist unterbrochen. Denken ist der unsichtbare Teil der sichtbaren Atmung.

Genau das meine ich, wenn ich sage, dass Patanjali wissenschaftlich arbeitet, er ist kein Poet. Wenn er sagt, „Esst kein Fleisch", sagt er das nicht, weil Fleischessen Gewaltanwendung ist, nein. Er sagt es, weil Fleischessen selbstzerstörerisch ist. Es gibt Poeten, die sagen, dass es schön ist, gewaltlos zu sein. Aber Patanjali sagt, gewaltlos sein heißt, gesund zu sein; gewaltlos sein heißt, an sich selbst zu denken. Mit anderen Worten, du bist Vegetarier, nicht weil du Mitgefühl mit anderen, sondern Mitgefühl mit dir selbst hast.

Patanjali befasst sich nur mit dir und mit deiner Transformation. Du änderst nichts, wenn du über Veränderung nur nachdenkst. Du musst die Voraussetzungen dafür schaffen. Überall auf der Welt wird Liebe gelehrt, aber nirgendwo existiert Liebe, es fehlt die Voraussetzung. Wie kannst du voller Liebe sein, wenn du Fleischesser bist? Wenn du Fleisch zu dir nimmst, ist Gewalt im Spiel. Wie kann man bei einer so tiefsitzenden Gewalttätigkeit liebevoll sein? Deine Liebe wird nur gespielt sein oder sie ist möglicherweise nur eine Form deines Hasses.

Patanjali würde nie sagen, sei liebevoll. Er möchte dir aber helfen, eine Situation herzustellen, in der Liebe blühen kann. Darum sage ich, er ist wissenschaftlich. Wenn du ihm Schritt für Schritt folgst, wirst du vieles in dir aufblühen sehen, was vorher undenkbar, unvorstellbar war, was dir nicht einmal im Traum eingefallen wäre. Wenn du deine Ernährung änderst, wenn du deine Körperhaltungen, deine Schlafmuster und deine sonstigen Gewohnheiten änderst, wirst du sehen, dass ein neuer Mensch in dir entsteht.

Was auch immer im Körper geschieht, geschieht im Mind und umgekehrt. Wenn Körper und Mind zur Ruhe kommen, bist du in der Mitte. Die *asana* ist nicht nur ein physiologisches Training: Es entsteht eine Situation, in der deine Zentrierung stattfinden kann.

Erst wenn du bist, wenn du dein Zentrum erreicht hast, wenn du unmittelbar aus Erfahrung verstehst, was es heißt, zu sein, ist wirkliches Lernen möglich, weil du gänzlich offen bist. Jetzt kannst du dich hingeben. Sobald du in deinem Zentrum bist, weißt du, dass alle Egos illusionär sind. Jetzt kannst du dich verneigen, ein wahrer Schüler des Yoga ist geboren.

Der Jünger ist ein Suchender, er geht den Weg der Zentrierung. Er versucht es zumindest und strengt sich an, ehrlich, um ein Individuum zu werden, sein Sein zu fühlen, sein eigener Meister zu werden. Die ganze Disziplin des Yoga ist ein Weg, dich zu einem Meister deiner selbst werden zu lassen, denn so wie du bist, bist du ein Sklave deiner Wünsche, in viele Richtungen gezerrt.

Yoga ist ein Zur-Ruhe-Kommen des Mindes.

Das Wort Mind umfasst alles – euer Ego, eure Wünsche, eure Hoffnungen, Philosophien, eure Religion und heiligen Schriften. Was immer ihr denkt, es ist der Mind. Alles, was bekannt ist, alles, was man wissen kann, alles, was wissbar ist, liegt innerhalb des Mindes. Ein zur Ruhe gekommener Mind bedeutet die Befreiung vom Bekannten. Yoga ist ein Sprung ins Unbekannte, aber es ist nicht ganz richtig, es „das Unbekannte" zu nennen, wir sollten eher sagen: das Unerkennbare.

Was ist der Mind? Was tut er? Was ist er? Gewöhnlich glauben wir, dass der Mind etwas Substantielles sei. Patanjali stimmt dem nicht zu – und niemand, der jemals den Kern des Mindes erkannt hat, wird dem zustimmen; auch die moderne Wissenschaft ist da anderer Meinung. Der Mind ist nichts Dinghaftes, der Mind ist eine Funktion, eine Bewegung.

Du gehst und ich kann dann sagen: Du gehst gerade. Aber was ist Gehen? Wenn du anhältst, wohin ist das Gehen verschwunden? Wenn du dich hinsetzt, wo ist das Gehen geblieben? Gehen ist nichts Substanzielles, es ist eine Bewegung. Also kann, während du sitzt, niemand fragen,

„Wo hast du dein Gehen gelassen? Eben noch bist du gegangen, wo ist also das Gehen geblieben?" Du wirst lachen. Du wirst sagen: „Gehen ist nichts Substanzielles, es ist nur eine Aktivität. Ich kann gehen! Ich kann immer wieder gehen und ich kann aufhören zu gehen. Es ist nur eine Aktivität."

Ich habe immer wieder von Bodhidharma erzählt. Er wanderte nach China und der Kaiser von China besuchte ihn. Der Kaiser sagte: „Mein Geist ist sehr unruhig und durcheinander. Du bist ein großer Weiser und ich habe auf dich gewartet. Sage mir, was ich tun soll, um meinen Geist zur Ruhe zu bringen".

Bodhidharma sagte: „Tue nichts. Bring mir zuerst deinen Geist."

Der Kaiser konnte das nicht verstehen. Er sagte: „Was meinst du damit?"

Bodhidharma sagte: „Komm am frühen Morgen um vier Uhr, wenn niemand hier ist. Komm allein und denke daran, deinen Geist mitzubringen." Der Kaiser konnte die ganze Nacht nicht schlafen, er zweifelte sogar, ob er wirklich zu Bodhidharma gehen sollte.

Er dachte: „Dieser Mann scheint verrückt zu sein. Was meint er damit, wenn er sagt, ich soll mit meinem Geist kommen und ihn nicht vergessen!" Aber dieser Mann war so faszinierend, so charismatisch, dass er die Verabredung nicht rückgängig machen konnte. Wie von einem Magnet angezogen, sprang er um vier Uhr aus dem Bett und sagte: „Was immer passiert, ich muss hingehen. Vielleicht ist etwas an diesem Mann, seine Augen sagen, dass etwas an ihm dran ist. Die Sache sieht ein bisschen verrückt aus, aber ich muss trotzdem gehen und sehen, was geschehen kann."

So kam er dort an und Bodhidharma saß da mit seinem großen Stock. Er sagte: „Du bist also gekommen? Wo ist dein Geist? Hast du ihn mitgebracht oder nicht?"

Der Kaiser sagte: „Du redest Unsinn. Wenn ich hier bin, ist mein Geist hier und er ist nicht etwas, das ich irgendwo vergessen kann. Er ist in mir." Bodhidharma sagte: „Okay. Der erste Punkt ist also entschieden – der Geist ist in dir". Der Kaiser sagte: „Okay, der Geist ist in mir."

Bodhidharma sagte: „Jetzt schließe deine Augen und finde heraus, wo er ist und wenn du ausfindig machen kannst, wo er ist, dann gib mir das sofort zu verstehen. Ich werde ihn zur Ruhe bringen." Der Kaiser schloss seine Augen und mühte und mühte sich und schaute und schaute. Je mehr er schaute, desto bewusster wurde ihm, dass da gar kein Geist ist, dass der Geist eine Bewegung ist. Es ist nichts, was man dingfest machen könnte. Aber in dem Moment, wo er dies bemerkte, wurde ihm die Absurdität seiner Suche klar. Wenn es nichts ist, dann kann auch nichts daran geändert werden. Wenn es etwas ist, das du tust, dann tu es einfach nicht – das ist alles. Wenn es wie Gehen ist, dann geh nicht. Er öffnete die Augen. Er beugte sich vor Bodhidharma nieder und sagte: „Es ist kein Geist da, den man finden könnte."

Bodhidharma sagte: „Dann habe ich ihn zur Ruhe gebracht. Und immer wenn du fühlst, dass du unruhig bist, blicke einfach nach innen und schau dich um, wo diese Unruhe ist."

Dieses Sehen ist jenseits des Mindes, dieses Sehen ist ein Nicht-Denken. Wenn du intensiv siehst, wird deine ganze Energie zum Sehen. Wenn du außerhalb der Mind-Bewegungen bist, bist du im Yoga; wenn du im Denkprozess bist,

bist du nicht im Yoga. Du kannst also so viele asanas einnehmen, wie du willst, wenn du dabei weiterhin im Mind bleibst, ist dies nicht Yoga. Yoga ist jenseits des Mindes.

Wenn du ohne Yoga-Haltungen außerhalb des Mindes sein kannst, bist du im Yoga. Das ist vielen geschehen, ohne je in die *asanas* gegangen zu sein und vielen ist es nicht geschehen, obwohl sie sich seit vielen Leben mit Yoga-Haltungen abgemüht haben.

Patanjali sagt also: Schau einfach zu. Lass den Verstand laufen, lass den Geist tun, was immer er tut. Schau einfach hin. Misch dich nicht ein. Sei Zeuge, sei Zuschauer – nicht betroffen, so als gehörte dein Geist nicht zu dir, so als hätte er nichts mit dir zu tun, als wäre er nicht deine Sache. Sei unbeteiligt! Schau hin und lass den Verstand laufen. Er läuft aus einem vergangenen Antrieb heraus, weil du immer nachgeholfen hast. Diese Aktivität ist von selbst in Schwung gekommen und nun ist sie in Gang. Viele, viele Leben lang – eine Million Leben vielleicht – hast du mit Gedanken zusammengearbeitet, hast du ihnen geholfen, hast du ihnen deine Energie gegeben. Wenn du mit ihnen nicht mehr kooperierst, wenn du unbeteiligt zusiehst – Buddhas Wort dafür ist *upeksha*, Zusehen ohne jede Betroffenheit, einfach zusehen, in keiner Hinsicht etwas tun – dann werden die Gedanken eine Weile weiterströmen und schließlich von alleine anhalten. Wenn der Antrieb verloren gegangen ist, wenn die Energie verflossen ist, werden die Gedanken anhalten. Und wenn die Gedanken anhalten, bist du im Yoga: deine Disziplin ist angekommen. Der Zeuge ist in sich selbst zu Hause.

2. Kapitel

Richtiger und falscher Gebrauch des Verstandes

Der Verstand kann entweder Quelle der Gefangenschaft oder Quelle der Freiheit sein. Es hängt ganz davon ab, wie er gebraucht wird. Die richtige Anwendung des Verstandes führt in die Meditation, sein falscher Gebrauch führt in den Wahnsinn.

Der Mind ist in jedem von uns vorhanden. Er beinhaltet die Möglichkeit von Dunkelheit wie auch von Licht; er ist weder Feind noch Freund, aber du kannst ihn dir zum Freund oder zum Feind machen. Wenn du den Mind zu deinem Werkzeug machst, kannst du das Höchste erreichen. Wenn du sein Sklave bleibst, wird er dich in die tiefste Qual und Dunkelheit führen.

Alle Methoden des Yoga befassen sich im Grunde nur mit der Frage, wie wir den Mind gebrauchen. Richtig eingesetzt, kommt er an den Punkt, wo er über sich hinaus führt. Falsch eingesetzt, wird er zu einem einzigen Chaos – lauter widersprüchliche Stimmen – konträr, verwirrend, verrückt.

Ein Verrückter in einer Irrenanstalt und Buddha unter seinem Bodhibaum – beide haben den Mind gebraucht, beide sind die Wege des Mindes gegangen. Buddha ist an einen Punkt gelangt, an dem sich der Mind auflöst. Richtig gebraucht, beginnt dessen Auflösungsprozess – es kommt der Augenblick, wo es ihn nicht mehr gibt.

Auch der Verrückte hat ihn eingesetzt. Falsch gebraucht, zersplittert der Mind in viele Fragmente, er wird zu einer Menge. Und schließlich ist nur noch ein verrückter Geist da – du selbst bist vollkommen abwesend. Auch Buddhas Mind ist verschwunden, aber Buddha ist in seiner Totalität anwesend. Der Mind eines Verrückten hat sich als Ganzes verselbstständigt, der Verrückte selbst hat sich verloren.

Es kommen immer wieder Leute zu mir und fragen, „Was geschieht mit dem Verstand eines Erleuchteten? Verschwindet er einfach? Kann er ihn nicht benutzen?" Er verschwindet als Herr, aber er bleibt als Diener. Er bleibt als ein passives Werkzeug. Wenn ein Buddha ihn benutzen will, dann benutzt er ihn. Wenn Buddha zu euch spricht, wird er ihn benutzen müssen, weil Sprache ohne den Verstand nicht möglich ist. Der Verstand muss eingesetzt werden. Wenn du zu Buddha gehst und er dich erkennt – erkennt, dass du schon früher bei ihm gewesen bist – muss er seinen Verstand gebrauchen. Ohne Verstand kann es kein Erkennen geben: ohne Geist gibt es kein Gedächtnis. Aber er benutzt ihn, das ist der Unterschied. Ihr werdet vom Verstand benutzt.

Buddha bleibt wie ein Spiegel. Wenn du vor den Spiegel trittst, reflektiert dich der Spiegel. Wenn du weggegangen bist, ist auch das Spiegelbild verschwunden und der Spiegel ist leer. Du aber bist nicht wie ein Spiegel. Du siehst jemanden: der Mann geht weg, aber du denkst über ihn nach, die Reflexion geht weiter. Selbst wenn du aufhören möchtest, wird der Verstand nicht darauf hören.

Buddha lebte nach seiner Erleuchtung noch vierzig Jahre lang in seinem Körper. Vierzig Jahre lang hielt er Reden, erklärte unermüdlich und machte den Leuten begreiflich, was ihm geschehen war und wie ihnen das Gleiche geschehen könnte. Er benutzte den Verstand; der Verstand hatte nicht aufgehört zu funktionieren. Und als er nach zwölf Jahren in seine Heimatstadt zurückkam, erkannte er seinen Vater, seine Frau und seinen Sohn. Der Verstand war da, die Erinnerung war da, ein Wiedererkennen wäre sonst unmöglich gewesen.

Der Verstand stirbt nicht wirklich. Wenn wir sagen, dass das Denken aufhört, meinen wir damit, dass die Identifikation mit ihm gebrochen ist. Jetzt weißt du, dass jenes der Verstand ist und dieses du bist. Die Brücke ist durchbrochen. Jetzt ist der Verstand nicht mehr Herr im Haus. Er ist zum Hilfsmittel geworden.

Indem du Zeuge bist, verschwindet die Identifikation – nicht der Mind. Aber wenn die Identifikation verschwindet, bist du ein vollkommen neues Wesen. Zum ersten Mal erfährst du, wer du bist. Es ist genauso, als wärest du ein Pilot, der ein Flugzeug fliegt. Du gebrauchst viele Instrumente: Deine Augen arbeiten mit vielen Hilfsmitteln zusammen, sie sind ständig auf dieses oder jenes gerichtet. Aber du bist nicht die Hilfsmittel.

Dieser Mind, dieser Körper und all die Funktionen des Körper-Mindes bilden ein System um dich herum. In diesem System kannst du auf zweierlei Weise existieren: die eine Lebensweise besteht darin, dich selbst zu vergessen und das Gefühl zu haben, du wärest nichts als dieses System. Das ist Abhängigkeit, das ist Unglück, das ist Welt. Eine andere Art, damit umzugehen, besteht darin, dir bewusst zu werden, dass du getrennt davon bist, dass du etwas anderes bist. Dann kannst du das System weiter benutzen, aber es besteht ein wesentlicher Unterschied, du bist mit dem System nicht mehr identisch. Und wenn etwas nicht funktioniert, kannst du versuchen, es in Ordnung zu bringen, aber du selbst wirst dadurch nicht gestört sein.

Wenn Buddha stirbt und wenn du stirbst, sind das zwei völlig unterschiedliche Welten: Wenn Buddha stirbt, weiß er, dass nur der Körper stirbt. Er hat seinen Zweck erfüllt, er braucht ihn nicht mehr. Eine Last ist von ihm genommen: Er wird frei. Von nun an bewegt er sich ohne Form. Aber wenn du stirbst, ist das ganz anders: Du leidest, du weinst, weil du das Gefühl hast, dass du stirbst.

Dadurch, dass du Zeuge bist, verschwinden nicht die Funktionen deiner Gehirnzellen. Sie werden eher lebendiger, da jetzt weniger Konflikt und mehr Energie da ist. Sie werden ursprünglicher. Du wirst sie richtiger einsetzen können, genauer, aber du wirst nicht mit ihnen belastet sein und sie werden dich nicht zwingen, irgendetwas zu tun.

Dieses Wachsein wird dein Bewusstsein zu einem Höhepunkt bringen. Die Vergangenheit wird sich auflösen, die Zukunft wird verschwinden. Du wirst nirgendwo anders sein: du wirst genau hier und jetzt sein. Und in diesem Augenblick der Stille, da Denken nicht ist, wirst du in tiefer Verbindung mit deiner eigenen Quelle sein. Und diese Quelle ist Seligkeit, diese Quelle ist göttlich. Das einzige, was getan werden muss, ist also, in allem der Zeuge zu sein. Die Meisterschaft über den Mind ist Yoga. Wenn er aufhört, dich zu beherrschen, wird er zu einem passiven Werkzeug. Du gibst ihm einen Auftrag und er führt ihn aus: Du gibst ihm keinen Auftrag und er bleibt still, er wartet; er hat seine Macht verloren. Wenn der gesamte Körper-Mind still geworden ist, dann beginnt das Zentrum des wahren Wissens zu arbeiten.

Wahres Wissen hat drei Quellen:
unmittelbare Erkenntnis, Schlussfolgerung
und die Worte der Buddhas.

Pratyaksha – unmittelbare Erkenntnis ist die erste Quelle wahren Wissens. Sie ist eine Begegnung ohne jeden Zwischenträger, ohne jedes Hilfsmittel, ohne jeden Vermittler. Wenn du etwas aus direkter Quelle weißt, steht der Wissende dem Gewussten unmittelbar gegenüber. Es ist keiner da, der die Verbindung herstellt, keine Brücke. Dies ist wahres Wissen – aber das ist nicht so einfach.

Pratyaksha ist meist falsch übersetzt, interpretiert und erklärt worden. Das Wort *pratyaksha* bedeutet „vor den Augen" – „den Augen gegenüber". Aber die Augen sind Vermittler, der Wissende selbst ist dahinter verborgen. Die Augen sind Medien. Du hörst mich, aber das ist nicht unmittelbar. Du hörst mich über die Ohren. Du siehst mich durch die Augen. Deine Augen, deine Ohren können dir etwas Falsches melden. Wenn deine Augen krank sind, wenn deine Augen unter Drogen stehen, werden sie etwas anderes melden, wenn deine Augen voller Erinnerung sind, werden sie etwas anderes melden. Verliebt siehst du mit anderen Augen. Eine gewöhnliche Frau wird zur schönsten Frau der Welt. Und derselbe Mensch kann hässlich erscheinen, sobald deine Augen voller Hass sind. Deine Augen sind nicht zuverlässig, sie sind nur Hilfsmittel.

Was also ist unmittelbare Erkenntnis? Unmittelbare Erkenntnis kann es nur geben, wenn kein Zwischenträger da ist, nicht einmal die Sinne. Dies nennt Patanjali wahres Wissen. Nur in tiefer Meditation gehst du über die Sinne hinaus. Dann wird unmittelbare Erkenntnis möglich.

Wenn Buddha sein innerstes Wesen erkennt, ist dies innerste Wesen *pratyaksha*, unmittelbare Erkenntnis. Keine Sinne sind darin verwickelt; niemand hat etwas gemeldet, so etwas wie einen Vermittler gibt es nicht. Der Wissende und das Gewusste sind eins. Das ist Unmittelbarkeit und nur das Unmittelbare kann wahr sein.

Das erste wahre Wissen kann darum nur das des inneren Selbst sein. Du magst die ganze Welt kennen, aber wenn du den innersten Kern deines Wesens nicht kennengelernt hast, dann ist dein ganzes Wissen absurd. Es ist nicht wirklich Wissen. Es kann nicht stimmen, denn das erste grundlegende wahre Wissen hat sich bei dir noch nicht ereignet. Dein ganzes Gebäude ist falsch. Du magst vieles wissen, aber wenn du dich selbst nicht kennengelernt hast, baut all dein Wissen auf Gerüchte, auf Meldungen, die von den Sinnen überbracht werden. Aber wie kannst du sicher sein, dass dir die Sinne das Richtige melden?

In der Nacht träumst du. Während du träumst, beginnst du, daran zu glauben, dass er wahr ist. Deine Sinne melden dir den Traum; deine Augen sehen ihn, deine Ohren hören ihn; vielleicht kannst du ihn sogar berühren. Deine Sinne erstatten dir Bericht. So entsteht die Illusion, dass der Traum Wirklichkeit ist.

Tschuangtse erzählt, dass er einmal träumte, er sei ein Schmetterling geworden. Am Morgen war er traurig. Seine Schüler fragten: „Warum bist du so traurig?" Tschuangtse antwortete: „Ich habe Probleme und zwar Probleme wie noch nie. Das Rätsel scheint unlösbar zu sein, es kann nicht gelöst werden. Letzte Nacht habe ich geträumt, ich sei ein Schmetterling geworden."

Die Schüler lachten. Sie sagten: „Was ist daran so schlimm?

Das ist doch kein Rätsel. Ein Traum ist nur ein Traum."

Tschuangtse sagte: „So hört doch. Ich bin verwirrt. Wenn Tschuangtse träumen kann, dass er ein Schmetterling geworden ist, träumt vielleicht gerade jetzt ein Schmetterling, dass er Tschuangtse sei. Wie soll ich also entscheiden, ob ich es jetzt mit der Wirklichkeit zu tun habe oder ob es wieder ein Traum ist? Wenn Tschuangtse ein Schmetterling werden kann, warum kann ein Schmetterling dann nicht träumen, dass er Tschuangtse geworden ist?"

Es ist keine Unmöglichkeit, auch das Umgekehrte kann eintreten. Deswegen kannst du dich nicht auf die Sinne verlassen. Wenn man eine Droge nimmt, fangen die Sinne an, einem etwas vorzumachen: man sieht Dinge, die gar nicht da sind. Sie können dich in einem solchen Ausmaß täuschen, dass du anfängst, etwas für so wirklich zu halten, dass du in Gefahr geraten kannst.

Den Sinnen kann man nicht glauben. Was ist dann aber unmittelbare Erkenntnis? Unmittelbare Erkenntnis geschieht ohne Sinne. Deswegen kann das erste wahre Wissen nur das des inneren Selbst sein, denn nur da werden die Sinne nicht benötigt. Sonst werden sie überall gebraucht. Wenn du mich sehen willst, wirst du deine Augen gebrauchen müssen, aber wenn du dich selbst sehen willst, werden die Augen nicht benötigt.

Auch ein Blinder kann sich selbst sehen. Wenn du mich sehen willst, wird Licht nötig sein, aber wenn du dich selbst sehen willst, ist Dunkelheit kein Problem, du brauchst kein Licht dazu. Noch in der dunkelsten Höhle kannst du dich selbst erkennen.

Keine Hilfsmittel – weder Licht noch Augen oder sonst etwas – sind nötig. Die innere Erfahrung ist unmittelbar und diese unmittelbare Erfahrung ist die Grundlage allen wahren Wissens. Bist du einmal in dieser Unmittelbarkeit innerer Erfahrung, werden dir viele Dinge geschehen. Im Augenblick wirst du sie nicht verstehen können. Wenn jemand in seinem Zentrum ist, in seinem inneren Sein, dann können ihn die Sinne nicht mehr täuschen. Er ist erwacht.

Du kannst getäuscht werden, weil du in Verblendung lebst; sobald du ein wirklich Wissender geworden bist, kannst du nicht mehr irregeführt werden. Dann nimmt in dir nach und nach alles die Form wahren Wissens an. Wenn du dich selbst erkannt hast, dann wird alles, was du weißt, aus sich heraus wahr sein, weil du wahr bist. Diese Unterscheidung sollte man sich merken: Wenn du wahr bist, wird auch alles andere wahr; wenn du falsch bist, wird alles falsch. Es geht also nicht darum, etwas außen zu tun, es geht darum, nach innen zu gehen.

Patanjali sagt, dass Schlussfolgerung die zweite Quelle wahren Wissens ist. Schlussfolgerungen können eine Hilfe auf dem Weg zum wahren Wissen sein, aber es müssen die richtigen sein. Richtige Logik, richtiges Zweifeln, richtige Beweisführung können dir auf dem Weg zu wirklichem Wissen behilflich sein: Du hast nicht unmittelbar erkannt, aber alles weist darauf hin, dass etwas so sein muss; die Umstände legen es nahe, dass es so sein muss.

Logik ist jedoch gefährlich: sie ist zweischneidig. Man kann die Logik falsch einsetzen und auch so zu Schlussfolgerungen kommen. Patanjali sagt, eine richtige Schlussfolgerung ist diejenige, die dir zum Wachstum verhilft und eine falsche Schlussfolgerung ist alles, was dich dem Wachstum verschließt, wie perfekt sie auch aussehen mag.

Sogar Logik kann also eine Quelle wahren Wissens sein, aber du musst sehr bewusst damit umgehen. Wenn du nur logisch bist, kann es passieren, dass durch sie Selbstmord geschieht.

Ein Suchender aus Kalifornien war hierher gekommen, um mich zu sehen. Er sagte: „Ich habe gehört, dass du jeden, der zu dir kommt, zur Meditation aufforderst; bevor ich jedoch meditiere, habe ich viele Fragen.“ Er hatte eine Liste mit mindestens hundert Fragen, alle möglichen Fragen, Fragen zu Gott, zur Seele, zur Wahrheit ... und vieles andere. Er sagte: „Wenn du mir diese Fragen nicht beantwortest, werde ich nicht meditieren.“

Auf seine Art verfährt er ganz logisch. Er sagt, solange meine Fragen unbeantwortet bleiben – wie kann ich da meditieren? Wenn ich mir nicht sicher bin, dass du recht hast, dass du meine Zweifel zerstreut hast, wie kann ich da in die Richtung gehen, in die du zeigst und hinweist? Vielleicht irrst du dich. Nur indem du meine Zweifel auflöst, kannst du mir beweisen, dass du recht hast.

Aber seine Zweifel sind derart, dass sie sich nicht auflösen lassen. Das ist also das Dilemma: Wenn er meditiert, werden sie verschwinden, aber er sagt, er will nur meditieren, wenn seine Zweifel nicht mehr da sind. Was tun? Er sagte: „Zuerst beweise, dass es Gott gibt.“ Niemand hat das je bewiesen, niemand wird es je können. Was nicht bedeutet, dass Gott nicht da ist, aber er kann nicht bewiesen werden. Er ist nichts Beliebiges, was sich beweisen oder widerlegen lässt. Er ist etwas so Entscheidendes, dass du ihn leben musst, um ihn zu erkennen. Kein Beweis kann helfen. Aber logisch betrachtet hat er recht. Er sagt: „Wenn du keinen Beweis bringst, wie kann ich anfangen? Wenn es keine

Seele gibt, wer soll meditieren? Beweise also erst, dass es ein Selbst gibt, dann kann ich meditieren."

Dieser Mann begeht Selbstmord. Niemand wird je in der Lage sein, ihm zu antworten. Er hat alle denkbaren Schranken aufgebaut und genau diese Schranken werden sein Wachstum verhindern. Aber er ist logisch. Was soll ich mit so einem Menschen machen? Wenn ich anfange, seine Fragen zu beantworten, dann ist so ein Mensch, der hundert Zweifel vorbringen kann, auch in der Lage, tausend Fragen zu produzieren, denn Zweifeln ist seine Geisteshaltung. Du kannst eine Frage beantworten und er wird deine Antwort zum Anlass nehmen, zehn weitere hervorzubringen. Denn der Verstand bleibt derselbe. Er ist der Typ, der nach dem Zweifel sucht, und wenn ich logisch antworte, füttere ich nur seinen logischen Verstand und stärke ihn noch mehr. Ich gebe ihm Nahrung. Das wird nicht helfen. Man muss ihn aus dem logischen Denken herausholen. Deshalb fragte ich ihn: „Bist du je verliebt gewesen?"

Er sagte: „Warum? Du wechselst das Thema."

Ich sagte: „Ich werde auf deine Punkte zurückkommen, aber jetzt ist es mir sehr wichtig zu fragen, ob du je geliebt hast."

Er sagte: „Ja!" Sein Gesicht veränderte sich.

Ich fragte ihn: „Hast du zuerst geliebt, oder hast du alles erst angezweifelt, bevor du dich verliebt hast?"

Er war verstört, verlegen. Er sagte: „Nein, ich hatte vorher nie darüber nachgedacht. Ich habe mich einfach verliebt und erst dann bin ich mir der Liebe bewusst geworden."

Ich sagte: „Tu jetzt das Gegenteil. Denke erst über die Liebe nach – ob Liebe möglich ist, ob Liebe existiert, ob

Liebe existieren kann. Versuche zuerst, sie zu beweisen und mache es dir zur Bedingung, dass du niemanden lieben wirst, bevor Liebe nicht bewiesen ist."

Er sagte: „Was redest du da? Dies wird mein Leben zerstören. Wenn ich das zur Bedingung mache, dann werde ich überhaupt nicht mehr lieben können." Ich sagte ihm: „Aber genau das machst du ja! Meditation ist genau wie Liebe. Zuerst musst du sie kennenlernen, als erstes muss man die Erfahrung machen."

Ein logischer Verstand kann verschlossen sein und zwar so logisch begründet, dass man nie ein Gefühl dafür haben wird, sich dadurch sämtliche Möglichkeiten persönlichen Wachstums zu versperren. Das Denken ist so einzusetzen, dass dein Wachstum unterstützt wird. Nur so kann es zu einer Quelle wahren Wissens werden.

Die dritte Quelle wahren Wissens ist die schönste: die Worte der Erleuchteten – *agama*. Dazu hat es lang andauernde Kontroversen gegeben. Patanjali sagt, dass du unmittelbar erkennen kannst und dies ist wunderbar. Du kannst richtige Schlüsse ziehen und auch dann bist du auf dem richtigen Weg und wirst zur Quelle kommen. Es gibt jedoch Wahrheiten, die du durch Schlussfolgerungen nicht erschließen kannst und die du noch nicht erkannt hast. Aber du bist nicht der erste auf dieser Erde, du bist nicht der erste, der auf der Suche ist. Millionen suchen seit Millionen von Zeitaltern – und nicht nur auf diesem Planeten, sondern auch auf anderen Planeten. Die Suche ist ewig und viele sind angekommen. Sie haben das Ziel erreicht, sie haben den Tempel betreten. Ihre Worte sind eine Quelle wahren Wissens.

Mit *agama* sind die Worte derer gemeint, die erkannt haben. Buddha sagt etwas, oder Jesus sagt etwas: Wir verstehen nicht wirklich, was sie sagen. Wir haben es nicht erfahren, darum haben wir keine Möglichkeit, es zu beurteilen. Wir wissen nicht, was wir folgern und was wir aus ihren Worten richtig folgern sollten – und die Worte sind widersprüchlich. Die Worte eines Erwachten sind widersprüchlich und unlogisch. Jeder Mensch, der erkannt hat, ist gezwungen, sich widersprüchlich, paradox auszudrücken, denn die Wahrheit ist so beschaffen, dass sie nur in Paradoxa ausgedrückt werden kann. Seine Aussagen sind nicht logisch, sie sind dir voller Geheimnisse. Man kann alles aus ihnen schließen: Du ziehst zwar deine Schlüsse, aber du bist es, der die Schlüsse zieht. Du hast deinen Verstand und so wird die Folgerung deine Folgerung sein.

Patanjali sagt, es gibt eine dritte Quelle. du selbst weißt nicht. Wenn du unmittelbar weißt, dann stellt sich die Frage nicht. Dann ist keine andere Quelle nötig. Wenn du unmittelbare Erkenntnis hast, sind weder Schlussfolgerungen noch die Worte von Erleuchteten notwendig; du bist selbst erleuchtet. Dann kannst du auf die andern beiden Quellen verzichten. Wenn dies nicht geschehen ist, dann kannst du Schlussfolgerungen ziehen, aber die Schlussfolgerung wird die deine sein. Wenn du verrückt bist, dann werden deine Schlussfolgerungen verrückt sein. Dann lohnt es sich, die dritte Quelle zu versuchen – die Worte der Erleuchteten. Du kannst sie nicht beweisen, du kannst sie nicht widerlegen. Du kannst nur ein gewisses Vertrauen haben, und dieses Vertrauen ist hypothetisch. Das ist sehr wissenschaftlich. Auch in der Wissenschaft kannst du nicht ohne eine Hypothese vorgehen. Aber eine Hypothese ist kein Glaube.

Sie ist nur eine Vorgehensweise. Eine Hypothese ist nur eine Richtung: du wirst experimentieren müssen. Wenn das Experiment sich als richtig erweist, dann wird aus der Hypothese eine Theorie.

Du gehst zu einem Buddha. Er wird sagen: „Warte! Meditiere und stelle zwei Jahre lang keine Fragen." Du kannst denken: „Vielleicht betrügt mich dieser Mann. Dann werden zwei Jahre meines Lebens vergeudet sein. Wenn sich nach zwei Jahren herausstellt, dass dieser Mann nur ein Betrüger ist oder sich selbst mit der Illusion betrügt, erleuchtet zu sein – dann werden meine zwei Jahre vergeudet gewesen sein." Aber es gibt keine andere Wahl, du musst das Risiko eingehen. Und wenn du dableibst, ohne Buddha zu vertrauen, werden diese zwei Jahre umsonst sein – denn wenn du nicht vertraust, kannst du nicht arbeiten. Die Arbeit ist so intensiv, dass du nur mit Vertrauen ganz hineingehen kannst. Wenn du kein Vertrauen hast, wenn du immer etwas zurückhältst, dann wird dich dieses Zurückhalten daran hindern, gerade das zu erfahren, was dir Buddha zeigen wollte.

Das Risiko ist da, aber das Leben selbst ist ein Risiko. Für ein höheres Leben wird es das höhere Risiko geben. Du machst eine gefährliche Gratwanderung. Aber denk daran, man kann nur einen Fehler im Leben begehen: sich überhaupt nicht zu bewegen, sich überhaupt nicht von der Stelle zu rühren, aus lauter Angst, dass etwas schief gehen könnte – dies ist der einzige Fehler. Du bist zwar nicht in Gefahr, aber du wirst auch kein Wachstum erleben.

Falsches Wissen ist eine Auffassung,
die mit der Sache, so wie sie ist, nicht übereinstimmt.

Wir alle haben eine große Last vorgefasster Meinungen und Vorurteile. Wenn du ein Hindu bist und jemand wird dir als Muslim vorgestellt, hast du sofort die Idee, dass sich dieser Mann in einem Irrtum befindet. Bist du Christ und jemand wird dir als Jude vorgestellt, wirst du diesem Menschen gegenüber nicht wirklich offen sein. Allein die Zuschreibung „ein Jude" aktiviert ein Vorurteil. Du hast das Gefühl, diesen Mann bereits zu kennen. Jetzt brauchst du ihn gar nicht mehr kennenzulernen. Du glaubst zu wissen, was das für ein Mensch ist, eben ein Jude. Dein Verstand ist voller vorgefasster Meinungen und dieser voreingenommene Verstand gibt dir falsches Wissen. Alle Juden sind nicht schlecht; genauso wenig wie alle Christen gut oder alle Muslime schlecht und alle Hindus gut sind. In Wirklichkeit haben Gut und Böse nichts mit solchen Zugehörigkeiten zu tun, sondern mit den konkreten Personen. Es mag schlechte Muslime oder schlechte Hindus geben, gute Muslime oder gute Hindus. Gut und Böse haben mit keiner Nation, mit keiner Rasse und keiner Kultur etwas zu tun. Sie haben mit einzelnen, mit Persönlichkeiten zu tun. Aber es ist schwierig, einem Menschen ohne jedes Vorurteil gegenüber zu treten.

Es geschah einmal, als ich auf Reisen war. Ich betrat mein Abteil. Viele Leute waren gekommen, um mich zur Bahn zu begleiten und so berührte die Person, die schon in dem Abteil war, der andere Fahrgast, sofort meine Füße und sagte: „Du musst ein großer Heiliger sein. So viele Menschen sind gekommen, um von dir Abschied zu nehmen!"

Ich erzählte dem Mann: „Ich bin ein Muslim. Ich mag ein großer Heiliger sein, aber ich bin ein Muslim." Er war schockiert! Er hatte die Füße eines Muslims berührt, und er war ein Brahmane! Er fing an zu schwitzen. Er war nervös. Er sah mich noch einmal an und sagte: „Nein, du machst Spaß!“ Nur um sich selbst zu trösten sagte er, „du machst Spaß.“

„Ich mache keinen Spaß. Warum sollte ich Spaß machen?“, sagte ich. „Du hättest dich darüber erkundigen sollen, bevor du meine Füße berührt hast.“

Immer wieder sah er mich an und holte lang und tief Luft. Er muss daran gedacht haben, hinzugehen und ein Reinigungsbad zu nehmen. Er sah mich nicht, wie ich war. Ich war da, aber er war mit seiner Vorstellung von einem Muslim beschäftigt und damit, dass er ein Brahmane war – dass er unrein geworden war, indem er mich berührte.

Niemand begegnet den Dingen, den Menschen, so wie sie sind. Du hast ein Vorurteil. Diese Vorurteile erzeugen falsches Wissen. Was immer du denkst, wird, wenn du nicht unvoreingenommen den Tatsachen begegnest, falsch sein. Bring nicht deine Vergangenheit rein, bring nicht deine Vorurteile rein. Lass deinen Verstand beiseite und begegne dem Tatsächlichen. Schau einfach hin, was immer es zu sehen gibt. Lege deine Vorurteile, deine übernommene Bildung, deine Auffassungen, deine vorformulierten Informationen beiseite und schau neu, werde wieder ein Kind, von Moment zu Moment, denn in jedem Moment sammelst du Staub an.

Einer der ältesten Yoga-Aphorismen ist: *Stirb jeden Moment, so dass du jeden Moment wiedergeboren werden kannst.* Löse dich in jedem Augenblick vom Vergangenen, wirf allen Staub ab, den du angesammelt hast und sieh mit frischen Augen – ununterbrochen, da sich der Staub schon im nächsten Moment wieder angesammelt hat.

Nan-in lebte viele Jahre bei seinem Meister. Eines Tages sagte der Meister: „Alles ist in Ordnung. Du hast es fast erreicht." Aber er sagte „fast"; deshalb fragte ihn Nan-in: „Was meinst du?" Der Meister sagte: „Ich werde dich für ein paar Tage zu einem anderen Meister schicken müssen. Das wird dir den letzten Schliff geben."

Er sagte: „Schick mich sofort hin!" Ein Brief wurde ihm mitgegeben, und er war sehr aufgeregt, weil er dachte, dass er zu jemand geschickt würde, der ein größerer Meister war als sein eigener. Als er ankam, entdeckte er, dass es sich um niemand Besonderen handelte – es war der Inhaber eines Wirtshauses, ein Gastwirt.

Nan-in war sehr enttäuscht und er dachte: „Das muss irgendein Scherz sein. Dieser Mann soll mein letzter Meister sein? Er soll mir den letzten Schliff geben?" Aber er war nun einmal gekommen, so dachte er: „Es ist besser, für ein paar Tage hier zu bleiben, um wenigstens auszuruhen. Dann werde ich zurückgehen. Es war eine lange Reise." Darum sagte er zu dem Gastwirt: „Mein Meister schickt diesen Brief."

Der Gastwirt sagte: „Aber ich kann nicht lesen, behalte deinen Brief. Er ist nicht nötig. Du kannst hier bleiben." Nan-in sagte: „Aber ich bin geschickt worden, um etwas von dir zu lernen." Der Gastwirt erwiderte: „Ich bin nur ein Gastwirt, ich bin kein Meister, ich bin kein Lehrer. Da muss irgendein Missverständnis sein. Du bist vielleicht an den Falschen geraten. Ich bin nur ein Gastwirt. Ich kann nicht lehren, ich weiß gar nichts. Aber da du nun einmal gekommen bist – schau mir doch einfach zu. Das nützt vielleicht etwas. Bleib einfach da und schau zu."

Aber es gab nichts zum Zuschauen. Morgens schloss er

jedes Mal die Tür des Gasthauses auf. Dann kamen die Gäste und er machte ihre Sachen sauber – die Töpfe, das Geschirr und alles – und er bediente. Und nachts, wenn alle verschwunden waren und die Gäste ins Bett gegangen waren, machte er wieder alles sauber: die Töpfe, das Geschirr, alles. Dann am Morgen wieder das Gleiche.

Am dritten Tag fing Nan-in an, sich zu langweilen. Er sagte: „Da gibt es nichts zu sehen. Du machst ständig Geschirr sauber, du machst ständig gewöhnliche Arbeit, darum muss ich gehen."

Der Gastwirt lachte, aber er sagte nichts.

Nan-in kam zurück. Er war sehr böse mit seinem Meister und sagte: „Warum? Warum wurde ich auf eine so weite Reise geschickt, sie war so ermüdend – wo dieser Mann nur ein Gastwirt ist? Und er hat mich nichts gelehrt. Er sagte bloß: ‚Schau zu', und es gab nichts zu sehen."

Der Meister sagte: „Aber dennoch warst du drei oder vier Tage dort. Selbst wenn es nichts zu beobachten gab, musst du zugesehen haben. Was hast du getrieben?" Er sagte: „Ich habe beobachtet. Nachts machte er das Geschirr, die Töpfe sauber. Dann stellte er alles weg und am Morgen war er wieder dabei, sauberzumachen."

Der Meister sagte: „Dies, genau dies ist die Lehre! Dafür bist du geschickt worden! Er hatte die Töpfe in der Nacht gereinigt, aber am Morgen war er schon wieder dran, diese sauberen Töpfe zu reinigen. Was bedeutet das? Während der Nacht, selbst wenn nichts geschehen war, waren sie wieder unsauber geworden, es hatte sich wieder etwas Staub darauf gelegt. Du magst also rein sein – jetzt bist du es. Du magst unschuldig sein, aber in jedem Moment musst du mit dem Reinigen fortfahren. Du magst gar nichts tun, aber du wirst allein durch den Lauf der Zeit unrein. Von einem Moment zum andern, durch den bloßen Zeitablauf, auch wenn du gar nichts tust – nur unter einem Baum sitzt – wirst du unrein. Diese Unreinheit kommt nicht daher, dass du etwas Schlechtes oder Falsches getan hättest. Sie kommt einfach mit dem Ablauf der Zeit. Staub sammelt sich an. Deswegen musst du weitermachen, da ich das Gefühl habe, dass du stolz darauf geworden bist, rein zu sein und du merkst gar nicht, wie nötig es ist, sich ständig um die Reinigung zu kümmern. Von Moment zu Moment muss man Sterben und wiedergeboren werden. Nur dann bist du vom falschen Wissen befreit."

Ein Bild, das mit Hilfe leerer Wörter herauf beschworen wird, ist Einbildung.

Einbildung entsteht nur durch Wörter; du erfindest damit eine Sache, aber sie ist nicht da, sie ist keine Realität. Du erschaffst sie durch deine mentalen Bilder. Und du kannst sie dir bis zu einem solchen Grad vorstellen, dass du selbst davon getäuscht wirst und sie für real hältst. Das geschieht in der Hypnose. Wenn du einen Menschen hypnotisierst und ihm irgendetwas sagst, beschwört er ein Bild herauf und dieses Bild wird ihm real. Du kannst dies und tust es auf vielerlei Weise.

Einbildung ist eine Kraft, aber sie ist eine heraufbeschwörende Kraft. Du kannst sie gebrauchen, oder du kannst von ihr missbraucht werden. Wenn du sie gebrauchen kannst, wird sie hilfreich sein, aber wenn du von ihr missbraucht wirst, ist das fatal und gefährlich. Einbildung kann zu Wahnsinn werden, aber sie kann auch hilfreich sein, wenn du mit ihrer Hilfe eine Situation für dein inneres Wachstum, deine Kristallisierung herstellen kannst.

Es geschieht durch Worte, dass du Dinge heraufbeschwörst. Für die Menschen sind Worte, Sprache, so wichtig geworden, dass ihnen heute nichts wichtiger ist. Du wirst durch Worte beeinflusst. Die Leute in der Werbebranche wissen, welche Worte sie benutzen müssen, um bestimmte Vorstellungen heraufzubeschwören. Mit solchen Worten fangen sie die Massen, sie wechseln ständig mit der Mode. Politiker, Werbefachleute, sie benutzen Worte und sie können durch Worte solche Phantasien auslösen, dass du sogar dein Leben dafür aufs Spiel setzt, ja, bereit bist, dein Leben wegzuwerfen, nur für Worte.

Solche Worte und ihr Einfluss müssen bis in die Wurzel verstanden werden. Ein Mensch, der auf der Suche nach der Wahrheit ist, muss sich der Macht der Worte bewusst sein. Was sind denn „Nation", „die Nationalflagge", „Hinduismus"? – nur Wörter! Du kannst sagen: „Der Hinduismus ist in Gefahr!", und auf einmal sind viele Leute bereit, etwas zu unternehmen oder sogar zu sterben. Ein paar Worte reichen und „unsere Nation" ist beschimpft. Was ist „unsere Nation"? Nur ein Wort. Eine Flagge ist nichts als ein Stück Stoff, aber eine ganze Nation kann für die Flagge sterben, weil jemand sie beleidigt, entwürdigt hat. Was für ein Unsinn geht in dieser Welt vor wegen Wörtern! Wörter sind gefährlich. Ihr Einfluss auf dich hat tiefe Wurzeln. Sie lösen etwas in dir aus und du kannst davon vollkommen vereinnahmt werden.

Patanjali sagt, man muss verstehen, was Einbildung ist, weil Wörter auf dem Weg der Meditation wegfallen müssen, damit die Beeinflussung durch andere wegfallen kann.

Denkt daran: Wörter lernt ihr von anderen, ihr werdet damit nicht geboren. Sie werden dir beigebracht, und mit den Worten dringen viele Vorurteile ein. Über Worte werden Religionen, über Worte werden Mythen eingegeben. Worte sind das Medium – das Vehikel der Kultur, der Gesellschaft, das Vehikel der Information.

Jean Paul Sartre hat seiner Autobiografie den Titel „Wörter" gegeben. Und das ist wunderbar; denn was den Verstand anbelangt, besteht die gesamte Biografie eines jeden aus Wörtern und sonst nichts. Deswegen sagt Patanjali, dass man sich dessen bewusst sein muss, denn auf dem Weg der Meditation sind die Wörter zurückzulassen. Nationen, Religionen, Schriften, Sprachen müssen zurückbleiben, der Mensch muss unschuldig werden, frei von Wörtern. Wenn du frei von Wörtern bist, gibt es keine Einbildung und wenn es keine Einbildung gibt, kannst du der Wahrheit gegenübertreten.

Nur wenn jede Vorstellung wegfällt, ist Wahrheit. Ansonsten schreibt die Einbildung weiterhin die Bedingungen vor, und Wahrheit kann sich nicht zeigen. Nur in einem entblößten Geist, in einem nackten, leeren Geist, ist Wahrheit, weil du sie dann nicht verzerren kannst.

3. Kapitel

Nicht-Anhaften und beharrliche innere Übung mit Hingabe

Der Mensch hat nicht nur Bewusstsein, viel umfassender ist sein Unbewusstes. Und nicht nur das, sein Bewusstsein wohnt in einem absolut unbewussten Körper. Dessen Funktionen sind dem Willen des Menschen fast zur Gänze entzogen. Nur die Oberfläche des Körpers folgt dem Willen. Diese Struktur menschlicher Existenz muss verstanden werden, bevor man nach innen gehen kann. Dieses Verständnis darf nicht nur intellektuell bleiben. Es muss tiefer gehen, in die unbewussten Schichten eindringen, bis in die Tiefe des Körpers reichen.

Die folgenden Sutras von Patanjali befassen sich deswegen mit zwei sehr bedeutsamen Begriffen: *Abhyasa* und *vairagya. Abhyasa* bedeutet „beständige innere Übung", und *vairagya* bedeutet „Nicht-Anhaften, Wunschlosigkeit."

Bestünde der Mind nur aus dem Intellekt, gäbe es keine Notwendigkeit für *abhyasa*, für eine beständige, sich wiederholende Bemühung. Wenn etwas rational ist, kannst du es mit Hilfe des Verstandes sofort einsehen; aber eben dieses Verstehen reicht nicht. Zum Beispiel kannst du leicht einsehen, dass Wut schlecht ist, vergiftend, aber diese Einsicht reicht nicht aus, die Wut verlässt dich nicht, sie löst sich nicht auf. Trotz deiner Einsicht bleibt dir die Wut erhalten, denn sie ist in den tieferen Schichten deines Unbewussten zu Hause. Und nicht nur dort, sondern auch in deinem Körper. Mit dem Verstand kannst du zwar etwas einsehen, dein Körper bleibt davon unbetroffen. Bevor jedoch Verstehen nicht bis in die tiefsten Wurzeln deines Körpers reicht, kann es zu keiner Transformation kommen. Du bleibst derselbe.

Deine Anschauungen mögen sich immer wieder ändern, aber die Struktur deiner Persönlichkeit bleibt. Und dann entsteht ein neuer Konflikt, du bist in einem größeren Durcheinander denn je. Du kannst erkennen, dass etwas falsch ist, aber du machst damit trotzdem weiter. Es entstehen Selbstbeschuldigung und Verurteilung. Du fängst an, dich selbst zu hassen – je mehr du verstehst, desto mehr wächst die Selbstverurteilung, weil du siehst, wie schwierig es ist, fast unmöglich, dich selbst zu verändern.

Yoga verlässt sich nicht auf ein rein intellektuelles Verstehen. Er setzt ganz auf ein umfassendes Verstehen, bei dem die Gesamtheit deiner Existenz miteinbezogen wird. Aus einem solchen Verstehen verändern sich nicht nur dein Kopf, sondern auch die tieferen Bereiche deines Daseins. Wie kommt es dazu?

Die ständige Wiederholung einer bestimmten Übung erreicht das Unbewusste und wird zu einem Teil davon. Einmal zum Teil des Unbewussten geworden, beginnt sie den Ablauf des Unbewussten zu bestimmen. Deswegen arbeitet Yoga sehr viel mit *abhyasa*. Ein ständiges Wiederholen dient dazu, dein Unbewusstes in Gang zu setzen, und wenn es einmal in diese Richtung zu funktionieren beginnt, kannst du dich entspannen. Jetzt ist keine Anstrengung mehr nötig – die Dinge geschehen von alleine.

In alten Schriften heißt es, dass ein Weiser nicht etwa

jemand mit einem guten Charakter ist. Im Charakter, in der Persönlichkeit gibt es noch den Konflikt. Ein Weiser ist hingegen jemand, der einfach nichts Schlechtes tun, nicht einmal darüber nachdenken kann. Das Gute ist spontan geworden, es ist wie das Atmen. Nun ist alles gut, was er tut. Es ist so tief in seinem Sein verankert, dass keine Anstrengung mehr nötig ist. Es ist sein Leben geworden. Darum kann man nicht sagen, dass ein Weiser ein guter Mensch ist. Er weiß nicht, was gut und schlecht ist, es gibt keinen Konflikt mehr zwischen gut und schlecht. Das Gute ist so tief eingedrungen, dass er sich dafür nicht bewusst entscheiden muss. Solange du dir deines „Gut-Seins" bewusst bist, existiert das Schlechte in dir. Es gibt einen andauernden Kampf. Jedes Mal, wenn du etwas tun willst, musst du entscheiden: „Ich muss das Gute tun, ich darf nichts Schlechtes tun." Und das bedeutet Aufruhr, Kampf, ständige innere Unterdrückung, Konflikt. Und wo Konflikt ist, kannst du nicht entspannen, kannst du nicht bei dir sein.

Durch beharrliche innere Übung und Loslassen
kommt der Mind zur Ruhe.

Das Stillwerden des Mindes ist Yoga, aber wie können der Geist und seine Erscheinungsformen zur Ruhe kommen? Patanjali nennt zwei Wege: erstens *abhyasa*, beharrliche innere Übung und zweitens *vairagya*, Nicht-Anhaften, Wunschlosigkeit, Loslassen. Das Nicht-Anhaften stellt die Situation her und die beharrliche Übung ist die Methode, welche in dieser Situation angewendet wird. Versucht, beides zu verstehen. Was immer du tust, du tust es aus bestimmten Wünschen heraus. Bevor die Wünsche nicht losgelassen werden, können auch deine Unternehmungen nicht wegfallen. Zum Dilemma des menschlichen Charakters und Denkens gehört es, dass du mit gewissen Tätigkeiten gerne aufhören möchtest, weil sie dich unglücklich machen. Aber warum machst du sie? Du machst sie, weil du bestimmte Wünsche hast und diese Wünsche können nicht ohne bestimmte Aktivitäten erfüllt werden.

Zum Beispiel Wut. Warum wirst du wütend? Du wirst wütend, wenn dir jemand ein Hindernis in den Weg stellt. Du wirst daran gehindert, einen Wunsch zu erfüllen. Du kannst sogar auf Dinge böse werden. Wenn du gehst und dabei den kürzesten Weg wählst, und ein Stuhl dir im Weg steht, kannst du auf den Stuhl wütend werden. Wenn du versuchst, die Tür aufzuschließen und der Schlüssel passt nicht, wirst du auf die Tür wütend. Es ist absurd, weil es Unsinn ist, auf eine Sache böse zu sein, aber alles, was irgendwie ein Hindernis darstellt, erzeugt Ärger.

Du hast das Verlangen, etwas zu erreichen, zu vollbringen, zu erzielen. Wer auch immer zwischen dir und deinem Verlangen tritt, erscheint als dein Feind. Du willst ihn vernichten. Genau das bedeutet Wut: du willst die Hindernisse zerstören. Aber Wut macht unglücklich; Wut wird zur Krankheit. Darum möchtest du, dass du nicht wütend bist.

Wie kannst du die Wut einstellen, solange du Wünsche und Ziele hast? Wenn du Wünsche und Ziele hast, muss Wut da sein, denn das Leben ist komplex: du bist nicht allein hier auf dieser Erde. Millionen von Menschen, die alle ihren eigenen Wünschen nachlaufen, kreuzen einander; sie kommen sich gegenseitig in die Quere. Wenn du also Wünsche hast, dann muss Wut entstehen, muss Frustration da sein, muss Gewalt zustande kommen. Und dein Mind ist darauf aus, alles zu vernichten, was dir im Wege ist.

Diese Haltung, das Hindernis zu vernichten, ist Wut. Wut schafft Elend, darum möchtest du lieber nicht wütend werden. Aber der Wunsch allein, nicht wütend zu sein, wird nicht viel helfen, denn Wut ist in ein größeres Muster hinein verwoben – in das Muster einer Psyche, die Wünsche hat, einer Psyche, die Ziele hat, einer Psyche, die irgendwo hin will. Du kannst die Wut nicht einfach aufgeben.

Die erste Voraussetzung ist also, nichts zu wünschen. Damit ist die Möglichkeit der Wut zur Hälfte weggefallen: die Basis ist nicht mehr vorhanden. Aber auch dann verschwindet die Wut nicht notwendigerweise, denn du bist seit Millionen von Jahren wütend gewesen. Du magst die Wünsche aufgeben, aber die Wut wird sich immer noch behaupten. Sie wird nicht mehr so kraftvoll sein, aber sie wird sich behaupten, weil sie eine unbewusste Gewohnheit ist. Seit vielen, vielen Leben trägst du sie mit dir herum. Sie ist dein Erbe. Sie steckt dir in den Zellen: der Körper hat sie übernommen. Sie ist jetzt chemisch und physiologisch. Nur durch das Aufgeben deiner Wünsche allein wird dein Körper sein Muster nicht ändern.

Das Syndrom ist sehr alt. Du wirst auch dieses Syndrom ändern müssen. Diese Veränderung erfordert eine sich ständig wiederholende Übung. Gerade um den inneren Mechanismus zu ändern, ist eine ständige Übung notwendig – eine Rekonditionierung des gesamten Körper-Mindes. Aber das ist nur möglich, wenn du das Wünschen aufgegeben hast.

Das tiefstsitzende Syndrom der Psyche ist Verlangen. Du bist, was immer du bist, weil du bestimmte Wünsche hast, eine Reihe von Wünschen. Darum sagt Patanjali: Das erste ist Nicht-Anhaften, Loslassen! Lass alle Wünsche fallen, sei ihnen nicht verhaftet, und dann – *abhyasa!*

Zum Beispiel kommt jemand zu mir und sagt, „Ich möchte nicht noch dicker werden – ich will nicht noch mehr Fett in meinem Körper ansammeln, aber ich esse immer weiter. Ich möchte aufhören, aber ich esse immer weiter." Dieses Bedürfnis, ständig zu essen, ist nur die Oberfläche. Es ist da, weil ein inneres Muster da ist, und darum isst er immerzu mehr und mehr. Und selbst wenn er für ein paar Tage aufhört, fängt er wieder an und isst mit noch größerem Heißhunger. Und er wird noch mehr Gewicht zulegen, als er durch die paar Tage des Fastens oder der Diät abgenommen hat. Und das ist ununterbrochen so gelaufen, jahrelang. Es geht nicht nur darum, weniger zu essen. Warum isst er mehr? Der Körper braucht es nicht, aber irgendwo im Kopf ist das Essen zu einem Ersatz für etwas anderes geworden.

Er mag vielleicht Angst vor dem Tod haben. Menschen, die Angst vor dem Tod haben, essen mehr, da Essen die Grundlage des Lebens zu sein scheint. Je mehr du isst, desto lebendiger bist du, das ist die Rechnung in deinem Kopf. Nahrung kann auch zu einem Ersatz für Liebe werden, weil das Kind als erstes lernt, Nahrung mit Liebe zu verbinden. Das erste, was das Kind bewusst mitbekommt, ist die Mutter: die Nahrung von der Mutter und die Liebe von der Mutter. Liebe und Nahrung gehen gleichzeitig in sein Bewusstsein ein. Und immer wenn die Mutter liebevoll ist, gibt sie Milch. Die Brust wird voller Freude gereicht. Aber immer wenn die Mutter ärgerlich ist, nicht liebevoll, entzieht sie die Brust und so werden Liebe und Nahrung im Gemüt des Kindes miteinander verbunden. Deswegen wird das Kind, sobald es mehr Liebe bekommt, weniger Nahrung zu sich nehmen, denn bei so viel Liebe ist keine Nahrung nötig. Sobald keine Liebe da ist, wird es mehr essen, weil ein Ausgleich geschaffen werden muss. Und wenn überhaupt keine Liebe da ist, dann wird es seinen Bauch voll stopfen.

Wenn du liebst, hast du keine Angst vor dem Tod. Liebe ist so erfüllend, dass du dich nicht darum kümmerst, was in Zukunft passieren wird. Die Liebe selbst ist die Erfüllung. Selbst wenn der Tod kommt, wirst du ihn willkommen heißen. Aber wenn keine Liebe da ist, dann erzeugt der Tod Angst, weil du nicht einmal geliebt hast und der Tod näher rückt. Und der Tod setzt allem ein Ende, und danach gibt es keine Zeit mehr, keine Zukunft.

All dies ist im Inneren miteinander verknüpft. Dinge, die an der Oberfläche einfach erscheinen, sind tief in komplexe Zusammenhänge eingebunden. Also wird dadurch, dass man nur einen Gedanken auswechselt, gar nichts verändert. Nur wenn du an das komplexe Muster herangehst, es dekonditionierst und ein neues Muster herstellst, kann daraus ein neues Leben hervorgehen. Dies muss also geschehen: es muss Nicht-Anhaften da sein, Nicht-Anhaften gegenüber allem.

Aber das bedeutet nicht, dass du aufhörst zu genießen. Yoga ist auf vielerlei Weise fehlinterpretiert worden. Eine von diesen Fehlinterpretationen besteht darin, dass man meint, mit Yoga müsse man dem Leben entsagen, Nicht-Anhaften bedeute, nichts mehr zu wünschen. Aber wenn du nichts mehr wünschst, wenn dich nichts mehr anspricht und du nichts mehr liebst, dann bist du eine leblose Leiche. Nein, das ist nicht gemeint. Nicht-Anhaften will sagen, sei von nichts abhängig, mache dein Leben, dein Glück von nichts abhängig. Vorliebe ist in Ordnung, Bindung ist ein Problem. Wenn ich sage, Vorliebe ist in Ordnung, meine ich damit, du kannst Vorlieben haben, du musst Vorlieben haben. Wenn viele Menschen da sind, musst du irgendeinen davon lieben, musst du irgendeinen auswählen, musst du mit irgendeinem befreundet sein. Ziehe jemanden vor, aber binde dich nicht.

Was ist der Unterschied? Wenn du dich bindest, dann wird es zwanghaft. Wenn die Person nicht da ist, bist du unglücklich. Wenn du die Person vermisst, fühlst du dich elend. Und Bindung ist eine solche Krankheit, dass du dich unglücklich fühlst, wenn die Person nicht da ist, und gleichgültig, wenn die Person da ist. Dann ist alles in Ordnung: das gilt als selbstverständlich. Wenn die Person da ist, ist es gut – aber mehr auch nicht. Aber wenn die Person nicht da ist, dann fühlst du dich elend. Das ist Bindung.

Bei Vorliebe ist es genau umgekehrt. Wenn die Person nicht da ist, fühlst du dich gut; wenn die Person da ist, fühlst du dich glücklich, dankbar. Wenn die Person da ist, hältst du es nicht für selbstverständlich. Du bist glücklich, du genießt es, du feierst es. Aber wenn die Person nicht da ist, bist du in Ordnung. Du forderst nicht, du bist nicht besessen. Du kannst auch allein sein und glücklich. Du hättest es lieber gehabt, dass die Person da wäre, aber das ist keine Zwangsvorstellung. Vorliebe ist gut, Bindung ist eine Krankheit. Und ein Mensch, der aus der Vorliebe lebt, lebt in tiefem Glück. Du kannst ihn nicht unglücklich machen. Du kannst ihn nur glücklich machen. Aber einen Menschen, der aus der Bindung lebt, kannst du nicht glücklich machen, du kannst ihn nur noch unglücklicher machen. Und ihr kennt das! Ihr kennt das sehr gut! Wenn euer Freund, eure Freundin da ist, genießt ihr es nicht besonders, aber wenn sie nicht da ist, vermisst ihr sie sehr. Bindung wird dich mehr und mehr unglücklich machen: Vorliebe wird dich mehr und mehr Glück erfahren lassen. Patanjali ist gegen Bindung, aber nicht gegen Vorliebe. Jeder muss Vorlieben haben. Du magst das eine Essen mögen und ein anderes vielleicht nicht. Aber das ist nur eine Vorliebe. Wenn dein Lieblingsessen nicht zur Verfügung steht, dann wählst du die nächste Speise und wirst zufrieden sein, weil du weißt, dass die erste nicht vorhanden ist und dass du dich an allem erfreuen kannst, was vorhanden ist. Du wirst nicht weinen und jammern, du wirst es so nehmen, wie es kommt.

Aber ein Mensch, der ständig und an alles gefesselt ist, genießt nie und liegt immer daneben. Das ganze Leben wird ein fortwährendes Elend. Wenn du frei bist, hast du viel Energie – du bist unabhängig und diese Energie kann einer inneren Übung zugeleitet werden. Sie kann zu einer Übung werden. Sie kann zu *abhyasa* werden. Was ist *abhyasa*? *Abhyasa* ist die Überwindung des alten gewohnten Musters. Wenn du zum Beispiel fühlst, dass du wütend wirst, mach es dir zur ständigen Übung, fünf Atemzüge zu tun, bevor du die Wut zulässt. Es ist eine einfache Übung, die scheinbar überhaupt nichts mit der Wut zu tun hat. Dies mag dir lächerlich erscheinen – wie soll dies wohl helfen? Aber es wird helfen. Immer wenn du also fühlst, dass Wut kommt, atme, bevor du sie ausdrückst, fünfmal ein und aus. Was wird es bewirken? Es wird vieles bewirken. Wut kann nur sein, wenn du unbewusst bist und dieses Atmen ist eine bewusste Bemühung: Unmittelbar bevor du die Wut ausdrücken willst, atme bewusst fünfmal ein und aus. Das wird dich aufwecken, und wo Wachheit ist, kann die Wut nicht auftreten. Und das wird dich nicht nur geistig, sondern auch körperlich wach werden lassen; mit mehr Sauerstoff im Körper ist der Körper wacher. In diesem wachen Moment wirst du plötzlich fühlen, dass die Wut verschwunden ist.

Der Verstand kann immer nur auf eines gerichtet sein, er kann nicht an zwei Dinge gleichzeitig denken. Er kann sehr rasch vom einen zum andern schwenken, aber nicht zwei Punkte gleichzeitig im Kopf haben. Er hat ein sehr schmales Fenster, durch welches ihm jeweils nur eine Sache gegenwärtig sein kann.

Wenn also Wut da ist, ist Wut da. Aber wenn du fünfmal bewusst ein- und ausatmest, ist der Verstand plötzlich mit Atmen beschäftigt. Er ist abgelenkt worden. Jetzt bewegt er sich in eine andere Richtung. Und selbst wenn sich die Wut wieder rührt, kannst du nicht mehr derselbe sein, weil der Augenblick verloren gegangen ist.

Gurdjieff sagte: „Als mein Vater im Sterben lag, gab er mir den Rat, mir nur eines zu merken: Immer wenn du wütend bist, warte vierundzwanzig Stunden und dann tu, was du willst. Selbst wenn du hingehen und morden willst, geh hin und morde, aber warte erst vierundzwanzig Stunden damit." Vierundzwanzig Stunden sind mehr als genug: vierundzwanzig Sekunden reichen. Allein das Warten verändert dich.

Die Energie, die in die Wut schoss, nimmt einen neuen Weg. Es ist dieselbe Energie. Sie kann zu Wut werden: sie kann zu Mitgefühl werden. Nur gib ihr auch die Chance!

Wenn also Wut kommt, schiebe sie fünf Atemzüge lang auf und du wirst nicht in der Lage sein, sie auszuagieren. Das wird zu einer praktischen Erfahrung werden. Jedes Mal wenn Wut aufkommt, atme zuerst fünfmal ein und aus. Danach bist du frei zu tun, was du tun willst. Wiederhole dies immer wieder. Es wird zu einer Gewohnheit, du brauchst nicht einmal darüber nachzudenken. In dem Augenblick, wo Wut eintritt, beginnt dein Mechanismus, schnell und tief zu atmen. In ein paar Jahren wird es absolut unmöglich für dich sein, wütend zu werden.

Durch beharrliche innere Übung und Loslassen
kommt der Mind zur Ruhe.
Von diesen beiden ist abhyasa – innere Übung –
die Bemühung, in sich selbst verankert zu sein.

Das Wesentliche an *abhyasa* ist, in sich selbst zentriert zu sein. Was immer geschieht, du solltest nicht sofort in Bewegung geraten. Als erstes solltest du in dir selbst zentriert sein, und von dieser Mitte aus solltest du dich umsehen und dann entscheiden. Jemand beleidigt dich und du bist durch seine Beleidigung aufgestachelt. Du hast dich aufgeregt, ohne deine Mitte zu Rate zu ziehen. Ohne auch nur einen einzigen Moment zum Zentrum zurückgekehrt zu sein, hast du sofort gehandelt. *Abhyasa* bedeutet innere Übung. Es bedeutet: „Bevor ich nach außen gehe, gehe ich nach innen. Die erste Bewegung muss in Richtung meines Zentrums sein: zuerst muss ich mit meinem Zentrum in Kontakt sein. Dort ruhend, werde ich mir die Situation ansehen und dann entscheiden."

Und dies ist ein so starkes, ein so verwandelndes Phänomen. Wenn du in deiner Mitte ruhst, erscheint die ganze Angelegenheit in einem anderen Licht, die Perspektive hat sich vollkommen verändert. Dann mag eine Beleidigung gar nicht wie eine Beleidigung aussehen. Der Mensch mag dir einfach nur dumm erscheinen. Oder du magst erkennen, dass er recht hat, dass dies gar keine Beleidigung ist. Er hat nichts Verkehrtes über dich gesagt. Bevor du also in eine Handlung hineingehst, geh erst nach innen, finde zuerst dort deinen Ruhepunkt – und sei es nur für einen einzigen Augenblick – und deine Handlung wird eine vollkommen andere sein. Es kann nicht mehr dasselbe alte unbewusste Muster wirken. Es wird etwas Neues sein, es wird eine lebendige Erwiderung auf die Situation sein. Versucht es einfach. Wann immer ihr fühlt, etwas tun zu müssen, geht zuerst nach innen.

Wenn du dreißig Tage lang alles in ein Tagebuch schreibst, was von morgens bis abends passiert, wirst du in der Lage sein, ein Muster zu erkennen. Du bewegst dich wie eine Maschine: du bist kein Mensch. Deine Reaktionen sind tot. Alles, was du tust, ist vorhersagbar. Und wenn du dein Tagebuch mit klarem Blick untersuchst, kannst du vielleicht das Muster entschlüsseln. Zum Beispiel mag das Muster sein, dass du jeden Montag ärgerlich bist, jeden Sonntag fühlst du dich sexuell; jeden Samstag streitest du. Oder morgens geht es dir vielleicht immer gut, nachmittags bist du immer verbittert und gegen Abend bist du immer gegen die ganze Welt. Vielleicht erkennst du das Muster. Und wenn du das Muster einmal siehst, kannst du genau beobachten, dass du wie ein Roboter funktionierst. Das Unglück besteht darin, ein Roboter zu sein.

Gurdjieff pflegte zu sagen: „Der Mensch, so wie er ist, ist eine Maschine.“ Du wirst erst ein Mensch, wenn du bewusst wirst. Und diese ständige Bemühung, in dir selbst verankert zu sein, wird dich bewusst, wird dich lebendig, wird dich unvorhersagbar, wird dich frei machen. Dann kann dich jemand beleidigen und du kannst trotzdem lachen. Früher hast du nie dabei lachen können. Jemand kann dich beschimpfen und du kannst Liebe für diesen Menschen empfinden. Jemand kann dich beleidigen und du kannst ihm dafür dankbar sein. Etwas Neues wird geboren. Du lässt jetzt bewusstes Sein in dir entstehen.

Tun bedeutet, nach außen zu gehen, sich im Äußeren zu bewegen, auf andere zuzugehen. Bevor du in ein Tun hineingehst, bevor du weggehst, schau in dein inneres Wesen, stelle eine Verbindung damit her, tauche ein, sei zuerst verankert. Lass' vor jeder Bewegung einen Augenblick der Meditation da sein: das ist es, was *abhyasa* bedeutet. Was immer du tust, schließe die Augen, bevor du es tust. Bleib still, geh nach innen! Werde losgelöst, so dass du als ein Beobachter zuschauen kannst, unvoreingenommen – als ob du nicht betroffen wärest, du bist nur ein Zeuge – jetzt handle!

Abhyasa wird zu einer festen Grundlage,
indem sie lange Zeit fortgesetzt wird,
ohne Unterbrechung und mit Hingabe.

Zwei Dinge. Das erste: „Beständiges Üben für eine lange Zeit." Aber für wie lange? Es kommt darauf an. Es kommt auf dich an, auf jeden einzelnen. Die Zeitdauer ist eine Frage der Intensität. Wenn die Intensität bedingungslos ist, dann kann es sehr bald passieren – sogar sofort. Wenn die Intensität nicht so tief geht, dann wird es länger dauern. Das erste ist eine beständige Übung für eine lange Zeit ohne Unterbrechung, das muss man sich merken.

Wenn du deine Übung unterbrichst, wenn du sie einige Tage tust und sie dann einige Tage auslässt, ist die ganze Mühe umsonst. Wenn du dann wieder anfängst, ist es wieder ein Neubeginn. Wenn du meditierst und du sagst dir dann für ein paar Tage lang, dass es auch ohne geht; wenn du dich träge fühlst, wenn dir nach Schlaf ist und du sagst: „Ich kann es verschieben, ich kann es morgen tun," – dann musst du wissen, dass selbst ein verpasster Tag deine Arbeit von vielen Tagen vernichtet. An diesen Tagen ohne Meditation machst du viele Dinge, die zu einem alten Muster gehören. Auf diese Weise wird ein Muster geschaffen. Die Kontinuität ist verloren gegangen und wenn du morgen wieder anfängst, ist es wieder ein Neubeginn. Ich sehe viele Menschen anfangen, aufhören, wieder anfangen. Für die Arbeit, die innerhalb von Monaten erledigt werden kann, brauchen sie Jahre.

Das müsst ihr euch also merken: ohne Unterbrechung. Was immer ihr wählt, wählt es für euer ganzes Leben. Hört nicht auf den Verstand. Der Verstand wird versuchen, euch zu überreden, er ist ein großer Verführer. Er kann euch alle möglichen Gründe liefern, wie z.B. heute darfst du nicht, weil du dich krank fühlst, oder du hast Kopfschmerzen und du konntest nachts nicht schlafen, oder du bist so schrecklich müde, und es wäre gut, wenn du einfach ausruhen könntest. Aber das sind Tricks des Verstandes.

Der Verstand will seinem alten Muster folgen, aber warum? Weil darin am wenigsten Widerstand liegt. Es ist leichter und jeder möchte den leichteren Weg einschlagen, den leichteren Kurs. Es ist leicht für den Verstand, sich einfach nach dem Alten zu richten. Das Neue ist schwierig. Der Verstand widersetzt sich allem, was neu ist; wenn du also in Übung bist, in *abhyasa*, höre nicht auf den Verstand, mach einfach weiter. Nach und nach wird diese neue Übung tief in deinen Mind einsinken und er wird aufhören, sich ihr zu widersetzen, weil sie dann leichter wird, schließlich wird er ohne Widerstände einfach mitmachen. Bevor deine Übung nicht zu einem selbstverständlichen Fließen wird, unterbrich sie nicht. Durch ein bisschen Trägheit kannst du eine lange Anstrengung zunichte machen. Darum musst du ohne Unterbrechung üben.

Zweitens solltest du die Übung voller Hingabe ausführen. Du kannst eine Übung mechanisch machen, ohne Liebe und ohne Hingabe. Dann wird es sehr lange dauern, denn nur durch Liebe dringen die Dinge leicht in dich ein. Durch Hingabe bist du offen – offener, die Samen fallen tiefer.

Geh' darum in keine Übung ohne Hingabe, weil du damit unnötigerweise Energie verschwendest. Es kann viel dabei herauskommen, wenn es mit Hingabe geschieht. Worin besteht der Unterschied? Es ist der Unterschied zwischen Pflicht und Liebe. Pflicht ist etwas, das du tun musst, du tust es lustlos. Du musst es irgendwie hinter dich bringen; du musst es so schnell wie möglich erledigen. Es ist nur eine äußere Arbeit. Und wenn dies die Einstellung ist, wie kann deine Arbeit bis ins Innerste durchdringen? Liebe hingegen ist keine Pflicht; du fühlst Freude. Diese Freude kennt keine Grenzen, es gibt keine Eile, sie zu beenden. Je länger sie andauert, desto besser. Sie ist nie genug. Immer hast du das Gefühl, dass du mehr tun möchtest. Es geht nie zu Ende. Wenn dies die Einstellung ist, dann dringen die Dinge tief in dich ein. Die Samen erreichen den tieferen Nährboden. Hingabe bedeutet, dass du eine bestimmte Übung liebst.

Diese Unterteilung ist sehr klar. Diejenigen, die Meditation praktizieren, als übten sie nur eine Technik, tun das jahrelang, aber keine Veränderung stellt sich ein. Es mag ihnen körperlich ein wenig helfen. Sie mögen gesünder sein: ihre Konstitution wird einigen Nutzen daraus ziehen. Aber es ist nur eine Körperübung. Dann kommen sie zu mir und sagen: „Es passiert nichts." Es wird auch nichts passieren, wegen der Art und Weise, wie sie es tun. Es ist etwas Äußeres – nur eine Beschäftigung. Sie tun es genau so wie sie um elf ins Büro gehen und um fünf das Büro verlassen. Sie können eine Stunde lang meditieren, aber ohne jede innere Beteiligung. Die Meditationsübung liegt ihnen nicht am Herzen. Die andere Art von Menschen sind diejenigen, die es mit Liebe tun. Es geht also nicht darum, etwas zu tun. Die Sache ist nicht quantitativ, sie ist qualitativ. Es geht darum, wie sehr du beteiligt bist, wie tief du liebst, wie sehr du dich erfreust, – nicht am Ziel, nicht am Ergebnis, sondern an der Übung selbst.

Bei tiefer Hingabe können sich die Ergebnisse sofort einstellen. In einem einzigen Augenblick der Hingabe werden viele Leben aus der Vergangenheit unwirksam. In einem tiefgehenden Augenblick der Hingabe kannst du vollkommen frei von der Vergangenheit werden. Patanjali sagt, dass diese beiden, *vairagya* und *abhyasa*, das Zur-Ruhe-Kommen des Mindes unterstützen.

Am Anfang wird die Stille wie ein Samenkorn sein: am Ende wird sie zu einem Baum werden. Aber der Baum ist im Samen verborgen, darum ist der Anfang einfach nur der Samen. Wenn Patanjali sagt, dass schon zu Beginn der Reise Nicht-Anhaften sein muss, sagt er nicht, dass dies am Ende nicht mehr nötig ist. Nicht-Anhaften wird am Anfang mit

Mühe verbunden sein, am Ende wird *vairagya* spontan sein. Am Anfang musst du es bewusst tun, am Ende brauchst du dir keine Mühe mehr zu machen, es wird einfach dein natürlicher Fluss sein.

Am Anfang musst du üben. Ständiges Wachsein wird nötig sein. Es wird ein Ringen mit deiner Vergangenheit geben, mit deinen Mustern der Bindung; es wird einen Kampf geben. Aber am Ende wird kein Kampf mehr da sein, keine Alternative, keine Wahl. Du wirst einfach in Richtung Wunschlosigkeit fließen. Es wird dir zur Natur. Aber denkt daran, was immer das Ziel ist, es muss von Anfang an geübt werden. Der erste Schritt ist auch der letzte. Man muss deswegen beim ersten Schritt sehr vorsichtig sein. Nur wenn der erste in die richtige Richtung geht, wird der letzte erreicht werden. Wenn du den ersten Schritt verfehlst, hast du alle verfehlt. Dies wird dein Denken immer wieder beschäftigen, darum versteh es gründlich. Patanjali wird viele Dinge sagen, die nach Endzielen aussehen.

Gewaltlosigkeit zum Beispiel steht am Ende: Ein Mensch wird so mitfühlend, so tief von Liebe erfüllt, dass keine Gewalt da ist, keine Möglichkeit zu Gewalt. Liebe oder Gewaltlosigkeit ist das Endziel.

Aber Patanjali wird sagen, dass du es von Anfang an praktizieren sollst. Das Ziel muss von Anbeginn in deiner Sicht sein. Der erste Schritt der Reise muss absolut dem Ziel gewidmet sein, auf das Ziel gerichtet sein, muss auf das Ziel zugehen. Am Anfang kann es nichts Endgültiges sein, und Patanjali erwartet das auch gar nicht. Du kannst nicht vollkommen losgelöst sein, aber du kannst es versuchen. Allein schon die Mühe wird dir helfen.

Du wirst viele Male hinfallen: du wirst dich wieder und

wieder verstricken. Und dein Mind funktioniert so, dass du dich sogar in das Loslassen verstricken kannst. So unbewusst ist deine Verhaltensweise: aber Mühe, bewusste Mühe, wird dich nach und nach wach und bewusst machen. Und wenn du einmal anfängst, das Elend der Verstrickung zu fühlen, wirst du dich weniger bemühen müssen, denn niemand möchte sich elend fühlen, niemand möchte unglücklich sein. Wir sind unglücklich, weil wir nicht wissen, was wir tun, aber jeder Mensch sehnt sich nach Glück. Niemand sehnt sich nach Unglück, aber jeder erzeugt Unglück, weil wir nicht wissen, was wir tun. Wir mögen Wünschen folgen, um unser Glück zu finden, aber so, wie unser Mind programmiert ist, laufen wir tatsächlich ins Unglück.

Von Anfang an werden wir als Kinder mit falschen Mechanismen und Einstellungen programmiert. Niemand will es absichtlich machen, aber das Kind ist umringt von Leuten mit falschen Verhaltensmustern. Sie können nicht anders sein: sie sind hilflos. Ein Kind wird ohne jedes Verhaltensmuster geboren. Nur eine tiefe Sehnsucht nach Glück ist vorhanden, aber es weiß nicht, wie es das Glück erreichen kann. Für das Kind ist nur so viel gewiss: das Glück muss erlangt werden. Es wird sein ganzes Leben darum kämpfen, aber die Mittel, die Methoden, wie es zu erreichen ist, wo es zu erreichen ist, wo es sich hinwenden soll, um es zu finden, die kennt es noch nicht. Die Gesellschaft bringt ihm bei, wie es das Glück erreicht und die Gesellschaft irrt sich.

Ein Kind möchte glücklich sein, aber wir wissen nicht, wie wir ihm den Weg dahin zeigen können. Alles, was wir ihm beibringen, wird ein Weg ins Unglück sein. Ein Kind wird zum Beispiel wütend. Wir erzählen ihm: „Wut ist schlecht, sei nicht wütend." Aber wütend zu sein ist natürlich, und dadurch, dass wir sagen „sei nicht wütend" bringen wir dem Kind nur bei, die Wut zu unterdrücken. Und Unterdrückung führt ins Unglück, denn das, was da unterdrückt wird, wirkt wie ein Gift, es greift direkt in die Körperchemie ein. Indem wir es ständig dazu anhalten, nicht wütend zu sein, lehren wir es, sein eigenes System zu vergiften.

Nur eines bringen wir ihm nicht bei, nämlich wie das geht, nicht wütend zu sein. Wir bringen ihm nur bei, die Wut zu unterdrücken. Und wir können es dazu zwingen, weil es abhängig von uns ist. Es ist hilflos, es muss uns gehorchen. Wenn wir sagen: „Sei nicht wütend", lächelt es. Dieses Lächeln ist unecht. Innerlich schäumt es, innerlich ist es in Aufruhr, innerlich lodert es, und nach außen hin lächelt es.

Ein kleines Kind – und wir machen einen Heuchler aus ihm! Es wird unecht und gespalten. Es weiß, dass sein Lächeln unecht und seine Wut echt ist, aber das Echte muss unterdrückt und das Unechte erzwungen werden. Und nach und nach wird die Spaltung so tief sein, dass es immer, wenn es lächelt, ein falsches Lächeln lächelt. Und wenn es nicht wirklich wütend werden kann, dann wird es in anderem auch nicht wirklich sein können, weil es grundsätzlich gelernt hat, die Wirklichkeit zu verleugnen. Es wird seine Liebe, seine Ekstase nicht ausdrücken können. Es wird Angst vor der Wirklichkeit bekommen. Wenn ein Teil der Wirklichkeit verurteilt wird, wird die ganze Wirklichkeit verurteilt – sie lässt sich nicht aufteilen.

Eines ist gewiss. Das Kind hat gemerkt, dass es nicht angenommen wird: So wie es ist, ist es nicht annehmbar.

Das Wirkliche ist irgendwie schlecht, darum muss das Kind unecht werden. Es muss sich tarnen, Masken aufsetzen. Und wenn es das einmal gelernt hat, bewegt sich das ganze Leben in falschen Bahnen. Das Falsche kann nur zum Unglück führen. Nur das Wahre, das authentisch Wirkliche kann dich zu den Höhepunkten des Lebens führen – Liebe, Freude, Meditation. Wenn Patanjali von Nicht-Anhaften spricht, sagt er nicht, du sollst deine Liebe töten. Er sagt im Gegenteil, du sollst alles beseitigen, was deine Liebe vergiftet, alle Hindernisse, die deine Liebe töten. Nur aus einer solchen Freiheit kann Liebe sein.

Bindung bedeutet Fixierung: Du kannst nichts Neues akzeptieren, der Gegenwart, der Zukunft nicht erlauben, irgendetwas zu verändern. Aber das Leben ist Veränderung. Wenn du ungebunden bist, bewegst du dich von Augenblick zu Augenblick, ohne jede Festlegung. Jeden Moment bringt dir das Leben neue Freuden, neue Nöte. Es wird dunkle Nächte geben und es wird sonnige Tage geben, aber du bist offen – hast keine festen Vorstellungen. Und wenn du keine festen Vorstellungen hast, kann dir selbst eine elende Situation kein Elend bereiten, da du nichts hast, womit du sie vergleichen kannst. Du hast keine Vorstellungen, also kannst du auch nicht frustriert sein.

Du wirst frustriert, weil du Forderungen stellst. Wenn du zum Beispiel nach Hause kommst, erwartest du, dass dich deine Frau freudig begrüßt. Wenn dies nicht geschieht, kannst du das nicht akzeptieren. Es bereitet dir Frustration und Unglück. Du forderst und durch deine Forderungen schaffst du Elend. Patanjali sagt, sei ungebunden. Das bedeutet fließe, nimm an, was immer das Leben bringt. Fordere nichts und erzwinge nichts, weil dir das Leben nicht folgen wird. Du kannst das Leben nicht zwingen, sich nach dir zu richten. Es ist besser, mit dem Fluss zu fließen, als ihn anzutreiben. Dann wird viel Glück möglich. Du bist von Glück umgeben, aber wegen deiner Fixierungen kannst du es nicht sehen.

Nicht-Anhaften am Anfang wird nur ein Same sein. Am Ende wird Nicht-Anhaften zu Wunschlosigkeit. Am Anfang bedeutet es Loslassen, aber am Ende wird *vairagya* – Nicht-Anhaften spontane Wunschlosigkeit sein – kein Verlangen. Am Anfang keine Forderungen, am Ende keine Wünsche mehr. Aber wenn du dieses Endziel des Nicht-Wünschens erreichen willst, beginne beim Nicht-Fordern. Probiere Patanjalis Formel aus, und sei es nur für vierundzwanzig Stunden. Fließe vierundzwanzig Stunden lang mit dem Leben mit, ohne irgendetwas zu fordern. Was immer das Leben gibt, heiße es willkommen und sei dankbar.

Bewege dich vierundzwanzig Stunden lang nur in einer Verfassung der Hingabe – ohne zu bitten, ohne zu fordern, ohne zu erwarten – und du wirst eine neue Öffnung erfahren. Diese vierundzwanzig Stunden werden zu einem neuen Fenster. Du bekommst ein Gefühl dafür, wie ekstatisch du werden kannst. Aber am Anfang wirst du sehr auf der Hut sein müssen. Vom Suchenden kann man nicht erwarten, dass ihm Nicht-Anhaften spontan zufällt.

Üben ist so etwas wie Konditionierung auf der körperlichen und geistigen Ebene, und gerade durch Konditionierung macht die Gesellschaft einen Menschen zu ihrem Sklaven. Wenn dem so ist, wie kann das Üben bei Patanjali zum Werkzeug für die Befreiung werden?

Ich erinnere mich an eine Parabel: Buddha kam einmal zu seinen Sannyasins, er war im Begriff, eine Predigt zu halten. Er saß unter seinem Baum und hielt ein Taschentuch in seiner Hand. Er betrachtete das Taschentuch. Die ganze Versammlung schaute hin, neugierig, was er vorhatte. Dann machte er fünf Knoten in das Taschentuch und fragte: „Was soll ich nun tun, um dieses Taschentuch zu entknoten? Was soll ich jetzt anfangen?" Danach stellte er eine weitere Frage: „Ist das Taschentuch dasselbe wie vorher, als keine Knoten darin waren, oder ist es jetzt anders?"

Ein Mönch sagte: „In einem gewissen Sinn ist es dasselbe, weil sich die Qualität des Taschentuches nicht verändert hat. Selbst mit Knoten bleibt es dasselbe – dasselbe Taschentuch. Aber in einer anderen Hinsicht hat es sich verändert. Vorher waren keine Knoten da, und nun sind Knoten da. Oberflächlich hat es sich also verändert, aber im Grunde seines Wesens bleibt es dasselbe."

Buddha sagte: „Das ist die Situation des menschlichen Geistes. In der Tiefe bleibt er unverknotet. Die Qualität bleibt dieselbe." Wenn du ein Buddha wirst, ein Erleuchteter, wirst du kein anderes Bewusstsein haben. Die Qualität wird dieselbe bleiben. Der Unterschied liegt nur darin, dass du jetzt ein verknotetes Taschentuch bist, dein Bewusstsein hat ein paar Knoten.

Die andere Frage, die Buddha gestellt hatte, war: „Was soll ich tun, um das Taschentuch zu entknoten?" Ein anderer Mönch antwortete: „Bevor wir nicht wissen, was du getan hast, um es zu verknoten, können wir nichts sagen, denn es muss der umgekehrte Vorgang angewendet werden. Zuerst müssen wir wissen, auf welche Weise du es verknotet hast, denn um es wieder zu entknoten, werden wir in umgekehrter Reihenfolge verfahren müssen." Buddha sagte: „Das ist das zweite: Du musst begreifen, wie du in diese Abhängigkeit geraten bist. Du musst begreifen, wie du zu deiner Sklaverei abgerichtet worden bist; der Vorgang der Befreiung wird derselbe sein, nur in umgekehrter Reihenfolge."

Wenn Bindung ein Faktor der Konditionierung ist, dann wird Loslösung zum Faktor der Dekonditionierung werden. Wenn Erwartung dich ins Unglück führt, dann wird Nicht-Erwartung dich ins Glück führen. Wenn Wut eine Hölle in dir erzeugt, dann wird Mitgefühl einen Himmel in dir erzeugen. Ganz gleich, was der Prozess des Elends ist, die Umkehrung wird der Prozess des Glücks sein. Dekonditionierung bedeutet, dass du das ganze verknotete Phänomen des menschlichen Bewusstseins, so wie es ist, verstanden hast. Der gesamte Yoga-Prozess kann nichts anderes sein, als die verworrenen Knoten zu verstehen und sie dann zu entknoten, sie zu dekonditionieren.

Es ist keine Neu-Konditionierung, denkt daran! Es ist einfach eine Dekonditionierung, es ist negativ. Wenn es eine Neu-Konditionierung wäre, dann würdest du wieder zum Sklaven – eine neue Art von Sklaverei in einem neuen Gefängnis. Darum müsst ihr euch diesen Unterschied merken: Es geht um Dekonditionierung und nicht um eine neue Konditionierung. Patanjalis ganzer Standpunkt ist dieser: Wenn man in das Unglück des Menschen hineinsieht, begreift man, dass der Mensch selbst dafür verantwortlich ist. Er tut etwas, was das Unglück erzeugt. Dieses Tun ist zur Gewohnheit geworden, darum macht er es immer weiter. Es wiederholt sich, ist mechanisch, roboterhaft geworden. Aber wenn du wach wirst, kannst du es anhalten. Du kannst einfach sagen, „Ich kooperiere nicht mehr." Dann hört die Maschine zu funktionieren auf.

Jemand beleidigt dich. Steh nur still da und bleibe ruhig. Die Maschine wird sich in Gang setzen; sie wird das alte Muster einsetzen. Die Wut wird kommen, der Rauch wird aufsteigen, und du wirst nahe daran sein, zu explodieren. Aber du bleibst ruhig – kooperiere nicht und schau dir an, wie der Mechanismus funktioniert. Du wirst spüren, wie sich Räder über Räder in deinem Innern drehen, aber sie sind unwirksam, weil du nicht mitmachst. Oder, wenn es dir unmöglich ist, so ruhig zu bleiben, dann geh in dein Zimmer, verriegele die Tür, lege ein Kissen vor dich hin und schlage auf das Kissen ein. Lass deine Wut an dem Kissen aus. Und während du das Kissen schlägst und erbost und wütend auf das Kissen bist, beobachte einfach weiter, was du tust – was gerade passiert, wie das Muster sich wiederholt. Langsam steigt die Wut und dann lässt sie nach. Beobachte diesen Rhythmus und wenn deine Wut erschöpft ist und du keine Lust mehr hast, weiter auf das Kissen einzuschlagen, oder angefangen hast zu lachen oder dir lächerlich vorzukommen, dann schließe die Augen, setze dich auf den Boden und meditiere. Fühlst du immer noch Wut auf die Person, die dich beleidigt hat, oder hast du die Wut auf das Kissen abgeleitet? – Schließlich wirst du Ruhe spüren. Du bist nicht mehr wütend auf die betreffende Person, vielleicht entsteht sogar Mitgefühl.

Wenn du einfach unbeteiligt verharren kannst, sobald irgendein altes Muster Besitz von deinem Mind ergreift, ist es wunderbar. Wenn dir das nicht gelingt, dann wähle den dynamischen Weg – aber allein, ohne einen anderen. Denn immer dann, wenn du dein Muster ausagierst, immer wenn du deinem Muster gestattest, bei jemandem offen zutage zu treten, erzeugt es neue Reaktionen, und es entsteht ein

Teufelskreis. Der wichtigste Punkt ist, das Muster zu beobachten – ob du nun still hältst oder deiner Wut und deinem Hass einen dynamischen Ausdruck verleihst: Sei wachsam und sieh, wie es sich abspult. Und wenn du den Mechanismus erkennen kannst, kannst du ihn auflösen.

Es gibt also nichts Positives zu tun, nur etwas Negatives. Das Positive liegt bereits darunter verborgen. Es ist genau wie ein Bach, der unter einem Felsen verborgen ist. Du erschaffst den Wasserlauf nicht. Er ist schon da. Er will heraus, frei sein und in Fluss kommen. Ein Felsbrocken ist im Weg. Der Felsbrocken muss weggerückt werden. Wenn der Stein einmal weggerückt ist, beginnt der Bach zu sprudeln. Die Seligkeit, das Glück, die Freude, wie immer du es nennen willst, es ist schon da und fließt in dir. Es gibt nur ein paar Steine. Diese Steine sind die Konditionierungen der Gesellschaft. Lös dich davon! Wenn du fühlst, dass Bindung der Stein ist, dann bemühe dich um Loslassen. Wenn du fühlst, dass Wut der Stein ist, dann bemühe dich um Nicht-Wut. Unterdrücke sie nicht, aber tue etwas, das Nicht-Wut ist. Wenn du fühlst, dass Gier der Stein ist, dann bemühe dich um Nicht-Gier; tue etwas das Nicht-Gier ist.

Das erste Stadium von vairagya:
Das Anhalten der Zügellosigkeit,
die aus dem Durst nach sinnlichen Genüssen kommt,
mit bewusster Anstrengung.

Viele Dinge sind darin enthalten und wollen verstanden sein. Das eine, die zügellose Sucht nach sinnlichen Genüssen: Warum verlangt ihr so nach sinnlichen Genüssen? Warum ist der Mind ständig mit Genusssucht beschäftigt?

Warum geratet ihr wieder und wieder in dieselben Geleise der Genusssucht?

Für Patanjali und für alle, die erkannt haben, liegt der Grund darin, dass ihr im Inneren nicht glücklich seid; daher das Verlangen nach Vergnügen. Das vergnügungsorientiete Bewusstsein bedeutet, dass ihr, so wie ihr seid, im Inneren unglücklich seid. Darum sucht ihr das Glück immerzu anderswo. Ein Mensch, der unglücklich ist, kann nicht anders, als Wünschen nachzulaufen. Wünsche sind die Methode eines unglücklichen Bewusstseins, das Glück zu finden.

Natürlich kann ein solches Bewusstsein nirgendwo Glück finden. Im besten Falle kann es ihm hier und da aufleuchten. Diese Leuchtspuren erscheinen in Form von Genuss, sie sind Ahnungen des Glücks. Und der Irrtum liegt darin, dass der Genuss suchende Mind glaubt, dass diese Ahnungen und Genüsse von anderswo herkommen, dabei kommen sie immer von innen.

Lasst uns versuchen, dies zu verstehen: du bist in einen Menschen verliebt, also gehst du in die Sexualität. Sie schenkt dir einen kurzen Lichtblick des Genusses; sie gibt dir ein Aufblitzen des Glücks. Einen einzigen Moment lang fühlst du dich wohl. Alle Nöte sind weg; die ganze geistige Qual ist fort. Einen einzigen Moment lang bist du hier und jetzt. Du hast alles vergessen. Einen einzigen Moment lang gibt es keine Vergangenheit und keine Zukunft. Nur deswegen, weil es keine Vergangenheit und keine Zukunft gibt und du für einen einzigen Moment hier und jetzt bist, strömt aus deinem Innern Energie. In diesem Moment strömt dein inneres Selbst und du erlebst ein kurzes Aufleuchten von Glück.

Du aber glaubst, dass dieser Lichtblick des Genusses vom Partner kommt, von der Frau oder von dem Mann. Er kommt nicht von dem Mann oder von der Frau. Er kommt aus dir! Der andere hat dir nur geholfen, in die Gegenwart zu fallen, aus der Zukunft und der Vergangenheit herauszufallen. Der andere hat dir nur geholfen, dich zum Jetzt dieses Augenblicks zu bringen.

Setz dich an einem frühen Morgen unter einen Baum, wenn die Sonne noch nicht aufgegangen ist; sobald die Sonne aufgeht, wird dein Körper aktiv und es ist schwerer, in der inneren Ruhe zu bleiben. Aus diesem Grunde wurde im Osten immer vor Sonnenaufgang meditiert. Sie nennen dort diese Zeit *brahmamuhurta*, den Augenblick des Göttlichen. Und sie haben Recht, denn mit der Sonne steigen Energien auf und fangen an, in die gewohnten Muster zu fließen, die du geschaffen hast.

Am frühen Morgen, wenn die Sonne noch nicht am Horizont erschienen ist, ist alles still und die Natur schläft noch fest: die Bäume schlafen, die Vögel schlafen, die ganze Welt schläft, auch dein Körper ist noch still. Du bist gekommen, um unter einem Baum zu sitzen und alles ist still. Versuche einfach hier in diesem Moment zu sein.

Tue nichts; meditiere nicht einmal. Gib dir keine Mühe. Schließe einfach deine Augen und bleib still, in der Stille der Natur. Plötzlich erlebst du dasselbe kurze Aufleuchten, das du aus der Sexualität kennst oder sogar ein größeres, noch tieferes. Plötzlich wirst du fühlen, wie eine Flut von Energie von innen her fließt. Und jetzt kannst du nicht dem Irrtum verfallen, weil niemand sonst da ist; also kommt es mit Sicherheit von dir. Es fließt von innen heraus. Kein anderer gibt es dir; du gibst es dir selbst.

Stille ist der notwendige Raum dafür, Energie, die nicht in Erregung ist. Du tust nichts, du bist einfach unter einem Baum, das kurze Aufleuchten wird eintreten. Es wird nicht ein Genuss, sondern Glück sein; nun siehst du den wahren Ursprung, du schaust in die richtige Richtung. Wenn du das einmal kennengelernt hast, dann wirst du sofort verstehen, dass in der Sexualität der andere nur ein Spiegel war; du wurdest in ihm oder in ihr nur widergespiegelt. Und du warst der Spiegel für den andern. Ihr habt euch gegenseitig geholfen, in die Gegenwart zu fallen, vom denkenden Mind weg, in einen nicht denkenden Seinszustand überzugehen.

Wir sind auf der Suche nach Glück, nicht auf der Suche nach Genuss. Solange dir noch nicht das Glück in kurzen Augenblicken aufgeleuchtet ist, kannst du deine genusssüchtige Suche nicht aufgeben. Genusssucht ist eine Suche nach Glückersatz. Jedes Mal also, wenn du fühlst, dass ein Moment des Genusses da ist, wandle ihn um in eine meditative Situation. Jedes Mal wenn du fühlst, dass du Genuss erfährst, dass du glücklich bist, voller Freude, dann schließe deine Augen, schaue nach innen, und erkenne, wo es herkommt. Verliere diesen Moment nicht; er ist wertvoll. Wenn du nicht bewusst bist, magst du weiterhin glauben, dass es von außen kommt. Und genau das ist der Trugschluss der Welt.

Wenn du bewusst und meditativ bist, wenn du nach der wahren Quelle suchst, wirst du früher oder später erkennen, dass sie von innen her fließt. Wenn du einmal weißt, dass sie von innen her fließt, dass sie etwas ist, was du bereits hast, dann wird die Suche nach Genuss wegfallen und das wird der erste Schritt in Richtung Wunschlosigkeit sein. Dann suchst du nicht mehr, begehrst nicht mehr. Du tötest keine Wünsche ab, du kämpfst nicht mit Wünschen; du hast einfach etwas Größeres gefunden. Die Wünsche sind jetzt nicht mehr so wichtig. Denke daran: sie sollen nicht abgetötet und vernichtet werden. Sie beeindrucken dich nicht mehr so wie früher, weil du eine größere Quelle gefunden hast; du wirst magnetisch zu ihr hingezogen. Jetzt geht deine ganze Energie nach innen und die Wünsche verlieren ihre zentrale Bedeutung. Du bekämpfst sie nicht. Wenn du mit ihnen kämpfst, wirst du niemals gewinnen. Es ist genauso, als ob du Steine, bunte Steine in deiner Hand hättest. Nun lernst du auf einmal Diamanten kennen, und sie liegen herum. Jetzt wirfst du die bunten Steine weg, nur um Platz für die Diamanten zu schaffen. Du kämpfst nicht mit den Steinen, aber wenn Diamanten da sind, lässt du die Steine einfach fallen. Sie haben ihre Bedeutung verloren.

Wünsche müssen ihre Bedeutung verlieren. Wenn du mit ihnen kämpfst, ist ihre Bedeutung noch nicht verloren gegangen. Im Gegenteil, kämpfen mag ihnen noch mehr Bedeutung verleihen, sie werden wichtiger. Und genau das geschieht: bei allen, die mit irgendeinem Wunsch kämpfen, wird dieser Wunsch zum Mittelpunkt der Gedanken.

Wenn du zum Beispiel die sexuelle Energie bekämpfst, wird Sexualität zum Mittelpunkt. Dann bist du ununterbrochen davon in Anspruch genommen, damit beschäftigt. Es wird wie eine Wunde. Wo du auch hinsiehst, projiziert sich diese Wunde sofort darauf und was immer du siehst wird sexuell.

Bewusste Anstrengung ist das Schlüsselwort. Bewusstheit ist nötig, und Anstrengung ist ebenso nötig. Die Anstrengung muss jedoch bewusst sein, weil es auch eine unbewusste Anstrengung geben kann. Du kannst nämlich auch auf eine solche Weise trainiert werden, dass du bestimmte Wünsche aufzugeben vermagst, ohne zu wissen, dass du sie aufgegeben hast. Wenn du zum Beispiel in ein vegetarisches Zuhause hineingeboren wirst, ernährst du dich vegetarisch. Nicht-vegetarische Nahrung kommt einfach nicht in Frage. Du hast sie nie bewusst aufgegeben. Es ist nur so, dass du in der Weise aufgezogen wurdest, dass sie unbewusst von allein weggefallen ist. Aber das wird dir noch keine Integrität verleihen; das wird dir keine spirituelle Stärke geben. Bevor du nicht bewusst bist, hast du nichts gewonnen.

Wenn keine bewusste Anstrengung unternommen wird, kommt es nie zur Kristallisation. Du musst etwas aus eigenem Antrieb tun. Wenn du etwas aus eigenem Antrieb tust, gewinnst du etwas. Ohne Bewusstheit ist nichts gewonnen. Denkt daran. Es ist eines von den absoluten Gesetzen: Ohne Bewusstheit ist nichts gewonnen! Du magst ein perfekter Heiliger werden, aber wenn du es nicht durch Bewusstheit geworden bist, ist es nutzlos, sinnlos. Du musst dich Zentimeter für Zentimeter vorarbeiten, in Anstrengung brauchst du mehr Bewusstheit; je mehr Bewusstheit du übst, desto bewusster wirst du. Dann kommt der Moment, wo du reines Bewusstsein wirst. Was also ist zu tun?

Immer wenn du in irgendeinem Zustand des Genusses bist, ob durch Sexualität, Essen, Geld, Macht, ganz gleich was dir Genuss bereitet, gehe in Meditation dazu. Versuche zu sehen, woher der Genuss kommt. Bist du die Quelle, oder ist die Quelle irgendwo anders? Wenn die Quelle irgendwo anders wäre, dann bestünde keine Möglichkeit zu irgendwelcher Transformation, da du von der Quelle abhängig bleiben wirst.

Aber glücklicherweise ist die Quelle nirgendwo anders; sie ist in dir. Wenn du meditierst, wirst du sie finden. Sie klopft jeden Moment von innen an und sagt: Ich bin hier! Sobald du einmal das Gefühl hast, dass sie da ist und jeden Moment anklopft – das Gefühl, dass du nur äußere Situationen hergestellt hast, die die Auslöser zu sein scheinen – kann es ohne Situationen geschehen.

Dann brauchst du von niemandem und nichts abzuhängen, nicht vom Essen oder von der Sexualität oder von der Macht oder von sonst irgendetwas. Du bist dir selbst genug. Wenn du dieses Gefühl einmal erreicht hast, dieses Gefühl des Genügens, dann verschwindet alle Sucht.

Das bedeutet nicht, dass du das Essen nicht mehr genießen wirst. Du wirst es noch mehr genießen, aber nun ist das Essen nicht mehr die Quelle deines Glücks: Du bist die Quelle. Du bist nicht abhängig vom Essen; du bist ihm nicht verfallen. Das bedeutet nicht, dass du die sexuelle Energie nicht mehr genießen wirst. Du kannst sie mehr genießen, aber nun ist es ein Fest und du bist nicht mehr abhängig davon. Und wenn zwei Menschen, zwei Liebende, dies einmal entdecken, dass der andere nicht die Quelle ihrer Freude ist, hören beide auf, miteinander zu kämpfen. Zum ersten Mal fangen sie an, einander zu lieben.

Du kannst einen Menschen nicht lieben, von dem du in irgendeiner Weise abhängig bist. Du wirst ihn hassen, weil er die Quelle deiner Abhängigkeit ist. Ohne ihn kannst du nicht glücklich sein. Er hat den Schlüssel und ein Mensch, der den Schlüssel zu deinem Glück besitzt, ist dein Gefängniswärter. Darum kämpfen Liebende, weil sie glauben, dass der andere den Schlüssel hat, und dass er oder sie ihn glücklich oder unglücklich machen kann.

Wenn du einmal erkannt hast, dass du selbst die Quelle deines Glücks bist und der andere die Quelle seines Glücks ist, könnt ihr euer Glück teilen. Dann ist es etwas anderes. Ihr seid nicht abhängig, darum könnt ihr teilen, ihr könnt zusammen feiern.

Das ist es, was Liebe bedeutet: zusammen feiern, zusammen teilen, vom anderen nichts verlangen, den anderen nicht ausbeuten. Zum ersten Mal entsteht Freundschaft und ihr könnt euch an allem erfreuen. Du wirst erst fähig sein zu genießen, wenn du frei bist. Nur ein unabhängiger Mensch kann genießen. Ein Mensch, der verrückt nach Ess-Genüssen ist und besessen davon, kann sie nicht genießen. Er mag seinen Bauch vollstopfen, aber er kann es nicht genießen. Sein Essen ist gewalttätig. Es ist eine Art von Töten: Er tötet die Nahrung; er vernichtet die Nahrung. Und Liebende, die das Gefühl haben, dass ihr Glück vom anderen abhängt, kämpfen, sie versuchen den anderen zu beherrschen, versuchen den anderen zu töten, den anderen zu vernichten.

Du wirst fähig sein, alles mehr zu genießen, wenn du weißt, dass die Quelle im Inneren liegt. Dann wird das ganze Leben zu einem Spiel, und in jedem Augenblick kannst du ohne Einengung feiern. Mit Bewusstheit und Bemühung erlangst du Wunschlosigkeit. Aber dies ist nach Patanjali nur der erste Schritt: Bemühung mit Bewusstheit ist noch begrenzt, nicht alles – es ist noch ein subtiler Konflikt, ein versteckter Kampf vorhanden.

Deswegen spricht Patanjali noch von einem zweiten, letzten Schritt im *vairagya*, vom letzten Stadium der Wunschlosigkeit:

Das Anhalten jeden Verlangens
durch die Einsicht in die innerste Natur von purusha –
des höchsten Selbst.

Zuerst musst du wissen, dass du selbst die Quelle allen Glücks bist, das dir geschieht. Dann ist die Natur deines Inneren zu verstehen: Was ist diese Quelle? Du musst wissen, was diese Quelle in ihrem ganzen Umfang ist. Wer bin ich? Sobald du diese Quelle in ihrer Gesamtheit kennst, kennst du alles. Dann ist das ganze Universum im Inneren – nicht nur das Glück. Dann sitzt Gott nicht irgendwo in den Wolken, er ist in deinem Inneren. Du bist die Quelle, die ursprüngliche Quelle von allem, du bist die Mitte. Nun wird die Wunschlosigkeit spontan. Keine Mühe, kein Eifer, keine Stütze ist nötig. Es ist einfach so; es ist natürlich geworden. Du zerrst oder treibst nichts voran. Nun gibt es kein Ich mehr, das zerren oder treiben kann. Erinnert euch: Kampf erzeugt Ego.

Wenn du draußen in der Welt kämpfst, schafft dies ein grobes Ego: Ich bin jemand mit Geld, mit Ansehen, mit Macht. Und wenn du innerlich kämpfst, schafft das ein subtiles Ego: Ich bin rein, ein Heiliger, ich bin ein Weiser. Aber das Ich und der Kampf bleiben. Deswegen gibt es fromme Egoisten, die ein sehr subtiles Ego haben. Sie mögen keine weltlichen Menschen sein. Aber es ist Kampf da. Sie haben etwas erreicht und daran haftet immer noch der letzte Schatten des Ich.

Der zweite und abschließende Schritt zur Wunschlosigkeit ist für Patanjali das totale Verschwinden des Ego – es gibt kein Ich, keine bewusste Bemühung. Das bedeutet nicht, dass du nicht mehr bewusst bist.

Du wirst die vollkommene Bewusstheit sein. Aber mit dieser Bewusstheit ist keine Anstrengung verbunden. Es wird kein *Selbst*-Bewusstsein mehr geben, nur reines Bewusstsein. Du hast dich selbst und die Existenz akzeptiert, so wie sie ist.

Ein totales Annehmen: Das ist es, was Laotse das Tao nennt; es ist wie ein Fluss, der zum Meer fließt. Er gibt sich keine Mühe; er hat es überhaupt nicht eilig, das Meer zu erreichen. Selbst wenn er es nicht erreicht, wird er nie frustriert sein. Selbst wenn er es Millionen von Jahren später erreicht, ist alles in Ordnung. Der Fluss fließt, weil fließen seine Natur ist. Ohne jede Anstrengung.

Wenn man zum ersten Mal Wünsche entdeckt und beobachtet, entsteht Bemühung, eine subtile Bemühung. Schon der erste Schritt ist eine subtile Anstrengung. Du machst den Versuch, dir bewusst zu sein, woher dein Glück kommt. Du musst etwas tun, und dieses Tun erzeugt Ego. Aus diesem Grund sagt Patanjali, dass dies nur der Anfang ist und es muss dir dabei bewusst bleiben, dass du damit noch nicht angekommen bist. Am Ende sind nicht nur die Wünsche verschwunden: Du selbst bist auch verschwunden.

Nur das innere Sein in seinem Fluss ist geblieben. Dieses spontane Fließen ist die höchste Ekstase, weil mit ihm kein Elend möglich ist. Das Elend kommt durch Erwartung, durch Forderung. Jetzt ist niemand da, der erwartet oder fordert, darum ist alles, was geschieht gut. Was immer geschieht, es ist ein Segen. Du kannst es mit nichts anderem vergleichen: Es ist, wie es ist. Und weil es keinen Vergleich mit der Vergangenheit und mit der Zukunft gibt, weil niemand da ist, der vergleichen könnte, kann dir nichts als Elend, als Qual erscheinen. Selbst wenn dir in diesem

Zustand Leid geschieht, wird es nicht schmerzvoll sein. Versuche, dies zu begreifen, es ist nicht leicht.

Du hast Schmerzen im Bein oder in der Hand, oder du hast Kopfschmerzen. Vielleicht hast du den ganzen Mechanismus noch nicht beobachtet. Du hast Kopfschmerzen, und ständig kämpfst du und wehrst dich. Du willst sie nicht. Du bist dagegen, darum spaltest du dich selbst. Du bist das eine und die Kopfschmerzen sind etwas von dir Getrenntes, und du bestehst darauf, dass die Kopfschmerzen nicht da sein sollten. Das ist das wirkliche Problem.

Versuche einmal nicht zu kämpfen. Geh mit den Kopfschmerzen mit, werde die Kopfschmerzen, sage: „So ist es." So ist mein Kopf in diesem Moment, und in diesem Moment ist nichts anderes möglich. Vielleicht gehen sie in der Zukunft weg, aber in diesem Moment sind die Kopfschmerzen da. Wehre dich nicht. Lass sie zu; werde eins mit ihnen. Spalte dich nicht selbst; fließe mit ihnen. Dann wird es ein plötzliches Aufwallen von einer neuen Art von Glück geben, das du noch nicht kennst. Wenn niemand da ist, der Widerstand leistet, sind selbst Kopfschmerzen nicht schmerzhaft. Der Kampf erzeugt den Schmerz. Schmerz bedeutet immer, gegen den Schmerz zu kämpfen, das ist der wirkliche Schmerz. Du hast nur zwei Möglichkeiten: Du kannst mitfließen, oder du kannst dagegen kämpfen. Wenn du kämpfst, wird es noch qualvoller. Wenn du mitfließt, ist die Qual geringer. Und wenn du total fließen kannst, verschwindet die Qual. Du wirst der Fluss.

Versuche es, wenn du Kopfschmerzen hast; versuche es, wenn du einen kranken Körper hast; versuche es, wenn du irgendwelche Schmerzen hast: fließe einfach mit ihnen. Und selbst wenn du es nur einmal zulassen kannst, wirst du an eines der tiefsten Geheimnisse des Lebens herangekommen sein, dass Schmerzen verschwinden, wenn du mit ihnen fließt. Und wenn du total fließen kannst, wird Schmerz zu Glück. Aber das ist nichts, was logisch zu verstehen wäre. Du kannst es intellektuell begreifen, aber das wird nicht ausreichen.

Versuche es existenziell. Es gibt alltägliche Situationen, jeden Moment stimmt irgendetwas nicht. Fließe mit dem, was passiert, und sieh, wie du die ganze Situation umwandelst. Durch diese Umwandlung gehst du darüber hinaus.

Ein Buddha kann niemals leiden; das ist unmöglich. Nur ein Ego kann leiden. Zum Leiden ist das Ego erforderlich. Wenn das Ego da ist, kannst du auch deine Vergnügungen in Leid umwandeln, und wenn das Ego nicht da ist, kannst du deine Leiden in Freude verwandeln.

Wie geschieht das? Nur indem du den innersten Kern deiner selbst siehst, *purusha*, den Bewohner in deinem Inneren. Nur indem du ihn erkennst! Patanjali, Buddha, Laotse sagen, dass allein dadurch, dass du ihn erkennst, alle Wünsche verschwinden. Das ist geheimnisvoll und der logische Verstand muss fragen, wie es sein kann, dass allein dadurch, dass man sein Selbst erkennt, alle Wünsche verschwinden. Es geschieht deswegen, weil alle Wünsche nur dadurch entstehen, wenn man sein Selbst nicht kennt. Wünsche sind nichts anderes als die Unkenntnis des Selbst. Warum ist dies so? Weil alles, was du über Wünsche suchst, bereits da ist, verborgen im Selbst. Wenn du also das Selbst kennst, werden alle Wünsche verschwinden.

Zum Beispiel: Du willst Macht. Jeder will Macht. Macht erzeugt Wahnsinn in jedem. Es scheint, als ob die menschliche Gesellschaft auf eine solche Weise lebt, dass jeder der

Macht verfallen ist. Wenn ein Kind geboren wird, ist es hilflos. Das ist dein erstes Gefühl, und dann trägst du es immer mit dir herum. Das Kind wird geboren, und es ist hilflos und ein hilfloses Kind möchte Macht. Das ist natürlich, da jeder mächtiger ist als es selbst. Die Mutter ist mächtig, der Vater ist mächtig, die Geschwister sind mächtig, alle sind mächtig, und das Kind ist vollkommen hilflos. Natürlich, der erste Wunsch, der entsteht, ist der Wunsch, Macht zu haben. Wie man mächtig werden kann, wie man herrschen kann. Genau von diesem Moment an beginnt das Kind, politisch zu sein. Es fängt an, die Tricks zu lernen, wie man herrschen kann.

Wenn es viel schreit, erkennt es, dass es mit Hilfe des Schreiens herrschen kann. Nur durch das Schreien kann es das ganze Haus beherrschen, und so lernt es zu schreien. Das Kind kennt den Trick, und es kann Wirbel machen. Und es kann einen solchen Wirbel machen, dass du klein beigeben und einen Kompromiss mit ihm schließen musst. Jeden Moment empfindet es tief, dass das einzige, was es braucht, Macht ist, mehr Macht. Es wird lernen, es wird zur Schule gehen, es wird wachsen, es wird lieben, aber hinter seiner Erziehung, seiner Liebe, seinem Spiel wird es herausfinden, wie es mehr Macht gewinnen kann. Durch seine Bildung wird es herrschen wollen. Es wird lernen, wie man der Erste in seiner Klasse werden kann, um zu herrschen; wie man mehr Geld bekommen kann, um zu herrschen; es wird lernen, wie man immer mehr Einfluss auf dem Gebiet der Herrschaft gewinnen kann. Sein ganzes Leben lang wird es hinter der Macht her sein.

Viele Leben werden einfach so vergeudet. Und selbst wenn du Macht erhältst, was willst du damit anfangen?

Es ist ja nur ein kindischer Wunsch erfüllt worden. Was sollst du mit dieser Macht anfangen? Wenn dir der Wunsch erfüllt wird, bist du enttäuscht, und wenn dir der Wunsch nicht erfüllt wird, bist du enttäuscht. Und er kann dir nicht endgültig erfüllt werden. Niemand kann so mächtig sein, dass er das Gefühl hat: Nun ist es genug, niemand! Niemand kann absolute Macht erfahren und nichts genügt dir.

Aber wenn jemand sein Selbst erkennt, lernt er die Quelle absoluter Macht kennen. Dann verschwindet das Verlangen nach Macht, weil du erkennst, dass du längst ein König warst und nur geglaubt hast, ein Bettler zu sein. Du hast darum gekämpft, ein größerer Bettler, ein bedeutender Bettler zu sein, dabei warst du schon ein König! Plötzlich siehst du, dass dir nichts fehlt. Du bist nicht hilflos. Du bist die Quelle aller Energien, du bist die Urquelle des Lebens. Das Kindheitsgefühl der Machtlosigkeit wurde von andern erzeugt. Und es war nur ein Teufelskreis, den sie dir eingeimpft haben, weil er ihnen von ihren eigenen Eltern eingeimpft wurde, und so weiter und so fort.

Wenn du dein Kind lieben würdest, wäre die Welt völlig anders. Du würdest ihm nicht das Gefühl verleihen, hilflos zu sein, sich hilflos zu fühlen. Du würdest ihm so viel Liebe geben, dass es das Gefühl hätte, mächtig zu sein. Wenn du Liebe gibst, dann wird es niemals Macht fordern. Es wird kein politischer Führer werden; es wird sich nicht den Wahlen stellen. Es wird nicht versuchen, Geld anzuhäufen und verrückt danach werden, da es wissen wird, dass es sich nicht lohnt. Es ist bereits mächtig. Liebe ist genug. Patanjalis ganze Anstrengung zielt dahin, deinen Mind zum Schweigen zu bringen, so dass er sich nicht mehr einmischt. Genau das bedeutet Meditation. Es bedeutet, deinen Mind außer Kraft zu setzen, so dass du nach innen schauen und deine tiefste Natur hören kannst. Ein einziger Lichtblick wird dich verändern, weil dich dein Gehirn nicht mehr täuschen kann. Es sagt immer wieder: Tue dies, tue jenes! Es manipuliert dich fortwährend und erzählt dir, dass du mehr Macht haben musst; sonst bist du niemand.

Wenn du nach innen schaust, ist es nicht nötig, irgendjemand zu sein. Es ist nicht nötig, jemand zu sein. Du bist schon so akzeptiert, wie du bist. Die ganze Existenz nimmt dich an, ist glücklich über dich. Du bist ein Blühen, ein individuelles Blühen, anders als jedes andere, einzigartig!

Wenn du einmal deine innerste Natur kennst – *purusha*, „der innere Bewohner" – ist nichts anderes mehr nötig. Der Körper ist nur das Haus. Wenn du das innewohnende Bewusstsein einmal kennst, brauchst du nichts mehr. Du bist genug, mehr als genug. So wie du bist, bist du vollendet. Du bist absolut angenommen und willkommen. Die Existenz wird zu einer Segnung. Wünsche verschwinden, denn sie waren Teil deiner Unbewusstheit über dich selbst. In Selbsterkenntnis lösen sie sich auf; sie werden zu Luft. Mehr und mehr fällst du in die innere Tiefe. Und sie ist so voller Seligkeit, eine so tiefe Ekstase, dass schon bei einem einzigen Einblick in sie die ganze Welt dagegen verblasst. Dann ist alles, was diese Welt dir geben kann, dagegen bedeutungslos. Aber mach keine Haltung des Kampfes daraus; werde kein Krieger. Werde ein Meditierender.

Wenn du meditierst, kommt dir alles spontan zu, was dich weiter umwandeln und verändern wird. Fang an zu kämpfen, und du hast mit der Unterdrückung begonnen. Und Unterdrückung bringt dich nur immer tiefer ins Elend. Wenn du dein Leiden geschaffen hast, dann kannst nur du es beenden. Hätte es ein anderer geschaffen, dann wärest du hilflos. Du hast dein Elend selbst geschaffen, also kannst du es auch beseitigen. Du hast es geschaffen durch falsche Gewohnheiten, falsche Einstellungen, Bindungen und Wünsche.

Lass dieses Muster fallen! Sieh mit neuen Augen! Dann ist genau dieses Leben die höchste Freude, die dem menschlichen Bewusstsein möglich ist.

4. Kapitel

Vollkommenes Bemühen und Hingabe

Es gibt drei Arten von Suchern. Der erste macht sich aus Neugier auf den Weg. Dieser ist nicht wirklich offen. Er mag irgendwo etwas gelesen haben, er hat zufällig gehört, wie jemand von Gott, von der Wahrheit, von der letzten Befreiung sprach und schon war die Neugier geweckt. Ein solches Interesse ist rein vordergründig. Ähnlich wie bei einem Kind, das sich für alles und jedes interessiert und sich dann nach einer Weile Neuem zuwendet, weil sich immer mehr Sehenswürdigkeiten auftun.

So jemand kommt niemals ans Ziel. Aus Neugier kann man nicht zur Wahrheit gelangen. Die Wahrheit erfordert beharrliches Bemühen, Kontinuität und Ausdauer; Qualitäten, die ein neugieriger Mensch nicht aufzubringen vermag. Ein neugieriger Mensch kann immer nur kurzfristig bei einer Sache bleiben, je nach Laune, aber dann klafft plötzlich eine Lücke und diese Lücke verschluckt alles bisher Getane, macht es hinfällig. Danach muss er wieder von vorne anfangen und es wird wieder das Gleiche passieren.

Er kann die Ernte nie einfahren. Er kann nur Samen aussäen; aber er kann nicht warten, weil er sich ständig von neuen Interessen ablenken lässt. Erst geht er nach Süden, dann nach Osten, dann nach Westen und schließlich nach Norden. Er ist wie Treibholz auf dem Meer. Er hat kein bestimmtes Ziel, seine Energie zielt nicht in eine bestimmte Richtung. Jeder beliebige Umstand treibt ihn an. Er ist ein Spielball des Zufalls. Der oberflächliche Mensch kann in sich nicht das Göttliche entdecken. So viel er auch anstellen mag, es ist doch alles umsonst, weil er das, was er am Tage aufbaut, in der Nacht wieder einreißen wird. Ohne Ausdauer geht es nicht.

Der zweite, der sich auf die innere Suche macht, ist der Mensch des Wissen-Wollens. Ihn treibt nicht die Neugier, ihn treibt ein intensiver Forscherdrang. Ihm ist es ernst; aber auch bei ihm fehlt etwas, weil er im Grunde alles von seiner eigenen Einsicht abhängig macht. Er mag das Zeug zum Philosophen haben, aber er kann kein religiöser Mensch werden. Er wird tief forschen, aber all sein Nachforschen ist intellektuell. Er bleibt im Kopf stecken. Ihm ist es eine Rechenaufgabe, die es zu lösen gilt. Es geht nicht um Leben oder Tod. Es ist ein Rätsel, ein Denksport. Es macht ihm Spaß, es zu lösen, so wie es einem Spaß macht, ein Kreuzworträtsel zu lösen. Man fühlt sich einfach herausgefordert. Es will gelöst werden und wenn man das kann, fühlt man sich wohl. Aber eigentlich geht es um den Intellekt und letzten Endes um das Ego. So jemand wird ein Theoretiker werden. Er wird sich alle Mühe geben. Er wird nachdenken, hin und her überlegen, aber er wird niemals meditieren. Er wird logisch, rational reflektieren; er wird so manchen Hinweis entdecken. Er wird ein System entwickeln, aber alles wird seine eigene Projektion und Konstruktion sein. Die Wahrheit verlangt von dir alles. Selbst neunundneunzig Prozent reichen da nicht aus. Du bist exakt zu hundert Prozent gefordert – und der Kopf ist nur ein Prozent.

Dann gibt es noch die dritte Art von Suchern.

Patanjali spricht von *mumuksha. Mumuksha* bedeutet „der Wunsch, wunschlos zu sein." Der Wunsch, endgültig frei zu kommen, der Wunsch, vom Rad der Existenz abzuspringen, der Wunsch, nicht wiedergeboren zu werden, nie wieder zu sterben – das Gefühl, dass es reicht: Millionen Male geboren und wieder gestorben, wieder und immer wieder, immer im selben Teufelskreis. Jetzt ist das Nachforschen zu einer Frage auf Leben und Tod geworden. Jetzt steht dein ganzes Sein auf dem Spiel. Patanjali zufolge kann nur ein Mensch, in dem das Verlangen nach *moksha*, nach Befreiung erwacht ist, ein religiöser Mensch werden.

Erfolg winkt nur dem,
der sich intensiv und aufrichtig bemüht.
Die Aussichten auf Erfolg
richten sich nach dem Grad der Anstrengung.

Aufrichtigkeit ist eine Eigenschaft, die sich immer dann einstellt, wenn du restlos in etwas aufgehst. Ein Kind, das mit seinen Spielsachen spielt – völlig hingerissen, versunken, rückhaltlos, ungeteilt – ist aufrichtig; es ist eigentlich gar nicht da, nur das Spiel zählt. Wenn du nichts zurückhältst, wo bist du dann? Du bist völlig eins geworden mit dem, was du tust. Der Handelnde ist einfach nicht mehr da. Wenn das bestimmende Eigeninteresse wegfällt, ist Aufrichtigkeit da.

Aufrichtigkeit lässt sich nicht künstlich erzeugen. Aufrichtigkeit folgt als Schatten, wenn du in etwas vollkommen aufgehst. In Patanjalis Worten: Erfolg winkt nur dem, der sich intensiv und aufrichtig bemüht. Natürlich bräuchte er gar nicht zu sagen: „intensiv und aufrichtig."

Aufrichtigkeit ist immer intensiv. Aber warum sagt er es

dann ausdrücklich? Aus einem ganz bestimmten Grunde: Aufrichtigkeit ist zwar immer intensiv, aber Intensität ist nicht zwangsläufig immer aufrichtig.

Du kannst in irgendetwas intensiv sein, ohne aufrichtig zu sein. Daher fügt er ausdrücklich hinzu: „intensiv und aufrichtig." Du kannst auch nur mit einem Teil deines Wesens intensiv werden, du kannst in einer bestimmten Stimmung intensiv werden, z. B. in deiner Wut – ohne aufrichtig zu sein.

Du kannst in der Sexualität intensiv und doch unaufrichtig sein; denn Sexualität ist nicht gleichbedeutend mit Liebe. Du magst in deiner Sexualität ausgesprochen intensiv sein, aber kaum ist die Sexualität befriedigt, kaum bist du fertig, ist alle Intensität verflogen. Liebe mag daneben weniger intensiv wirken, aber sie ist aufrichtig – und weil sie aufrichtig ist, hält ihre Intensität an. Ja, wenn du wirklich liebst, wird es zeitlos, ist es dauernd intensiv.

Achte sehr genau darauf: Wenn du ohne Aufrichtigkeit intensiv bist, kannst du niemals für immer intensiv sein, kannst du nur momentan intensiv sein. Dann kannst du zwar intensiv sein, wenn sich das Verlangen meldet; aber diese Intensität ist nicht wirklich die deine, sondern wird von deinem Verlangen erzwungen. Die Sexualität meldet sich. Du gierst, du hungerst danach. Der ganze Körper, deine ganze Bioenergie drängt auf Entladung. Das macht dich intensiv. Aber diese Intensität kommt nicht aus dir, kommt nicht aus deinem Wesen, sie kommt vom Körper. Sie ist dir von der Peripherie in natürlicher Weise einfach vorgegeben. Du wirst intensiv sein und danach, wenn dein Sex befriedigt und deine Intensität vorbei ist, bist du der Frau gegenüber gleichgültig.

Viele Frauen haben mir berichtet, wie betrogen, wie hintergangen, wie sehr sie sich benutzt fühlen. Denn jedes Mal, wenn ihre Männer mit ihnen schlafen, sind sie anfangs so liebevoll, sind sie so intensiv, so glücklich. Aber kaum ist es vorbei, drehen sie sich zur Seite und schlafen ein. Die sexuelle Intensität kennt zwar ein Vorspiel, aber kein Nachspiel. Das Wort gibt es noch nicht einmal.

Mir sind Tausende Bücher über Sexualität untergekommen – das Wort „Nachspiel" kommt nirgends darin vor. Und so etwas nennt man Liebe! Ist der Körper befriedigt – Schluss, aus. Die Frau wurde nur benutzt, jetzt entsteht wieder Gleichgültigkeit. Und wenn sich dann das Verlangen wieder regt, suchst du die Frau wieder auf und solange du bei ihr bist, bist du wieder intensiv.

Patanjali sagt also: „intensiv und aufrichtig." Religion ist im Grunde wie die Sexenergie – zwar tiefer, höher, heiliger als Sexenergie. Da vereinigt sich ein Individuum mit dem Ganzen, in einem tiefen Orgasmus. Du verschmilzt mit dem Ganzen, gehst völlig in ihm auf. Beten ist wie Liebe. Das Wort „Yoga" bedeutet: „Vereinigung, das Ineinander-Fließen von beidem" – und zwar so tief und intensiv, dass alle beide darin verschwinden. Die Grenzen verschwimmen, nur noch Eines existiert. Anders ist es nicht möglich. Wenn du also noch nicht aufrichtig und intensiv bist, dann wirf dein ganzes Sein in die Waagschale. Nur so kann das Höchste geschehen. Du musst dich restlos aufs Spiel setzen ... ohne das geht es nicht.

Dies ist der eine Weg – der Weg des Willens. Patanjali geht es im Grunde nur um den Weg des Willens; aber er weiß, er ist sich bewusst, dass es da auch noch den anderen Weg gibt. Also fügt er noch eine Fußnote an.

Diese Fußnote lautet: Auch diejenigen können ans Ziel kommen, die sich Gott hingeben. Einfach nur als Fußnote, nur um darauf hinzuweisen, dass es da auch noch den anderen Weg gibt. Patanjali ist sehr umsichtig, er hat einen sehr wissenschaftlichen Kopf, er will nichts auslassen, also erinnert er einfach als Fußnote daran, dass es da auch noch den anderen Weg gibt: Auch diejenigen können ans Ziel kommen, die sich Gott hingeben.

Entweder Anstrengung oder Hingabe, aber das Grundsätzliche bleibt: Ohne Rückhaltlosigkeit geht es nicht. Die Wege können sich unterscheiden, aber nicht im Wesentlichen. Sie mögen sich in ihrer Gestalt, in ihrer Form und in ihrer Richtung unterscheiden, aber ihr Sinn und Zweck muss sich gleich bleiben, denn beide führen sie zum Göttlichen. Anstrengung: Da ist deine Rückhaltlosigkeit gefordert. Hingabe: Auch hier ist deine Rückhaltlosigkeit gefordert. Für mich gibt es also nur einen Weg – und zwar: Bring dich mit deinem ganzen Sein ein.

Ob du den Weg der Anstrengung gehst oder den Weg der Hingabe, das ist ganz dir überlassen. Nur vergiss nie, dass es ohne Rückhaltlosigkeit nicht geht.

Was aber heißt „Hingabe an Gott“? Wie geht das – „sich hingeben“? Wie wird Hingabe möglich? Auch das wieder kann nur gelingen, indem man durch viele Anstrengungen hindurch geht und immer wieder Fehler begeht. Wenn du den Weg der Mühe gehst, bist du ganz auf dich gestellt; da verlässt du dich auf dich selber. Du strauchelst und du strauchelst und du strauchelst. Du stehst auf, fällst wieder hin, du stehst wieder auf und setzt dich wieder in Gang... und irgendwann kommt der Moment. Nachdem du gestrauchelt und gestrauchelt und gestrauchelt bist, kommst du jetzt plötzlich an den Punkt, wo du erkennst, dass das ja nur daran liegt, dass du dir so viel Mühe gibst! Denn deine Anstrengung ist zu deinem Ego geworden! Das Ego hat sich hier angesammelt. Jetzt gibt es nur noch eine Möglichkeit: Lass es los! Du bist mit ihm so endgültig und auf so vielfältige Weise in die Irre gegangen! Du hast dieses getan und jenes, du hast alles Mögliche versucht und bist gescheitert und gescheitert. In diesem Augenblick, in dem die Frustration endgültig ist und du nicht mehr sehen kannst, was du noch tun könntest – sagt Patanjali: „Jetzt gib dich Gott hin."

In dieser Hinsicht ist Patanjali ganz einmalig: Er glaubt überhaupt nicht an Gott, er ist kein Gottgläubiger! Selbst „Gott" ist für ihn nur eine Technik. Patanjali glaubt an keinerlei Gott – für ihn gibt es einfach keinen. Nein, sagt er, aber Gott ist eine Technik! Allen, die scheitern, bleibt nur noch diese eine Technik – als letzte. Wenn ihr auch mit der scheitert, dann gibt es keinen Weg. Patanjali interessiert also nicht die Frage, ob Gott existiert oder nicht. Ihm geht es darum, Gott als Hypothese einzusetzen. Ohne Gott könnte man sich schließlich kaum hingeben. Ihr würdet fragen: „Ja, aber wem denn?"

Gott ist also nur ein angenommener Punkt, um euch zur Hingabe zur verhelfen. Habt ihr euch dann erst hingegeben, werdet ihr wissen, dass es keinen Gott gibt, aber das wird hinterher sein, wenn ihr euch bereits hingegeben – und erkannt habt. Für Patanjali ist selbst Gott nur eine Hypothese, um euch zu helfen. Er lügt einfach! Daher sagte ich bereits, dass Patanjali ein „gewiefter Meister" ist. Es ist nur eine Hilfestellung.

Die Hingabe und nicht Gott ist der springende Punkt. Und diesen Unterschied müsst ihr festhalten, denn es gibt

Leute, für die ist Gott der springende Punkt: Nur weil es Gott gibt, gibt man sich ihm hin!

Patanjali sagt: „Nehmen wir mal – damit du dich hingibst – einen Gott an." Gott ist etwas Hypothetisches. Nachdem du dich hingegeben hast, wirst du lachen: Es gibt gar keinen Gott! Doch dafür etwas ganz anderes – nämlich Götter; zwar keinen Gott, wohl aber eine Vielzahl von Göttern. Denn jeder, der sich hingibt, wird zu einem Gott. Man darf also nicht Patanjalis „Gott" mit dem christlich-jüdischen Gott verwechseln. Patanjali zufolge ist „Gott" das Potenzial eines jeden Lebewesens. Der Mensch ist ein Samenkorn Gottes – jeder Mensch. Und wenn der Same sprießt, also seine Erfüllung findet, ist das Samenkorn zum Gott geworden. Jeder Mensch, jedes Wesen wird also letzten Endes zu einem Gott werden.

„Gott" steht nur für die letztmögliche Erfüllung, das letztmögliche Aufblühen. Es gibt keinen Gott, wohl aber Götter – zahllose Götter. Das ist eine radikal andere Vorstellung. Wenn ihr die Muslime fragt, werden sie sagen: „Es gibt nur einen Gott!" Wenn ihr die Christen fragt, werden auch sie sagen: „Es gibt nur einen Gott!" Aber Patanjali ist ein Wissenschaftler. Er sagt: Gott ist eine Möglichkeit. Das Herz eines jeden birgt diese Möglichkeit.

Jeder ist ein Samenkorn, ein potenzieller Gott. Wenn du beim Höchsten angelangt bist, jenseits von dem nichts mehr existiert, wirst du zu einem Gott. Viele sind schon vor dir dort angelangt, viele werden es noch tun und viele werden nach dir dort ankommen.

Viele Leben lang tragt ihr eure Bestimmung mit euch, ohne jemals auf sie zu achten, da ihr stets auf die Zukunft ausgerichtet seid. Ihr achtet nicht auf die Gegenwart.

Im Hier-Jetzt ist alles genauso wie es sein soll, wenn ihr bereit seid, es wahrzunehmen.

Nichts ist nötig, kein Tun wird gebraucht. Jeder einzelne Augenblick ist vollkommene Existenz. Sie ist nie unvollkommen gewesen; es kann gar nicht sein. Wenn sie unvollkommen wäre, wie könnte sie dann jemals vollkommen werden? Wer könnte sie dann vollkommen machen?

Die Existenz ist vollkommen; es braucht nicht das Geringste getan zu werden. Wenn ihr das versteht, dann genügt Hingabe. Ohne Anstrengung, ohne *pranayama* – Atemübungen, ohne *bhastrika* – eine bestimmte Methode des Atmens, ohne *sirshasana* – Kopfstand, ohne *asanas* – ohne Meditation – ohne allem, wenn ihr versteht, dass die Existenz vollkommen ist, so wie sie ist.

Schau nach innen, schau nach außen: Alles ist so vollkommen – zu feiern ist die einzige Antwort. Ein Mensch, der sich hingibt, beginnt zu feiern. Patanjali sagt also: „intensiv und aufrichtig." Wirf dein ganzes Sein in die Waagschale. Nur so kann das Höchste geschehen.

5. Kapitel

Der Ton des Universums

OM ist das Symbol für den Ton des Universums. Du hörst in dir das Geräusch deiner Wörter und Gedanken, nicht aber den Ton deines Seins. Wenn es kein Wünschen mehr gibt, wenn Körper und Mind nicht mehr in Erscheinung treten, was geschieht dann? Dann wird der Ton des Universums selbst hörbar. Das ist OM.

Dieser Ton ist in allem. Wenn du innehältst, hörst du ihn. Jetzt sprichst du noch zu viel, es ist zu viel Lärm in dir, du kannst ihn nicht hören. Er ist ein Ton der Stille. Er ist so still, dass du ihn nur hören kannst, wenn alles in dir aufgehört hat. Patanjali sagt: Er ist als OM erkannt.

Wiederhole OM und meditiere.
OM zu wiederholen und in Meditation zu sein
führt zur Auflösung aller Hindernisse
und zum Erwachen eines neuen Bewusstseins.

Wiederhole und meditiere OM – OM – OM. Du bist ganz von diesem Ton umfangen und bleibst dabei hellwach, bewusst – Beobachter, Zeuge. Das heißt meditieren: Den Ton in dir zu erzeugen und trotzdem der Wächter auf dem Berge zu bleiben, im Tale kreist der Ton, OM – OM – OM, du stehst oben auf der Höhe und beobachtest, bist Zeuge davon. Wenn du nicht Zeuge bleibst, wirst du einschlafen.

Es wird ein Hypnose-Schlaf sein. Wenn du ihn einfach vor dir hersagst, kann er dich vollkommen betäuben, berauschen. Und da liegt die Gefahr. Denn schließlich geht es ja gerade darum, sich nicht mehr zu berauschen. Es geht darum, immer bewusster zu werden. Wenn du ein Mantra wiederholst, ohne in Meditation zu sein, wirst du ins Unbewusste abtauchen, es wird dir einen guten Schlaf, Wohlfühlen und Gesundheit bringen. Deshalb besteht Patanjali unentwegt darauf: „Wiederhole OM und meditiere".

Wiederhole den Ton OM und hülle dich ganz damit ein – aber verliere dich nicht in ihm. Es ist ein so süßer Ton, dass man sich leicht darin verlieren kann. Bleibe wach – halte dich immerzu im Zeugesein. Nun hat ein Doppelprozess eingesetzt: Der Ton versetzt deinen Körper in einen Zustand der Ruhe und deine Aufmerksamkeit hilft dir, zum Höchsten deines Bewusstseins aufzusteigen. Der Körper sinkt in die Tiefe der Entspannung, du hingegen steigst auf bis zum Höchsten deiner Wachheit.

Patanjali sagt, dass die Wiederholung von OM in Meditation alle Hindernisse aus dem Wege räumt. Welches sind die Hindernisse? Er beschreibt jedes einzelne Hindernis und wie sie im meditativen Wiederholen des OM überwunden werden.

Unwohlsein, Schwäche, Zweifel, Gleichgültigkeit, Trägheit,
Genusssucht, Einbildung, Ohnmacht und Unstetigkeit
sind die Hindernisse, die den Geist fehlleiten.

Unwohlsein

Unwohlsein bedeutet, dass deine Energie ihren natürlichen Rhythmus verloren hat. Wenn diese Unausgeglichenheit andauert, wirkt sie sich früher oder später auf den Körper aus. Für Patanjali ist Krankheit eine Störung in der Aura, im *prana*, im bioenergetischen Feld deines Körpers. Wenn deine Energie unausgeglichen ist, kommst du nicht weit. Wie auch, wenn dich deine Schwäche wie eine Wolke umhüllt? Deine tieferen Bereiche werden dir fremd bleiben. Eine gewisse Gesundheit ist erforderlich. Das indische Wort für Gesundheit ist da sehr aufschlussreich – *swasthya*. Es bedeutet „man selbst sein", gesammelt, in seiner Mitte. Das englische Wort *health* ist ebenfalls schön; es hat dieselbe Wurzel wie die Wörter *holy* (heilig) und *whole* (ganz). Wenn du ganz bist, bist du gesund; und wenn du ganz bist, bist du auch heilig. Wenn sich ein Mensch heil und ganz fühlt, bildet seine Körperenergie einen geschlossenen Kreis. Der Kreis ist der Inbegriff alles Vollkommenen auf der Welt.

Patanjali erhebt es zur ersten Regel, dass man gesund sein sollte. Deine Krankheit, dein Unwohlsein, dein unausgeglichener Energiekreis lässt dich schwerfällig werden und wenn du in diesem Zustand meditieren möchtest, wirst du unruhig sein. Da kann das bewusste Wiederholen des OM helfen, so wie auch andere Yoga-Übungen, auf die wir noch zu sprechen kommen werden. Hier spricht Patanjali davon, wie dir das OM – der bloße Ton – innerlich zu Heilsein und Ganzheit verhelfen kann.

Für Patanjali und für viele andere, welche tief die menschliche Energie erforscht haben, ist Folgendes eine Tatsache: je schwächer du bist, umso grobstofflicher wird deine Wahrnehmung sein. Wenn du gesund bist, ist dein Bewusstsein offener und nicht auf Genusssucht festgelegt. Warum ist dies so? Wenn du vollkommen gesund bist, dann bist du so glücklich mit dir selbst, dass du einen anderen nicht mehr brauchst. Wenn du krank bist, bist du mit dir selbst unglücklich und brauchst den anderen. Und das ist das Paradox: wenn du krank bist, brauchst du den anderen und der andere braucht dich auch, wenn er krank ist. Und wenn sich zwei kranke Menschen begegnen, wird die Krankheit nicht nur verdoppelt, sondern vervielfacht. Ein gesunder Mensch ist nicht bedürftig. Wenn er liebt, ist es ein Teilen und nicht eine Bedürftigkeit. Er braucht niemanden, er hat so viel, er kann teilen. Ein kranker Mensch ist süchtig nach Sexualität, ein gesunder Mensch liebt und Liebe ist eine ganz andere Angelegenheit. Wenn zwei gesunde Menschen sich begegnen wird Gesundheit vervielfacht. Die Sucht ist verschwunden, es gibt weder Abhängigkeit noch Bedürftigkeit.

Wann immer du dich mit dir selbst uneins fühlst, vermeide es, dich in Sinnlichkeit zu verlieren. Bemühe dich stattdessen um deine Gesundheit, um deine Energie. Yoga-*Asanas* werden helfen. Wir werden über sie später sprechen, sobald sie von Patanjali vorgestellt werden. Jetzt im Augenblick sagt er: Wenn du OM singst und dabei in Meditation bleibst, wird Krankheit verschwinden. Nicht nur die Krankheit, die da ist, wird verschwinden, sondern sogar die, die dabei war, sich in der Zukunft zu manifestieren.

Schwäche

Als zweites Hindernis nennt Patanjali Schwäche. Man möchte zwar suchen, forschen, aber es fehlt die Leidenschaft. So jemand führt ständig Gott, *moksha*, Yoga, dieses und jenes auf den Lippen, aber es ist nur ein Gerede. Mit minimalen Energiereserven kann man zwar reden, mehr aber auch nicht. Durch das Intonieren von OM in Meditation wird dein niedriger Energiepegel ansteigen. Warum lebst du ständig auf Sparflamme, warum fühlst du dich ständig erschöpft, müde? Schon in der Frühe, wenn du aufstehst, bist du müde. Was ist los mit dir? Irgendwo in deinem System sind Lecks vorhanden, du verlierst Energie. Du magst dir dessen nicht bewusst sein, aber du bist wie ein durchlöcherter Eimer. Jeden Tag füllst du den Eimer, aber ständig siehst du, wie er wieder leer wird. Diese Lecks müssen geschlossen werden. Wie kann der Körper seine Energie durch Lecks verlieren?

Der Körper verliert unentwegt Energie aus den Fingern, aus den Füßen, aus den Augen. Aus dem Kopf kann keine Energie abfließen – er ist rund; alles Runde hilft dem Körper seine Energie zu bewahren. Das ist der Grund für bestimmte Yogastellungen – z.B. der Lotussitz. Wenn man sich im Lotussitz befindet, werden beide Hände so gelegt, dass die Handflächen ineinander oder dass sie mit einer bestimmten Fingerhaltung auf den Knien liegen, in beiden Fällen, um den Energiekreis des Körpers geschlossen zu halten. Auch die Füße und die Beine werden ineinander verschränkt, damit die Energie im Kreis bleibt. Die Augen bleiben geschlossen, weil durch die Augen fast achtzig Prozent deiner Energie abfließen. Darum fühlt man sich auch so erschöpft, wenn man auf Reisen ist und unentwegt aus dem Auto- oder Zugfenster schaut. Würde man mit geschlossenen Augen reisen, würde man sich nicht so müde fühlen. Im Yoga versuchst du, deine Augen so lange wie möglich geschlossen zu halten, mit zusammen gelegten Händen und verschränkten Beinen, damit die Energie ineinander fließen kann. Du sitzt mit geradem Rückgrat da.

Wenn das Rückgrat im Sitzen aufrecht ist, bewahrt man mehr Energie, als in jeder anderen Lage; wenn das Rückgrat gerade ist, kann einem die Schwerkraft der Erde nicht so viel Energie nehmen.

Schwäche ist eines der größten Hindernisse. Durch das Intonieren von OM verschwindet sie. OM lässt in deinem Inneren einen Energiekreis entstehen. Sobald sich deine Wahrnehmung verfeinert, kannst du ihn sehen. Es entsteht eine dichte Energieerfahrung. Jetzt wirst du verstehen, dass Reden allein nichts bringt – es muss etwas geschehen!

Zweifel

Im Sanskrit gibt es viele Wörter für Zweifel. Es gibt den Zweifel im Gegensatz zu Vertrauen – *shanka*. Dann gibt es einen Zweifel namens *sanshaya* – und von diesem *sanshaya* spricht Patanjali hier. Es ist der Zweifel im Gegensatz zu Gewissheit, zu Entschlossenheit. Ein unentschiedener, ein unentschlossener Mensch ist ein *sanshaya* – ein Zweifler. Der Gegensatz hier ist nicht Vertrauen, weil Vertrauen immer einem anderen Menschen gilt. Hier geht es um den Zweifel im Unterschied zu Selbstvertrauen. Du vertraust dir selber nicht. Das ist etwas anderes. Du kannst also anstellen, was du willst, du bist dir nie ganz sicher, ob du es nun tatsächlich tun willst oder nicht, ob es überhaupt gut ist, sich darauf einzulassen – ein ewiges Hin und Her. Mit einer solchen Haltung kannst du dich nicht auf den Weg machen – jedenfalls nicht auf den Yogaweg. Da musst du entschieden sein, da musst du eine Entscheidung treffen. Das ist nicht leicht, denn ein Teil von dir sagt auch weiterhin Nein. Wie also die Entscheidung treffen? Denke nach – so lange wie möglich, lasse dir so viel Zeit wie möglich.

Wäge alle Möglichkeiten ab und dann entscheide. Hast du dich einmal entschieden, dann verlass alles Zweifeln. Der Zweifel wird sein Haupt erheben. Du aber sagst einfach: „Ich hab mich entschieden – Schluss jetzt, ich habe mich entschieden." Hast du dich einmal entschieden, dann kooperiere nie wieder mit Zweifeln; denn Zweifel können sich in dir nur durch deine Kooperation halten. Du gibst ihnen immerzu Energie und beginnst immer wieder darüber nachzudenken. So entsteht Unschlüssigkeit. Unschlüssigkeit ist ein sehr schlimmer Zustand – da bist du in ganz schlechter Form. Du kannst dich zu nichts entschließen – wie solltest du auch? Wie kannst du handeln?

Inwiefern kann das Intonieren des OM in Meditation helfen? Einfach deshalb, weil in dir der Lärm der Stimmen aufhört – keine Menge, kein Chaos mehr. So viele Stimmen! Aber jetzt kannst du sehen, dass das gar nicht die deinen sind. Wenn du das OM intonierst und darüber still wirst, bist du geschützt – ruhig, still, gesammelt. In dieser inneren Sammlung kannst du diejenige Stimme ausmachen, die von dir kommt, die authentisch ist. Manchmal wird dir der Zweifel folgen und dich anbellen wie ein Hund. Aber wenn du ihn nicht beachtest, ihn völlig ignorierst, wird er allmählich aufhören.

Trägheit

In euch hat sich viel Trägheit angesammelt. Und nicht von ungefähr. Bei allem was ihr tut, wisst ihr überhaupt nicht mehr, warum ihr es macht. Auf diese Art nistet sich im Herzen eine gewisse Schwere ein. Mit Trägheit ist hier einfach nur gemeint, dass man die Lebensfreude verloren hat. Kinder sind nicht faul. Sie sprudeln über vor Energie. Sie lassen sich nur ungern ins Bett bringen. Es ist schwer, sie zum Schweigen zu bringen. Es ist die Idee von Erwachsenen, sie müssten wenigstens ein paar Minuten still sitzen, um sich zu entspannen. Sie sind nicht verspannt – sie sind einfach voller Energie – solche Winzlinge, aber was für eine Energie! Wo kommt diese Energie nur her? Sie sind noch nicht enttäuscht. Sie wissen noch nicht, dass nichts herauskommt bei einem solchen Leben, egal was man tut. Sie sind noch in seliger Unwissenheit. Daher all diese Energie. Aber was habt ihr nicht alles getan, ohne dass es etwas gebracht hätte! So wird man schließlich schwer und träge.

Es ist, als ob sich dicke Staubschichten auf dich gelegt hätten – der Staub von all diesen Fehlschlägen, Enttäuschungen, all diesen zerbrochenen Träumen. Frühmorgens denkt man: „Wozu wieder aufstehen? Wozu?" Die Antwort bleibt aus. Du musst aber aufstehen, irgendwie musst du dir dein Brot verdienen. Und dann sind da Frau und Kind und so sitzt du in der Falle. Irgendwie schaffst du es zur Arbeit. Irgendwie schaffst du es wieder heim. Von Freude ist kaum eine Spur. Du schleppst dich dahin. Nichts macht mehr Spaß. Wie soll da die OM-Meditation Abhilfe schaffen?

Gleich beim ersten Mal, wenn du OM intonierst und dabei beobachtest und meditierst, beginnt sich die Mühe bereits zu lohnen. Du beginnst die heilende Wirkung zu spüren. Plötzlich erwacht eine neue Lebenslust. Der Staub ist wie weggefegt. Ein neuer Mut, eine neue Zuversicht hat sich eingestellt. Jetzt wird die Hoffnung wach, es macht sich wieder Zuversicht breit. Du bist wieder ein Kind der inneren Welt. Wie neugeboren! Du kannst wieder lachen, herumlaufen, spielen! Du bist wiedergeboren.

Genusssucht

Wieso habt ihr sinnliche, sexuelle Anwandlungen? Weil sich überschüssige Energie ansammelt und ihr nicht wisst, was man damit anfangen soll. Und so sammelt sie sich natürlicherweise im ersten Energie-Zentrum an – im Zentrum der sexuellen Kraft. Von anderen Zentren wisst ihr nichts, so wenig wie ihr eine Vorstellung davon habt, dass diese Energie aufsteigen kann. Das ist so, als ob man ein Flugzeug hätte, aber nicht weiß, dass es ein Flugzeug ist. Also durchstöbert man es und denkt sich dann: „Es hat Räder; also muss es wohl eine Art Fahrzeug sein." Und so spannt man Pferde davor und benutzt es wie einen Pferdewagen – durchaus möglich. Dann entdeckt man irgendwann durch Zufall, dass die Pferde gar nicht nötig sind: Es ist auch eine Art Motor drin, also kann man es wie ein Auto fahren. Dann geht man immer mehr in die Einzelheiten und fragt sich schließlich: „Wozu eigentlich Flügel?" Und eines Tages schließlich benutzt man es so, wie es gedacht ist – als Flugzeug.

Wenn ihr nach Innen geht, werdet ihr Vieles entdecken. Wenn nicht, dann bleibt ihr in der Illusion eurer Sexualität stecken. Ihr sammelt Energie, aber was damit anfangen? Ihr habt noch keine Ahnung davon, dass ihr mit eurer Energie fliegen könnt. Ihr macht eure sexuelle Kraft und euch zu einem Pferdewagen. Ihr sammelt Energie an – ihr esst, ihr trinkt und erzeugt so Energie. Was aber mit dieser Energie anfangen? Wenn ihr sie nicht benutzt, werdet ihr verrückt. Dann kreist diese Energie nur immer in euch herum und macht euch verrückt. Ihr müsst sie gebrauchen. Wenn ihr nichts tut, werdet ihr wahnsinnig, werdet ihr explodieren! Sexualität ist das einfachste Sicherheitsventil – die Energie wird wieder abgeleitet, zurück in die Natur. Das ist töricht, denn die Energie kommt ja aus der Natur. Du nimmst Nahrung zu dir – damit isst du Natur. Du trinkst Wasser, damit trinkst du Natur. Ständig nimmst du aus der Natur Nahrung auf und scheidest sie dann wieder in die Natur aus. Das Ganze scheint so witzlos zu sein, nutzlos, ohne Sinn und Verstand! Was soll das alles? Mit der Zeit wird man lethargisch. Wie soll da die OM-Meditation Abhilfe schaffen?

Sobald du damit anfängst, werden alle Zentren in Bewegung gebracht. Dann ist das Zentrum der sexuellen Kraft nicht mehr das einzige funktionierende Zentrum. Die Energie steigt zum zweiten auf, zum dritten, zum vierten, fünften, sechsten und siebten Zentrum; dann wieder fließt sie abwärts zum sechsten, fünften, vierten, dritten, zweiten, ersten. Es entsteht ein innerer Energiekreis aller Zentren! Der Energiepegel steigt wie in einem Stausee. Das Wasser steigt höher und die anderen Zentren, die anderen Chakras in deinem Körper fangen nun an, sich zu öffnen. Denn bei fließender Energie werden sie zu dynamischen Kräften – es ist so, wie ein Wasserfall eine Turbine antreibt. Bleibt das Wasser aus, steht die Turbine still. Wenn die Energie ansteigt, setzen sich deine höheren Chakras in Bewegung. Sexualität ist die unterste Ekstase; höhere Ekstasen sind möglich. Sobald die höheren möglich werden, verlieren die grobstofflicheren ganz von alleine ihre zentrale Bedeutung.

Illusion

Mit offenen Augen träumen. Aber wer tut das nicht? Du siehst eine Frau und denkst: „Wie hinreißend!" Das mag gar nicht stimmen. Aber du magst eine Illusion auf sie projizieren. Du magst sexuell ausgehungert sein. Dann kommt die

Energie und du machst dir etwas vor. Nach zwei, drei Tagen erscheint dir diese Frau, dieser Mann als ganz gewöhnlich und du fühlst dich betrogen. Niemand betrügt dich – nur du selbst. Du hast dir was vorgemacht.

Patanjali zufolge lösen die Illusionen sich auf, wenn man das OM intoniert. Wie aber geht das? Eine Illusion bezeichnet letztlich einen Traumzustand, in dem du weggetreten bist. Du bist nicht mehr da, nur noch der Traum ist da. In der OM-Meditation schaffst du den Ton OM und bist gleichzeitig Zeuge, du bist wieder da! Deine Gegenwart verhindert jeden Traum. Wenn du gegenwärtig bist, ist kein Traum da. Wenn ein Traum da ist, bist du nicht gegenwärtig. Beides kann es zusammen nicht geben. Bist du da, verschwindet der Traum – oder du musst verschwinden. Beides zusammen geht nicht. Traum und Bewusstheit kommen niemals zusammen. Aus diesem Grund löst sich die Illusion auf, sobald du Zeuge des OM wirst.

Ohnmacht

Auch Ohnmacht ist da, ständig spürbar. Du fühlst, wie hilflos du bist – das ist hier mit Ohnmacht gemeint. Du hast das Gefühl, nichts machen zu können, nichts wert oder zu nichts nutze zu sein. Du magst zwar so tun, als stelltest du etwas dar, aber dein Theaterspiel ist nur der Beweis, dass du dir tief drinnen wertlos vorkommst. Du magst den Mächtigen mimen, aber deine Verstellung ist nichts als ein Versteckspiel. Du kannst noch so sehr den Starken spielen, aber wenn es darauf ankommt, merkst du, wie hilflos und machtlos du bist. Der Mensch ist machtlos, denn nur das Ganze kann Macht haben – nicht der Mensch. Ein Teil kann nicht mächtig sein.

Wenn du OM intonierst, spürst du zum ersten Male, dass du keine Insel mehr bist, dass du ein Teil des gesamten kosmischen Tones bist. Zum ersten Mal fühlst du Kraft, aber jetzt braucht sie nicht gewalttätig zu sein, sie braucht nicht aggressiv zu sein. In der Tat ist ein Mensch, der in der Kraft steht, niemals aggressiv. Nur schwache Menschen werden aggressiv, um sich darzustellen, um zu zeigen, dass sie stark sind.

Unstetigkeit

Ihr fangt mit irgendetwas an und hört damit bald wieder auf – immer wieder von vorn. Solche Unstetigkeit kann zu nichts führen. Man muss dabei bleiben, das Brunnenloch immer an derselben Stelle tiefer graben. Wenn ihr eure Anstrengungen unterbrecht, dann funktioniert euer Mind so, dass ihr nach ein paar Tagen wieder bei Abc anfangen müsst. Auf diese Art kann man vieles tun, ohne je etwas zu erreichen. Das OM dagegen wird euch etwas anderes erfahren lassen. Das OM wird euch zum ersten Mal einen Geschmack davon vermitteln, was es heißt, im Universum aufzugehen. Dies wird euch mit Glück erfüllen und eure Unstetigkeit beenden.

Seelenqualen, Verzweiflung, Erregung
und unregelmäßiges Atmen
sind die Anzeichen eines zerstreuten Geistes.

Dies sind die Symptome: Seelenqualen; immer von Angst besetzt, immer gespalten, immer von Sorgen gequält, immer traurig; Verzweiflung, Erregung, subtile Schwankungen der Körperenergie. Wenn die Körperenergie nicht kreisförmig verläuft, stellt sich ein leises Zittern ein – man erbebt und hat Angst und atmet stoßweise. Dann kann euer Atem nicht rhythmisch gehen, kann nicht etwas Harmonisches sein. Er ist kein Lied.

Und all diesen Anzeichen setzt Patanjali die Anzeichen des gesammelten Geistes entgegen: Die OM-Meditation wird dich in deine Mitte führen. Dein Atem bekommt einen ruhigen Rhythmus, deine nervösen Erregungen werden verschwinden. Statt traurig zu sein, wirst du dich glücklich fühlen – eine leichte Freude wird in deinem Gesicht liegen, ohne besonderen Anlass. Einfach glücklich, dass du existierst! Einfach nur da zu sein, einfach nur zu atmen, es macht dich glücklich. Die Symptome eines zerstreuten Geistes lassen sich entfernen, indem man über das Urprinzip meditiert. Dieses Urprinzip nennt sich *pranava* – OM – der Ton des Universums.

Mit dem Mantra OM geht man durch drei Stufen. Zuerst musst du es sehr laut intonieren. Das heißt, es muss aus dem Körper kommen – zuerst körperlich deshalb, weil der Körper der Hauptzugang ist. Lass den Körper erst durch und durch damit gesättigt sein. Laut wiederholen also. Geh in einen Tempel oder in dein Zimmer oder irgendwo hin, wo du es ungestört laut intonieren kannst. Lass deinen ganzen Körper zum Resonanzboden werden, so als müssten dich tausend Menschen hören können. Du musst es so laut aussprechen, dass der ganze Körper zu vibrieren beginnt – etwa drei Monate lang. Die erste Stufe ist sehr wichtig, denn das ist die Grundlage: Intoniere es so laut, als würde jede Zelle deines Körper es herausschreien.

Nach drei Monaten, wenn du das Gefühl hast, dass dein Körper völlig gesättigt ist, hat es alle Körperzellen zutiefst durchdrungen. Und wenn du es laut aussprichst, kommt es nicht nur aus dem Mund, dann ist an deinem OM dein ganzer Körper von Kopf bis Fuß beteiligt. Wenn du das drei Monate lang mindestens eine Stunde am Tag praktizierst, wirst du binnen drei Monaten merken, dass es nicht nur aus dem Mund, sondern aus deinem ganzen Körper kommt.

Swami Ram, ein hinduistischer Sannyasin, hatte Jahre lang geübt und ständig laut „Ram" intoniert. Einmal besuchte er in einem Himalaja-Dorf einen Freund; der Freund hieß Sardar Purnasingh und war ein berühmter Sikh-Schriftsteller. Mitten in der Nacht hörte Purnasingh plötzlich, wie jemand Ram – Ram – Ram rief. Es war gar niemand da außer Ram, Swami Ram und ihm selbst. Jeder schlief auf seiner Pritsche, und das Dorf lag weit weg, an die zwei, drei Meilen entfernt. Es war niemand da! Also stand Purnasingh auf und durchsuchte seine Hütte – niemand da! Und je weiter er sich von Ram entfernte, desto leiser wurde der Ton. Kam er ihm näher, wurde auch der Ton wieder lauter. Dann trat er ganz nah an den tief schlafenden Ram heran: Da wurde der Ton vollends laut! Schließlich legte er sein Ohr an Rams Körper, und dessen ganzer Körper hallte von diesem Ram wider! Es geschieht; dein ganzer Körper kann davon gesättigt werden.

Dies ist also der erste Schritt; drei Monate, sechs Monate lang – aber man muss sich gesättigt fühlen. Man spürt diese Sättigung, so wie man ja auch spürt, wann der Magen gesättigt ist. Erst muss der Körper gesättigt sein, und wenn du durchhältst, mag es in drei oder sechs Monaten soweit sein. Drei Monate im Durchschnitt; bei einigen ist es eher soweit, andere brauchen etwas länger. Wenn der ganze Körper davon durchdrungen ist, wird die Sexualität völlig verschwinden. Der ganze Körper ist von diesen tönenden Schwingungen so besänftigt, so beruhigt worden, dass man jetzt keine Energie mehr loswerden muss. Und du wirst dich sehr, sehr stark fühlen. Der erste Schritt ist also, den ganzen Körper so zu sättigen, dass der ganze Körper zu einem Klangkörper wird. Erst wenn du das Gefühl hast, gesättigt zu sein, darfst du den zweiten Schritt tun.

Der zweite Schritt besteht darin, den Mund zu schließen und das Wort OM nur in der Vorstellung auszusprechen und zu intonieren. Erst also körperlich, dann in der Vorstellung. Jetzt darf der Körper überhaupt keine Rolle mehr spielen. Die Kehle, die Zunge, die Lippen, all das bleibt geschlossen, der gesamte Körper ist verschlossen. Das Intonieren findet nur in der Vorstellung statt – aber so laut wie nur möglich. Mit derselben Lautstärke wie anfangs physisch. Nun lass auch deine Vorstellungswelt ganz davon durchdrungen sein. Drei Monate gibst du jetzt auch deinem Geist, damit er sich damit vollsaugen kann. Dein Geist wird dazu genau so viel Zeit brauchen wie dein Körper. Wenn du den Sättigungspunkt körperlich schon nach einem Monat erreicht hattest, wirst du ihn auch mental binnen eines Monats erreicht haben. Wenn du körperlich sieben Monate gebraucht hast, wird es auch mental sieben Monate lang dauern. Denn Körper und Geist sind nicht zweierlei, sondern vielmehr „Körper-Geist". Auf der einen Seite körperlich, auf der anderen Seite mental; der Körper ist sichtbarer Geist, der Geist ist unsichtbarer Körper.

Lass also auch die andere Seite, die unsichtbare Seite deines Körpers zur Sättigung kommen. Artikuliere das OM innerlich laut; wenn der Geist davon voll ist, wird das noch mehr Kraft in dir freisetzen. Mit dem ersten Schritt wirst du dich von der Sexualität befreien, mit dem zweiten wird deine Liebe verschwinden – die Liebe, wie du sie kennst, nicht die Liebe, die ein Buddha kennt, sondern deine Liebe. Denn sexuelle Energie ist die körperliche Seite der Liebe und Liebe ist die geistige Seite der sexuellen Energie.

Der dritte Schritt kommt, wenn auch dein Geist davon erfüllt ist. Und du wirst von selbst wissen, wann es soweit ist. Du brauchst nicht erst zu fragen, woran man es merkt. Es ist wie beim Essen: Plötzlich weißt du: „Jetzt reicht es." Dein Geist wird einfach erkennen, wann es reicht. Dann kannst du mit der dritten Stufe beginnen: Weder den Körper noch den Geist zu bemühen. Genauso, wie du erst deinen Körper verschlossen hast, verschließt du jetzt deinen Geist. Und das ist leicht. Wenn du drei, vier Monate lang das OM intoniert hast, wird das ganz leicht sein: Du verschließt den Körper, du verschließt den Geist. Lausche und du wirst aus deinem eigenen innersten Herzen einen Ton aufsteigen hören. Das OM wird da sein, so als würde ein anderer es intonieren und nur du der Zuhörer sein.

Dies ist die dritte Stufe, und diese dritte Stufe wird nun dein ganzes Wesen umstülpen. Alle Sperren werden fallen, und alle Hindernisse werden verschwinden. Es kann also etwa neun Monate dauern – durchschnittlich – wenn du deine gesamte Energie dransetzt. Im Augenblick kannst du es noch nicht als inneren Ton hören. Der innere Ton ist zwar da, aber so still, so fein, dass dein Ohr ihn noch nicht zu unterscheiden vermag. Das Ohr muss erst noch entwickelt werden.

Erst wenn Körper und Geist gesättigt sind, wirst du das Ohr dafür haben, das „Dritte Ohr", um diesen Ton wahrzunehmen – der ständig da ist.

Es ist ein kosmischer Ton; er ist innen wie außen. Lege dein Ohr an einen Baum und er ist da; lege dein Ohr an einen Felsen und er ist da. Aber dafür musst du erst deinen Körper-Geist hinter dir gelassen haben und mehr und mehr Energie angesammelt haben. Das Feinstoffliche vernehmen zu können, erfordert nämlich sehr viel Energie.

Mit dem ersten Schritt verschwindet Sexualität; in der zweiten Stufe Liebe; und auf der dritten Stufe verschwindet alles dir bisher Bekannte, so als gäbe es dich gar nicht mehr – wie aufgelöst. Es ist ein Todesphänomen; alles in dir wird davonlaufen wollen, es wird dir vorkommen wie ein Abgrund, du fällst hinein und der Abgrund ist bodenlos. Du wirst dich fühlen wie eine Feder, die in einen bodenlosen Abgrund hinab schwebt – du fällst und fällst und fällst und das scheint kein Ende zu nehmen!

Du wirst Angst bekommen, du möchtest am liebsten davon laufen. Wenn du aber aussteigst, dann wäre die ganze Mühe umsonst gewesen. Deine Flucht wird so aussehen, dass du laut anfängst das Mantra OM zu intonieren. Das wird dir als erstes einfallen, wenn du wegläufst. Denn sobald du das tust, bist du wieder im Geist. Sobald du laut intonierst, bist du wieder im Körper. Wenn man also zu lauschen anfängt, sollte man nicht intonieren, denn dieses Intonieren wäre eine Flucht.

Ein Mantra muss zunächst intoniert, dann aber aufgegeben werden. Ein Mantra hat erst dann seine Funktion erfüllt, wenn man es aufgeben kann. Wenn du es immer weiter intonierst, wirst du dich daran klammern wie an einen Unterschlupf, und jedes Mal, wenn du Angst bekommst, wirst du dich dahin zurückziehen und es intonieren.

Darum meine Empfehlung, das OM so tief zu intonieren,

bis der ganze Körper gesättigt ist – danach wird es nicht mehr nötig sein, es noch weiter physisch zu intonieren. Und ist auch der Geist gesättigt, braucht man es gar nicht mehr zu intonieren; er wird übervoll sein, es ist einfach kein Raum mehr dafür da.

Erst jetzt wird der tonlose Ton hörbar.

6. Kapitel

Das Verfeinern der inneren Haltungen

Man könnte meinen, es wäre ganz einfach, glücklichen Menschen freundlich zu begegnen. Genau das Gegenteil ist der Fall: Du wirst neidisch und unglücklich. Du magst zwar eine fröhliche Miene aufsetzen, aber das ist nur Fassade. Wenn jemand glücklich ist, was kommt dir dann als erstes in den Sinn? Es ist, als wäre dieses Glück dir weggenommen worden, als hätte der andere gewonnen und du verloren.

Glück jedoch ist kein Konkurrenzkampf. Wenn jemand glücklich ist, heißt das nicht, dass du nicht auch glücklich sein kannst – Glück ist nicht etwas, das von glücklichen Menschen verbraucht werden könnte.

Warum wirst du neidisch? Wenn einer reich ist, mag es für dich vielleicht schwerer werden, auch reich zu sein, weil die Menge irdischer Güter begrenzt ist. Wenn jemand materielle Macht hat, ist es für dich schwierig, selber auch welche zu bekommen, weil Macht Konkurrenzkampf ist. Aber Glück ist kein Konkurrenzkampf. Glück ist in einem unendlichen Ausmaß vorhanden. Niemand hat es je ausschöpfen können – da findet keinerlei Konkurrenzkampf statt. Warum also wirst du neidisch, wenn sich jemand glücklich fühlt?

Patanjali sagt: Wenn jemand glücklich ist, dann freut euch mit ihm, begegnet ihm freundlich. Damit öffnet auch ihr dem Glück eine Tür. Auf eine unmerkliche Weise beginnt ihr, sobald ihr einem Glücklichen freundlich begegnet, an seinem Glück teilzuhaben. Jetzt ist es auch euer Glück geworden – ganz plötzlich und unmittelbar. Glück ist nicht irgendeine Sache, nichts Materielles. Es ist nichts, woran jemand sich klammern könnte. Man kann daran teilhaben.

Wenn eine Blume aufblüht, kannst du daran teilhaben; wenn ein Vogel singt, kannst du daran teilhaben; wenn jemand glücklich ist, kannst du daran teilhaben. Und die Schönheit liegt darin, dass es nichts mit dem Teilen des anderen zu tun hat. Es hat mit deiner Anteilnahme zu tun.

Indem du glücklichen Menschen freundlich begegnest, stimmst du dich selbst auf das Glück ein. Sie blühen auf und dich stimmt das freundlich. Sie mögen überhaupt nicht freundlich sein, aber dies ist nicht deine Sache. Sie mögen dich nicht einmal kennen, das spielt keine Rolle. Wo auch immer sich Seligkeit zeigt, wo auch immer jemand „aufblüht", tanzt, fröhlich ist und lächelt, wo immer gejubelt wird – wenn du Anteil daran nimmst, strömt diese Freude in dich ein und niemand kann es verhindern. Und wenn du von Glück umgeben bist, fühlst du dich friedvoll.

Der Geist wird friedvoll, indem er sich befleißigt,
dem Glücklichen mit Freundlichkeit zu begegnen.

Auf glückliche Menschen reagiert ihr eifersüchtig – aus heimlicher Konkurrenz. Begegnet ihr glücklichen Menschen, entstehen in euch Minderwertigkeitsgefühle. Darum umgebt ihr euch lieber mit Leuten, die unglücklich sind. Denen könnt ihr dann mit Freundlichkeit begegnen, weil ihr euch ihnen überlegen fühlt.

Suche die Gesellschaft von Menschen, die höher stehen – „höher" im Sinne von Weisheit, von Glück, von Friedfertigkeit, Ruhe, Stille und Sammlung. Suche stets die Nähe zu Höherem; nur auf diese Art und Weise kannst du selbst höher kommen, die Täler hinter dich lassen und bis hinauf zu den Gipfeln gelangen. Suche immer die Gesellschaft der Glücklichen und du wirst dabei selber glücklicher werden. Sobald du dieses Geheimnis verstehst, sobald du weißt, wie man glücklich wird, wie man aus dem Glück anderer eine Situation machen kann, in der man selber auch glücklich wird, gibt es keine Schranke mehr. Ihr könnt dann so weit gehen, wie ihr wollt – ihr könnt zu einem Gott werden, für den es überhaupt kein Unglück mehr gibt.

Was bedeutet es, ein Gott zu sein? Ein Gott ist einer, der das Geheimnis gelernt hat, sich mit dem ganzen Universum, mit jeder Blume und mit jedem Fluss und mit jedem Felsen und jedem Stern glücklich zu fühlen; der eins geworden ist mit diesem unentwegten, ewigen Freudenfest, der feiert, der nicht erst nachfragt, was hier denn eigentlich gefeiert wird. Wo immer ein Fest gefeiert wird, nimmt er teil. Diese Kunst, am Glück teilzuhaben ist einer der Grundsteine, um glücklich zu sein. Dies ist der Weg.

Aber ihr habt immer nur genau das Gegenteil getan. Wenn jemand glücklich ist, geht ihr sofort in Schock: „Wie ist das möglich?! Wie kommt es, dass der glücklich geworden ist, und du bist es nicht? Das ist ungerecht. Die ganze Welt betrügt dich – und einen Gott gibt es nicht. Gäbe es einen Gott, wie wäre es möglich, dass ein anderer glücklich wird, du aber nicht? Und diese Leute im Glück – alles Ausbeuter, alles Schlauberger, alles Gauner. Sie leben von deinem Blut! Sie saugen ihr Glück anderen ab!"

Niemand saugt irgendwem sein Glück ab. Glück ist so beschaffen, dass es da nichts zu saugen gibt. Glück ist ein inneres Aufblühen, es kommt nicht von außen. Einfach nur indem ihr glücklich seid mit den Glücklichen, schafft ihr die Voraussetzungen dafür, dass sich in euch eine Blüte öffnet.

Man muss sehr klar zwischen Mitgefühl mit dem Unglücklichen und Freundlichkeit unterscheiden. Freundlichkeit heißt: Du willst mit dem anderen auf gleicher Stufe stehen, du willst dich nicht über deinen Freund erheben. Mitgefühl heißt: Der andere ist unter sein Niveau gesunken. Du möchtest ihm zwar wieder aufhelfen, aber möchtest nicht so sein wie er. Gern möchtest du ihm deine Hand reichen. Gern möchtest du ihn wieder auf die Beine stellen, ihn aufheitern. Gern möchtest du ihm helfen, so viel du nur kannst; aber du möchtest nicht so werden wie er; denn das wäre keine Hilfe.

Jemand weint herzzerreißend, und nun setzt du dich daneben und beginnst ebenfalls herzzerreißend zu weinen: Hilfst du ihm etwa damit? Inwiefern? Einer ist bereits unglücklich, und nun wirst du auch noch unglücklich – das soll ihm helfen? Damit verdoppelst du sein Unglück höchstens: Anfangs war nur einer allein unglücklich, jetzt sind schon zwei Leute unglücklich! Einem Unglücklichen Mitleid zu beweisen, ist nur ein Täuschungsmanöver.

Was empfindet man denn insgeheim, wenn man einem Unglücklichen mit Mitleid begegnet? – wohlgemerkt Mitleid, nicht Mitgefühl, denn das ist nicht dasselbe. Mitleid ist Betulichkeit. Wenn du einem niedergeschlagenen, traurigen, unglücklichen Menschen mit Mitleid und Betulichkeit begegnest, schenkt dir dies insgeheim Genugtuung; es verbirgt sich immer eine Strömung von Befriedigung darunter.

Nur zeigst du das nicht. Oder genauer gesagt: Du zeigst es sogar, man muss nur genauer hinschauen. Sogar deinem Mitleid ist noch eine Spur heimlicher Befriedigung anzumerken. Es macht dir ein angenehmes Gefühl. Ja, im Grunde erfreut es dich, dass nicht du es bist, der hier unglücklich ist, sondern, dass du Mitleid erweisen kannst – somit stehst du höher, du bist überlegen.

Mitgefühl ist etwas ganz anderes. Mitfühlen heißt: Du möchtest dem anderen helfen; du möchtest alles in deinen Kräften Stehende tun; du möchtest, dass der andere aus seinem Elend herauskommt. Es macht dich zwar nicht froh, aber unglücklich macht es dich auch nicht. Und genau zwischen diesen beiden Gefühlen liegt das Mitgefühl – ein Buddha ist voller Mitgefühl. Weder bemitleidet er dich, noch macht es ihn froh. Wie könnte es ihn freuen, wenn jemand unglücklich ist? Was er empfindet, ist Mitgefühl. Mitgefühl liegt also ganz genau dazwischen.

Mitgefühl heißt, dass einem daran gelegen ist, dir auf die Beine zu helfen. Er steht zu dir, das ist Mitgefühl, ist aber durchaus gegen dein Unglück. Er liebt nur dich, aber nicht dein Unglück. Er möchte dir auf eine höhere Stufe helfen, aber ohne dein Unglück.

Wenn du mitleidig wirst, beginnst du, das Unglück zu lieben – statt den Unglücklichen. Und sollte er sich dann plötzlich aufheitern und sagen: „Es ist alles wunderbar!", dann wärst du wie vor den Kopf gestoßen, weil du ihn nun nicht mehr bemitleiden kannst und ihm zeigen kannst, was für ein höheres, überlegenes und glückliches Wesen du bist!

Mach dich nie mit dem Unglück eines Unglücklichen gemein. Hilf ihm, da heraus zu finden. Mache niemals sein Unglück zum Gegenstand deiner Liebe, lass sein Unglück einfach links liegen. Wenn du dich dem Unglück zuwendest, machst du es zu einem Gegenstand deiner Liebe, du öffnest ihm deine Tür, das wird dich früher oder später selber unglücklich machen. Halte Abstand! Mitfühlen heißt Abstand halten. Biete dem Unglücklichen eine helfende Hand, aber halte Abstand zum Unglück – sei weder unglücklich noch froh damit.

Der Geist wird friedvoll, indem er sich befleißigt,
dem Guten mit Freude und
dem Bösen mit Gleichmut zu begegnen.

Wenn du fühlst, es mit einem guten und freudigen Menschen zu tun zu haben, ist die übliche Reaktion, dass dies nur Fassade sein könne. Wie könnte jemand besser sein als du? Deswegen gibt es so viel kritische Einstellungen. Wann immer ein guter Mensch auftritt, hast du sofort etwas an ihm auszusetzen. Irgendwie musst du ihn klein machen: „Was soll an dem schon gut sein?!"

Patanjali spricht deshalb von „Freude mit den Guten", weil du im Grunde mit deiner Kritik an einem guten Menschen das Gutsein an sich kritisierst. Wenn du gute Menschen kritisierst, bist du bald an dem Punkt, wo für dich jegliches Gutsein auf dieser Welt ausgeschlossen ist. Dann bist du zufrieden. So kannst du auf deinem Weg der Negativität verharren. „Es ist ja sowieso kein Mensch gut – alle sind genau wie ich, wenn nicht gar schlimmer!" Deshalb wird überall so viel verdammt, kritisiert, heruntergemacht.

Jemand braucht nur zu sagen: „Was für ein wunderbarer Mensch!", du findest sofort etwas auszusetzen. Du kannst es nicht hinnehmen – denn wenn ein anderer gut ist, du aber nicht, wird dein Ego durchgerüttelt und du bekommst Anwandlungen wie: „Ich muss mich ändern!“ – was eine ungeheure Anstrengung ist.

Da ist es leichter zu verdammen, leichter zu kritisieren, leichter zu sagen: „Ausgeschlossen! Beweise! Was sagst du da?! Beleg erst, inwiefern der gut ist!“ Aber Gutsein ist schwer zu belegen.

Einer der großen russischen Erzähler heißt Turgenjew. Von ihm stammt folgende Geschichte: In einer kleinen Stadt lebt ein Mann, den alle für dumm halten – was er auch ist. Und die ganze Stadt lacht ihn aus. Er ist der Dorfidiot, und das ganze Dorf ergötzt sich an seinen Narrheiten. Aber irgendwann hat er seine Narrenrolle satt und so fragt er einen Weisen um Rat: „Was soll ich nur tun?“

Der Weise sagte: „Gar nichts! Bis auf eines: Jedes Mal, wenn jemand gelobt wird, dann mach ihn runter. Sobald die Leute sagen: ‚Der-und-der ist ein Heiliger‘, sagst du sofort: ‚Ach was! Ich weiß genau, was für ein Sünder er ist.‘ Oder wenn jemand sagt: ‚Das-und-das Buch ist ein ganz großer Roman!‘ sagst du sofort: ‚Ich hab's gelesen und genau studiert… ‘ Kümmere dich nicht, ob es stimmt oder nicht, sondern sag einfach: ‚Alles dummes Zeug!‘ Wenn jemand sagt: ‚Das-und-das Gemälde gehört zu den größten Kunstwerken der Welt!‘, sagst du einfach: ‚Was soll da schon groß dran sein? Das bisschen Leinwand und Gekleckse! Jedes Kind könnte das!‘ Kritisiere, sag' nein, verlange Beweise, und in sieben Tagen sprechen wir uns wieder!“

Binnen einer Woche hatten alle Einwohner das Gefühl, ein Genie weile unter ihnen: „Wir hatten ja keine Ahnung von seinen Talenten! Das ist ja ein Universalgenie! Man zeige ihm ein Gemälde und sofort pickt er die Fehler raus. Man lege ihm ein großes Buch vor und er verweist auf die Schwachstellen. Was für ein selten kritischer Geist! Ein Analytiker! Ein Genie!"

Am siebten Tag ging er wieder zu dem Weisen und sagte: „Deine guten Ratschläge kannst du für dich behalten. Du bist ein Idiot!"

Bisher hatte die ganze Stadt große Stücke auf diesen Weisen gehalten, aber nun plötzlich waren sich alle einig: „Unser Genie hat diesen Kerl als Idiot entlarvt. Also muss er auch einer sein!"

Das Negative glauben die Leute sofort, denn ein Nein zu widerlegen ist sehr schwer – wie geht man so etwas an? Das Negative wird deshalb so leicht und so schnell geglaubt, weil es deinem Ego schmeichelt. Dem Positiven verweigert man sich.

Alles Gute lässt sich sehr leicht verneinen. Aber damit fügt man nicht dem guten Menschen, sondern sich selbst Schaden zu – man verhält sich selbstzerstörerisch. Tatsächlich begeht man auf diese Art langsamen Selbstmord, man vergiftet sich selbst.

Wenn man sagt: „Der-und-der ist nicht gut, die-und-die ist nicht gut!" – was richtet man damit an? Man stellt damit ein Klima her, in dem jegliches Gutsein für ausgeschlossen gilt. Und wenn Gutsein nicht möglich ist, braucht man sich gar nicht erst darum zu bemühen. Dann stürzt man ab. Dann macht man es sich dort bequem, wo man gerade ist. Jedes Weiterwachsen wird unmöglich. Wer würde es sich auch nicht gern bequem machen? Und so richtet man sich im Elend ein – denn da genau bist du schon.

Verdammt nicht einmal das Böse! Die Tendenz dazu ist da, weil ihr ja schon das Gute verdammt. Und da sagt Patanjali: „Verdammt das Böse nicht!" Warum? Weil er sich in der Dynamik eures Denkens genau auskennt. Weil ihr, wenn ihr das Böse zu sehr verdammt, dem Bösen damit zu viel Beachtung schenkt und ihr euch mit der Zeit auf es einstellt. Wenn ihr immerzu sagt: „Dieses ist falsch, jenes ist falsch!", schenkt ihr damit dem Bösen zu viel Beachtung, ihr werdet süchtig danach. Worauf auch immer ihr eure Aufmerksamkeit richtet – es wird euch hypnotisieren. Diese Hypnose wird den Kurs eures Lebens bestimmen.

Sei gleichmütig dem Bösen gegenüber. Gleichmut bedeutet nicht Apathie. Da gilt es genau zu unterscheiden. Damit ist nicht gesagt, dass du die Augen davor schließen sollst; auch wenn du die Augen schließt, nimmst du noch einen Standpunkt ein. Gemeint ist also nicht, „lasse es dir gleichgültig sein"'– denn auch darin steckt eine subtile Verurteilung. Gleichmut ist eine Wahrnehmung jenseits des Wahrgenommenen, so als ob dieses bedeutungslos wäre, überhaupt nicht existieren würde.

Upeksha – das Wort, das Patanjali hier benutzt – ist wunderschön. Es besagt: weder Apathie noch Feindseligkeit noch Flucht, sondern einfach nur Gleichmut, ohne Einstellung, erinnere dich, ohne Einstellung; denn Gleichmut kann man auch mit einer Einstellung haben. Man kann etwa denken: „Es lohnt nicht – ich brauch da erst gar keinen Gedanken drauf zu verschwenden!" Nein – damit beziehst du Stellung und es verbirgt sich eine subtile Verurteilung darin. „Gleichmut" heißt einfach: „Wer bin ich, hier zu entscheiden, zu urteilen?" Du denkst von dir: „Wer bist du denn? Wie willst du denn entscheiden, was gut und was böse ist? Wer kann das wissen?" Das Leben ist so vielschichtig – Böses wird gut, Gutes wird böse, alles ändert sich ständig. Es sind Sünder bekannt, die zum Höchsten fanden; ebenso wie Heilige, die im Bösen landeten. Wer also weiß? Und wer bist du? Wer hat dich um deine Meinung gebeten? Kümmere dich um dich selber! Wenn du auch nur das schaffst, hast du schon genug geleistet. Werde du nur immer umsichtiger und bewusster, dann gesellt sich dir der Gleichmut ganz von selber zu – ohne jede Einstellung.

Dazu folgende Geschichte:

Bevor Vivekananda nach Amerika fuhr und weltberühmt wurde, war er zu Gast im Palast des Maharaja von Jaipur. Der Maharaja liebte Vivekananda und dessen Meister Ramakrishna. Als Vivekananda in seinem Palast eintraf, veranstaltete der Maharaja ein Riesenfest. Er lud Tempelprostituierte ein, die beim Empfang singen und tanzen sollten. Maharajas können nicht anders, sie leben in ihrer eigenen Welt. Woran er aber nicht gedacht hatte: dass es unpassend war, einen Sannyasin mit Prostituierten-Gesang und Prostituierten-Tänzen zu empfangen. Aber er kannte es eben nicht anders. Er kannte nur so viel: Wenn man jemanden empfängt, muss man ein Gelage mit Tanz veranstalten. Und Vivekananda war noch nicht ausgereift; er war noch kein reifer Sannyasin. Wäre er einer gewesen, hätte da Gleichmut bestanden, dann hätte es kein Problem gegeben, aber er war noch nicht gleichmütig.

So tief hatte er sich nicht auf Patanjali eingelassen. Er war ein junger Mann und zwar ein sehr repressiver, der seine sexuelle Energie verdrängte. Als er die Prostituierten sah, verschloss er sich einfach in seinem Zimmer und wollte nicht rauskommen. Der Maharaja kam und bat ihn um

Vergebung; er sagte: „Wir haben keine Ahnung, wir haben hier noch nie einen Sannyasin empfangen. Wir empfangen immer nur Könige und damit kennen wir uns aus! Es tut uns also leid. Aber jetzt wäre es doch zu demütigend, unten wartet die berühmteste Tempelhure des ganzen Landes – sehr kostspielig. Und wir haben bezahlt; wie ihr nun sagen, sie solle gehen – das wäre sehr demütigend für sie. Komm also mit!"

Aber Vivekananda hatte Angst und wollte nicht kommen. Darum sage ich, dass er noch unreif war, noch kein reifer Sannyasin – es mangelte ihm noch am nötigen Gleichmut …

Er verurteilte noch: „Was, eine Prostituierte?!" Er war völlig aufgebracht und sagte: „Nein!" Da fing die Prostituierte auch ohne ihn an zu singen. Und sie sang von einem Heiligen – ein wunderschönes Lied. Es geht etwa so: „Ich weiß, dass ich deiner nicht würdig bin, aber hättest du nicht ein wenig mehr Mitgefühl aufbringen können? Ich bin wie Abfall, ich weiß wohl. Aber du brauchst mir darum doch nicht wehzutun! Ich bin niemand – unwissend, eine Sünderin. Aber du bist doch ein Heiliger – warum hast du Angst vor mir?"

Es heißt, dass Vivekananda von seinem Zimmer aus zuhörte. Die Prostituierte weinte beim Singen und plötzlich wurde ihm klar, was er da angerichtet hatte. Wie unreif von ihm, wie kindisch! Wovor hatte er Angst? Angst kommt nur auf, wenn du dich angezogen fühlst! Du wirst immer Angst vor Frauen haben, wenn du dich zu ihnen hingezogen fühlst. Wenn du keine Anziehung verspürst, verschwindet die Angst. Wovor denn Angst? Ein gewisser Gleichmut stellt sich ein, ohne jede Feindseligkeit. Er machte die Tür auf, er konnte sich nicht mehr verschließen.

Die Prostituierte hatte ihn übertroffen! Die Prostituierte hatte gesiegt, er musste sich einfach zeigen. Er kam und ließ sich nieder und später schrieb er in sein Tagebuch: „Das Göttliche hat mir eine neue Offenbarung geschenkt. Ich hatte Angst … also muss noch Wollust in mir sein. Darum bekam ich Angst! Aber die Frau hat mich völlig besiegt, noch nie habe ich eine so reine Seele gesehen. Ihre Tränen waren so unschuldig, und ihr Singen und Tanzen war so heilig – und das hätte ich mir entgehen lassen! Aber in ihrer Nähe sitzend, wurde mir zum ersten Male bewusst, dass es nicht darauf ankommt, wer außen ist, sondern darauf, was innen ist." An jenem Abend schrieb er in sein Tagebuch: „Jetzt könnte ich mit dieser Frau sogar in einem Bett schlafen und hätte nichts zu befürchten." Ein Ramakrishna hatte ihm nicht dazu verhelfen können, wohl aber eine Prostituierte! Niemand kann also wissen, von woher die Hilfe kommen wird. Niemand weiß, was das Böse und das Gute ist. Wer sollte das entscheiden?

Der Verstand ist impotent und hilflos. Bezieht also keinerlei Stellung – das ist es, was mit „Gleichmut" gemeint ist. Wenn dir dies gelingt – also glücklich zu sein mit glücklichen Menschen, mitfühlend mit den Unglücklichen, froh mit den Guten, gleichmütig mit den Bösen – wenn dir dies gelingt, dann wirst du über diese Transformation des Mindes zum Überbewusstsein kommen. Wenn du es nicht schaffst – denn es ist nicht leicht – dann gibt es noch andere Wege. Lass dich nicht entmutigen. Patanjali bietet noch andere Alternativen an.

Der Mind kommt auch dann zur Ruhe,
wenn du abwechselnd ausatmest und den Atem zurückhältst.

Der Weg, den wir bisher besprachen, führt durch den Geist – der erste Weg. Der zweite geht vom Körper aus. Atmen und Mind hängen tief miteinander zusammen, als wären sie zwei Pole von ein und demselben. Manchmal könnt ihr, wenn ihr ein wenig acht gebt selber feststellen, dass sich jedes Mal, wenn sich im Mind etwas ändert, auch das Atmen ändert.

Zum Beispiel: ihr werdet wütend! Sofort ändert sich der Atem, er bekommt eine andere Qualität, er wird ungleichmäßig. Seid ihr leidenschaftlich, von Wollust und Sexualität beherrscht, verändert sich das Atmen, es wird fiebrig und unruhig. Wenn ihr ganz still seid und überhaupt nichts tut, euch einfach entspannt fühlt, bekommt euer Atem wiederum einen anderen Rhythmus.

Patanjali sagt: Wenn ihr genau aufpasst, könnt ihr herausfinden, wie ihr atmet und wie eure Art zu atmen, euer persönlicher Rhythmus bestimmte geistige Zustände herbeiführt. Wenn ihr freundlich gesinnt seid, feindselig oder wütend, jedes Mal geht euer Atem anders. Ändert also entweder euren Zustand und dann ändert sich auch das Atmen, oder ihr könnt es auch umgekehrt angehen: Ändert euer Atmen und der Mind wird sich ändern. Ändert den Rhythmus des Atmens und augenblicklich wird sich eure Befindlichkeit ändern!

Wenn ihr frohgemut seid – still, freudig, dann achtet auf den Rhythmus eures Atmens. Wenn ihr dann das nächste Mal wütend werdet, lasst ihr einfach nicht zu, dass sich der Atem ändert, atmet so, als ob ihr frohgemut wäret. Wut ist dann unmöglich, weil erst das Atmen die Situation für sie herstellt. Das Atmen übt Druck auf diejenigen Drüsen im Inneren des Körpers aus, die die nötigen Chemikalien ins

Blut entlassen. Dies ist der Grund, warum ihr rot werdet, wenn Wut aufkommt: Bestimmte Chemikalien sind ins Blut gedrungen und ihr fangt an zu fiebern, eure Temperatur steigt. Der Körper macht sich bereit, entweder zu kämpfen oder zu fliehen, der Körper ist in Alarmbereitschaft. Diese Veränderung entsteht durch heftiges Atmen.

Lass also eine solche Veränderung des Atmens nicht zu. Atme hingegen in jenem Rhythmus, der dir aus deiner Ruhe und inneren Gelassenheit vertraut ist. Dann wirst du merken, dass es unmöglich ist, wütend zu werden. Wenn du fühlst, dass Leidenschaft, Wollust und Sexualität von dir Besitz ergreifen, dann atme so, als ob du ruhig wärest. Du wirst sehen und fühlen, wie sich deine Fixierung auf Sexualität auflöst.

Wann immer ihr merkt, dass euer Geist unruhig ist – verspannt, besorgt, geschwätzig, verängstigt, in Träumereien verstrickt – , dann atmet zunächst tief aus. Fangt immer mit dem Ausatmen an. Atmet tief aus – so tief ihr nur könnt. Mit dem Ausatmen werden auch eure Stimmungen ausgeatmet. Denn Atmen ist alles. Atmet aus, so tief ihr nur könnt. Zieht den Bauch ein und haltet ein paar Sekunden inne – ohne einzuatmen. Dann lasst den Körper wieder Luft holen. Holt tief Luft – so viel ihr nur könnt! Haltet den Atem an – drei Sekunden lang. Dann stoßt ihn aus und haltet wieder drei Sekunden lang inne. Holt Luft; haltet sie drei Sekunden lang. Macht einen Rhythmus daraus: Ausatmen – innehalten, einatmen – innehalten, ausatmen – innehalten, einatmen – innehalten, ausatmen.

Augenblicklich werdet ihr spüren, wie sich in eurem ganzen Dasein eine Veränderung breitmacht: Die Stimmung ist vorbei! Ein neues Klima ist in euch entstanden.

Woher kommt das? Warum ist das so? Aus vielen Gründen: Erstens wird, wenn ihr mit diesem Rhythmus anfangt, euer Geist völlig abgelenkt. Ihr könnt gar nicht wütend werden, weil jetzt etwas Neues eingesetzt hat, und euer Geist nicht mit zweierlei fertig wird.

Er ist jetzt mit Ausatmen, Einatmen, Innehalten beschäftigt – mit dem Herstellen eines Rhythmus. Ihr seid vollständig darin vertieft; die Kooperation mit der Wut ist gebrochen; das ist das Eine. Dieses Aus- und Einatmen reinigt den ganzen Körper. Wenn ihr ausatmet und dann drei oder fünf Sekunden lang innehaltet – so lange wie ihr wollt, so lange wie ihr könnt, was passiert innerlich? Der ganze Körper leitet alles, was Gift für ihn ist, ins Blut. Jetzt ist die Luft draußen und der Körper bekommt eine Atempause. In dieser Pause werden alle Gifte ausgeschieden.

In dieser Pause entsteht eine Lücke, eine Leere. In diese Leere strömt alles ein und füllt sie. Dann atmet ihr wieder tief ein und haltet inne. Die Gifte vermischen sich mit der Atemluft – und dann atmet ihr wieder aus und werft sie raus. Wieder Pause. Lasst die Gifte sich sammeln. Auf die Weise könnt ihr sie loswerden.

Yoga hat diese entscheidende Entdeckung gemacht, dass das Atmen tiefer geht als das Denken. Wenn man sein Atmen ändert, ändert man sein Denken. Und kennst du erst einmal diesen Schlüssel, dann kannst du jedes Klima herstellen, das du haben willst – es liegt an dir.

Erarbeite dein Atemmuster und du wirst den Geheimschlüssel finden, wie du deinen inneren Zustand, deine Stimmungen verändern kannst! Wenn ihr das Ganze von beiden Seiten her angeht, das wäre noch besser. Versucht, den Glücklichen freundlich zu begegnen und den Bösen mit Gleichmut und versucht gleichzeitig eure Atemmuster zu verändern, so werdet ihr zu außergewöhnlichen Sinneswahrnehmungen kommen.

7. Kapitel

Die spontane Meisterschaft über den Verstand

Was ist der Mind? Der Mind ist kein Ding, sondern ein Vorgang. Ein Ding hat etwas Substanzielles an sich, ein Vorgang ist Bewegung. Ein Ding ist wie der Fels, ein Vorgang wie die Welle; er ist etwas, das sich zwischen Wind und Meer abspielt – ein Prozess, eine Erscheinung.

Dies gilt es als erstes zu verstehen: Der Mind ist eine Bewegung, wie eine Welle oder ein Fluss, er hat nichts Substanzielles an sich. Hätte er Substanz, wäre er unauflösbar. Hat er keine Substanz, dann kann er verschwinden, ohne die geringste Spur zu hinterlassen. Wenn eine Welle sich im Meer auflöst – was bleibt zurück? Nichts, nicht einmal eine Spur. Also sagen alle, die je erkannt haben, der Mind sei wie ein Vogel im Fluge – er hinterlasse keinerlei Spuren, er verschwinde spurlos. Der Vogel fliegt, lässt aber keine Bahn, keine Spuren zurück. Den Verstand gibt es nicht, es gibt nur Gedanken – sie sind so schnell, dass man fest davon überzeugt ist, da würde es etwas Zusammenhängendes geben. Erst kommt ein Gedanke, dann kommt ein zweiter, dann noch einer und so weiter und so fort. Der Abstand ist so winzig, dass man die Lücke zwischen dem ersten und dem zweiten Gedanken nicht erkennen kann. So verschmelzen zwei Gedanken und bilden einen Zusammenhang.

Und aufgrund dieses Zusammenhanges glaubst du dann, es würde so etwas wie „Verstand“ existieren. So wie es Elektronen gibt, aber keine Materie, so gibt es Gedanken, aber keinen Verstand.

Wenn es den Verstand nicht gibt, wohl aber die Gedanken, dann entfallen viele Probleme auf einen Schlag. Zunächst erkennst du, dass die Gedanken wie Wolken sind. Sie kommen und gehen – du selbst aber bist wie der Himmel. Wenn es den Verstand nicht gibt, wird dir unmittelbar klar, dass du nichts mit deinen Gedanken zu schaffen hast. Sie sind da, ziehen aber durch dich hindurch, so wie Wolken den Himmel durchziehen, nichts stellt sich ihnen in den Weg. Da ist kein Hindernis, das sie abhielte. Dein Himmel ist das grenzenlos Offene; Gedanken kommen und gehen. Sobald du ein Gespür dafür bekommst, dass die Gedanken kommen und gehen, du aber der Augenzeuge bist, können sie dir nichts mehr anhaben.

Der Verstand lässt sich nicht kontrollieren. Wie will man etwas kontrollieren, das es gar nicht gibt? Wer soll ihn kontrollieren? Jenseits des Verstandes ist niemand da und wenn ich sage niemand, heißt dies, dass jenseits des Verstandes grundsätzlich niemand existiert – reine Leere. Würde da jemand den Verstand kontrollieren, dann übte da nur ein Teil, ein Stück des Verstandes über ein anderes Stück des Verstandes die Herrschaft aus. Und genau das ist das Ego. Auf diese Art lässt sich der Verstand nicht beherrschen. Er existiert nicht und es gibt auch niemanden, um ihn zu kontrollieren. Die innere Leere kann sehen, aber nicht beherrschen. Sie kann schauen, aber nicht kontrollieren. Dieses Schauen, dieses Phänomen des Beobachtens, des Zeugeseins ist die Kontrolle, weil sich dadurch der Verstand auflöst.

Das ist etwa so, als würdest du in finsterer Nacht eilig vor jemandem wegrennen, der dich verfolgt. Dieser Jemand ist aber nichts anderes als dein eigener Schatten. Und je schneller du rennst, desto näher ist dir der Schatten. Egal wie schnell du rennst, der Schatten ist da. Kaum drehst du dich um, ist der Schatten da. Auf die Art kannst du ihm nicht entrinnen und auf die Art bringst du ihn nicht unter Kontrolle. Du wirst dir diesen Schatten genauer anschauen müssen: Bleib stehen und prüfe den Schatten, und der Schatten verschwindet! Weil er nicht ist.

Er ist nichts weiter als die Abwesenheit von Licht. Dein „Verstand" ist nichts weiter als die Abwesenheit deiner Anwesenheit. Wenn du dich still hinsetzt und deinem Verstand bis auf den Grund schaust, verschwindet er einfach. Die Gedanken werden nach wie vor da sein – sie gibt es also, aber „den Verstand" wirst du nirgends finden.

Wenn du siehst, dass es den Verstand nicht gibt, wird eine zweite Einsicht möglich. Du kannst erkennen, dass deine Gedanken nicht deine sind! Natürlich, sie kommen und manchmal verweilen sie eine Zeitlang in dir, aber dann gehen sie wieder. Du magst ihnen Raststätte sein, aber sie haben ihren Ursprung nicht in deinem Inneren. Hast du jemals beobachtet, dass kein einziger deiner Gedanken aus dir kommt? Kein einziger Gedanke entstammt deinem Dasein. Du hast sie alle von außen. Sie gehören dir nicht. Entwurzelt, heimatlos schweifen sie herum. Manchmal halten sie Rast in dir, mehr aber auch nicht – eine Wolke, die auf einem Berggipfel ausruht. Später ziehen sie ganz von selber weiter; man braucht überhaupt nichts zu tun. Indem du dir der Gedanken bewusst bist, wird Kontrolle über sie möglich.

Das Wort Kontrolle taugt nicht viel – wie Wörter ohnehin nicht viel taugen. Wörter gehören zur Gedankenwelt. Wörter können nicht weit in die Tiefe dringen; sie sind flach. Das Wort Kontrolle trifft deswegen nicht, weil da gar niemand ist, der kontrolliert und niemand, der kontrolliert wird. Aber andeutungsweise hilft es, etwas zu verstehen, das tatsächlich passiert, nämlich, dass du nicht mehr auf die Gedankenwelt festgelegt bist. Plötzlich ist Freiheit da: Gedanken sind da, aber sie beherrschen dich nicht. Sie kommen und sie gehen. Du bleibst unberührt, ganz wie ein Lotus im Regen: Es fallen zwar Wassertropfen auf seine Blätter, aber sie gleiten immerzu ab, ohne an den Blättern zu haften. Der Lotus bleibt unberührt.

Aus diesem Grunde ist der Lotus das bedeutendste Symbol in der Wissenschaft des östlichen Bewusstseins: „Sei wie ein Lotus. Bleib unberührt und du bist unerreichbar. Bleib unberührt und du bist der Meister."

Der ganze Yoga ist nichts anderes als ein Zentrierungsvorgang, sich hin zur Mitte zu bewegen, dort Wurzeln zu schlagen und dort zu verweilen. Und von dort aus verändert sich die gesamte Perspektive. Die Gedanken mögen weiterhin wie Wellen da sein, aber sie erreichen dich nicht mehr. Jetzt kannst du sehen, dass sie nicht zu dir gehören, dass sich da nur ein Konflikt an der Oberfläche mit etwas Fremdem abspielt. Und wenn du von der Mitte aus zuschaust, hört der Kampf nach und nach auf, nach und nach kannst du dich entspannen. Nach und nach akzeptierst du, dass dort ein starker Wind mit hohem Seegang vor sich geht, aber dich regt dies nicht mehr auf, und wenn du dir keine Sorgen mehr machst, kannst du dich sogar an diesem Schauspiel erfreuen. Es ist nichts Schlimmes dabei!

Das Problem rührt daher, dass ihr euch selbst an der Oberfläche aufhaltet. Ihr sitzt in einem kleinen Boot auf dem Wasser inmitten von Orkan und Sturmflut und rings um euch her tobt das Meer. Natürlich habt ihr da Angst, fürchtet ihr euch zu Tode! Ihr seid in Seenot! Jeden Moment können die Wellen euer Boot umkippen, jeden Augenblick droht der Tod! Was könnt ihr schon mit eurem winzigen Boot ausrichten? Welche Kontrolle habt ihr da? Wenn ihr mit den Wellen zu kämpfen anfangt, werden sie euch besiegen. Kämpfen hat keinen Zweck. Ihr werdet die Wellen hinnehmen müssen. Tatsächlich werdet ihr im gleichen Augenblick, da ihr die Wellen akzeptieren könnt und euer Boot, so klein es auch ist, einfach den Wellen überlasst, außer Gefahr sein.

Im Bewusstsein zentriert zu sein – dies ist die spontane Meisterschaft über den Verstand! Versuche also nicht, deinen Geist zu kontrollieren. Die Sprache kann dich in die Irre führen. Niemand kann hier Kontrolle ausüben; wer es dennoch versucht, der wird verrückt werden. Seinen Verstand kontrollieren zu wollen, kann nur heißen, dass der eine Teil des Verstandes den anderen Teil des Verstandes bezwingen möchte.

Wer bist du, der da kontrollieren möchte? Auch wieder nur ein Gedanke, eine Welle – natürlich eine heilige Welle, die alles kontrollieren möchte. Denn es gibt so viele sündige Wellen. Da ist Sex und da ist Wut, und da sind Eifersucht und die Besitzgier und der Hass und zigtausend andere unheilige Wellen. Und dann gibt es heilige Wellen: Meditation, Liebe, Mitgefühl. Aber all dies spielt sich an der Oberfläche ab. Und an der Oberfläche gibt es zwischen heilig und unheilig keinen Unterschied.

Nichts ist also verkehrt mit dem Verstand, nichts ist verkehrt mit den Gedanken. Wenn etwas verkehrt ist, dann ist es, an der Oberfläche zu bleiben, denn dann kennst du nicht das Ganze und leidest unnötigerweise wegen des Teils und der bruchstückhaften Wahrnehmung. Es bedarf einer ganzheitlichen Wahrnehmung und das ist nur vom Zentrum aus möglich. So betrachtet ist der Verstand wie Staub, der sich auf den Kleidern eines Reisenden ansammelt. Und du bist gereist und gereist, Millionen Leben lang. Eine Menge Staub hat sich angesammelt – nichts ist falsch daran; es muss so sein – Schichten von Staub, aber du verwechselst diese Schichten mit dir selbst. Du hast so lange mit diesen Staubschichten gelebt, dass du sie wie deine eigene Haut empfindest, du hast dich identifiziert. Aber es ist unnötig, sich mit dem Staub zu identifizieren, du gerätst damit nur in Schwierigkeiten.

Wie die Erinnerungen loswerden? Sie sind dir immer auf den Fersen. Wer bist du außer deinen Erinnerungen? Wenn ich dich frage: „Wer bist du?“ nennst du mir deinen Namen. Das ist deine Erinnerung. Deine Eltern haben dir diesen Namen vor einiger Zeit gegeben. Ich frage dich: „Wer bist du?“ und du erzählst von deiner Familie, deinem Vater, deiner Mutter. Das ist Erinnerung. Ich frage dich: „Wer bist du?“ und du erzählst mir von deiner Ausbildung, von deinen Abschlüssen, das ist Erinnerung.

Wenn du wirklich in dich hineinschaust, wenn ich dich frage: „Wer bist du?“ kann deine einzige Antwort „Ich weiß nicht“ sein. Was auch immer du sagen wirst, es ist Erinnerung. Die einzige wirklich authentische Antwort kann nur sein: „Ich weiß nicht.“ Wenn die gesamte Erinnerung, wenn die gesamte Sprache aufgegeben wird, dann kann nicht gesagt werden, wer ich bin. Die Antwort kann nicht durch Worte gegeben werden, denn was auch immer durch Worte gegeben ist, wird Teil der Erinnerung sein.

Diejenigen, die wissen, hüllen sich deswegen in Schweigen. Wenn die gesamte Erinnerung, wenn die gesamte Sprache aufgegeben ist, dann kann nicht gesagt werden, wer ich bin. Ich kann in dich hineinsehen, ich kann dir ein Zeichen geben; ich kann mit meinem gesamten Sein mit dir sein – das ist meine Antwort. Aber die Antwort kann nicht durch Worte gegeben werden, denn was auch immer durch Worte gegeben ist, wird Teil der Erinnerung sein, nicht der Bewusstheit.

Wie also die Erinnerungen loswerden? Werde zum Zeugen. Mache es dir bewusst: „Das ist mit mir passiert, aber das bin nicht ich." Natürlich wurdest du in eine bestimmte Familie hineingeboren, aber das bist nicht du; es ist mit dir passiert, ein Geschehen außerhalb von dir. Natürlich hat dir jemand einen Namen gegeben. Er hat seine Nützlichkeit, aber du bist nicht der Name. Natürlich, du hast eine Form, aber du bist nicht die Form. Die Form ist einfach das Haus, in dem du nun mal bist. Die Form ist einfach der Körper, in dem du nun mal bist. Und der Körper ist dir von deinen Eltern gegeben. Er ist ein Geschenk, aber nicht du.

Beobachte und unterscheide. Im Osten spricht man von *viveka* – Unterscheidung. Ein fortwährendes Unterscheiden – es kommt ein Moment, in dem du alles ausgeschlossen hast, was du nicht bist. Auf einmal, erblickst du in diesem Zustand zum ersten Mal dich selbst, du begegnest deinem eigenen Sein. Trenne dich von allen Identitäten, die du nicht bist: von der Familie, vom Körper, vom Verstand.

In dieser Leere, wenn du alles, was du nicht bist, hinausgeworfen hast, taucht auf einmal dein Sein auf. Wenn die Stille vollkommen ist, bist du in deiner Mitte und du schaust nur noch allem zu, was geschieht. Die Vögel zwitschern, du nimmst ihren Gesang wahr; der Verkehrslärm dringt von der Straße herein und du hörst ihn.

Ähnlich ist auch dein innerer Gedankenlärm da – Wörter, Gedanken, das innere Geschwätz. Du kannst zwar sehr wohl diesen Verkehr hören, sitzt aber nur still da und rührst keinen Finger. Ein subtiles Unbeteiligtsein! Du schaust einfach unbeteiligt zu. Es kümmert dich nicht – ob Gedanken kommen oder nicht – es bleibt für dich gleich. Du verfolgst keine Interessen, ergreifst nicht Partei, weder dafür noch dagegen. Du sitzt einfach da und das Gedankenkarussell bewegt sich. Wenn du unbeteiligt dasitzen kannst – es ist nicht einfach und es wird Zeit erfordern – aber wenn du einmal den Zugang zum Unbeteiligtsein entdeckt hast, weißt du ganz plötzlich. Es ist keine Technik, sondern ein spontaner Zugang.

Eine Technik ist erlernbar; ein spontaner Zugang dagegen nicht. Eine Technik lässt sich beibringen, ein Zugang lässt sich nicht beibringen. Setz dich hin und spüre. Eines Tages, im richtigen Augenblick, wenn du still bist, weißt du plötzlich, wie es passiert ist – weil du unbeteiligt geworden bist! Und wenn es auch nur eine Sekunde gewesen sein mag: Dort draußen war der Verkehr, du aber warst unbeteiligt, und plötzlich war ein riesiger Abstand da zwischen dir und deinem Gedankenstrom. Dein Verstand befand sich ganz am anderen Ende der Welt! An dieser Entfernung kannst du erkennen, dass du in dem Augenblick in deiner Mitte warst. Und hast du erst einmal diesen Zugang kennengelernt, dann kannst du dich jederzeit und überall in deine Mitte begeben. Du lässt dich nach innen fallen, und sofort ist rings um dich ein Unbeteiligtsein, grenzenlos. In diesem Unbeteiligtsein kann dir dein Verstand nichts mehr anhaben. Jetzt bist du!

Dieses Unbeteiligtsein lässt dich zum Meister werden, so ist der Verstand unter Kontrolle. Und was geschieht dann? Sobald du in deiner Mitte bist, ist die Verwirrung des Verstandes verflogen. Verwirrt ist er nur solange, solange du an der Peripherie bleibst.

Nicht durch den Verstand kommt es zur Verwirrung, sondern dadurch, dass du dich an der Peripherie aufhältst. Je mehr du dich deiner Mitte näherst, wirst du sehen, wie sich die Verwirrungen deines Verstandes auflösen.

Der Verstand wird wie ein reiner Kristall.

All die Unruhe, die verwirrenden, kreuz und quer verlaufenden Gedankenströme – all das legt sich jetzt plötzlich. Es ist nicht leicht zu verstehen, dass die ganze Verwirrung deswegen zustande kommt, weil du dich an der Peripherie aufhältst. Du versuchst, die Verwirrung zu beheben, indem du dich an die Peripherie klammerst!

Folgende kleine Anekdote aus Buddhas Leben erzähle ich immer wieder gern: Buddha zieht eine Landstraße entlang, es ist Mittag und sehr heiß und er hat Durst. So bittet er seinen Schüler Ananda: „Kehr bitte um. Vor zwei, drei Meilen haben wir einen Bach überquert – hole mir bitte etwas Wasser."

Buddha macht Rast unter einem Baum, während Ananda zu dem Bach zurückgeht. Aber jetzt wird es schwierig:

inzwischen waren ein paar Ochsenkarren durch den Bach gefahren. Der Bach ist nicht tief und nicht breit, und nun ist das Wasser des Baches wegen der Ochsenkarren völlig schmutzig geworden. Der ganze Boden ist aufgewirbelt – lauter modriges Laub und aller möglicher Schmutz. So ist das Wasser nicht genießbar! Ananda macht nun dasselbe, was ihr auch versucht hättet: Er watet in den Bach und will den Schmutz dazu bringen, sich wieder zu legen, damit das Wasser wieder sauber wird. Aber damit macht er es nur noch trüber. Was also tun?

Er ging zurück und sagte: „Das Wasser dort ist nicht trinkbar. Aber ich kenne einen Fluss, gar nicht weit von hier, da will ich dir Wasser holen." Aber Buddha wollte es anders; er beharrte: „Geh wieder zurück. Ich möchte Wasser aus diesem Bach."

Wenn Buddha auf etwas besteht, was kann Ananda dann machen? Widerstrebend ging er zurück. Dort angekommen, fiel es ihm plötzlich wie Schuppen von den Augen: Inzwischen hatte sich der meiste Schmutz schon wieder gelegt – ohne dass irgendetwas geschehen wäre. Da ging Ananda ein Licht auf: Er setzte sich unter einen Baum und schaute dem Plätschern des Baches zu; denn es ist immer noch ein wenig Schmutz da, es kommen immer noch Blätter nach oben. Aber jetzt wartete er ab. Er wartete und beobachtete und tat gar nichts, und bald war das Wasser kristallklar, waren alle Trübungen fort und der Moder hatte sich wieder gelegt. Bald darauf kam er voller Freude zurück und sagte: „Ich habe es verstanden! Genau dasselbe habe ich ja mein ganzes Leben lang mit meinem Verstand gemacht! Von nun an setze ich mich nur noch unter einen Baum und schaue dem Plätschern meiner Gedanken zu – sollen sie sich doch von selber legen! In Zukunft springe ich nicht mehr in den Bach hinein und versuche, alles in Ordnung zu bringen!"

Niemand kann den Verstand in Ordnung bringen. Schon der Versuch, Ordnung zu stiften, ergibt ein neues Chaos. Wer nur zuzuschauen und abzuwarten und unbeteiligt hinzusehen vermag, für den legt sich alles ganz von selber.

Die Natur verabscheut das Chaos. Die Natur ist Ordnung. Chaos kann nur ein Übergangszustand sein. Wenn ihr euch das klar machen könnt, dann lasst euren Verstand einfach in Ruhe. Überlasst diesen verrückten Verstand einfach sich selber. Tut einfach nichts weiter als zuschauen. Schenkt ihm keine Beachtung. Zwischen Zuschauen und Beachten ist ein Unterschied. Wenn du etwas beachtest, treibt dich ein eigenes Interesse dazu. Wenn du einfach nur zuschaust, bist du unbeteiligt. Buddha nennt das *upeksha* – Unbeteiligtsein. Absolutes, völliges Unbeteiligtsein: Man sitzt einfach nur am Ufer und das Wasser strömt vorbei und alles setzt sich und aller Schmutz sinkt zu Boden. Der Bach ist wieder kristallklar.

Darum sagt Patanjali: Wenn dein Gedankenfluss unter Kontrolle ist, wird dein Verstand wie ein reiner Kristall. Und sobald der Verstand rein wie Kristall wird, spiegeln sich drei Dinge darin, er wird zu einem dreiteiligen Spiegel: Im einen Teil spiegelt sich die äußere Welt, die Welt der Objekte; im zweiten die innere Welt, die Welt der Subjektivität; im dritten die Beziehung zwischen den beiden, die Wahrnehmung – ohne jede Verzerrung!

Die Verzerrung rührt nur daher, dass ihr euch viel zu viel in eure Vorstellungswelt einmischt. Worin besteht die Verzerrung? Euer Verstand ist ein einfacher Apparat, genau wie eure Augen: Ihr seht durch die Augen, und in ihnen spiegelt sich die Welt. Aber die Augen blicken nur in die eine Richtung. Sie können nur die Außenwelt spiegeln, sie können nicht euch selber spiegeln. Euer Verstand hingegen ist etwas Dreidimensionales. Er spiegelt alles und zwar unverzerrt. Aber normalerweise kommt es zu Verzerrungen. Wenn du etwas siehst und dich dabei selber für deinen Verstand hältst, wird das Gesehene verzerrt, du bekommst etwas anderes zu sehen, weil du dadurch die Wahrnehmung zu einem Vorgang deiner Vorstellungen, deiner Interessen und Wünsche machst.

Wer in einem afrikanischen Stamm geboren wird, dem kommen schmale Lippen unschön vor, starke hingegen schön. In Afrika ist jedes Mittel recht, um die Lippen anschwellen zu lassen, vor allem bei den Frauen. Seit Menschengedenken hat man es in ihrem Stamm so gehalten. Mädchen, die mit schmalen Lippen zur Welt kommen, kommen sich minderwertig vor. In Indien hingegen schätzt man schmale Lippen. Wenn du nur ein bisschen dickere hast, giltst du schon als hässlich. Und diese Vorstellungen graben sich ein, sie schlagen so tiefe Wurzeln, dass sie eure ganze Wahrnehmung verzerren. Weder schmale Lippen noch dicke Lippen sind schön oder hässlich. Ja, die bloße Unterscheidung von schön und hässlich ist eine Verzerrung. Es sind nur eure Vorstellungen, aber ihr vermischt sie mit der Realität.

In der Wirklichkeit ist etwas weder wertvoll noch weniger wertvoll. Einen Wert misst ihnen euer Verstand bei. Nichts ist schön und nichts ist hässlich. Alle Dinge sind, wie sie sind. Sie existieren in ihrem Sosein. Aber wenn du an der Peripherie lebst und dich mit deinen Vorstellungen identifizierst und zu sagen anfängst: „Das hier verstehe ich unter Schönheit!“ und „Das hier verstehe ich unter Wahrheit!“ – dann wird alles verzerrt.

Wenn du dich auf deine Mitte hin bewegst und dein Mind sich selbst überlassen wird, du ihn von deiner Mitte aus siehst, bist du nicht mehr identisch damit. Nach und nach werden die Gedanken einfach verschwinden. Dein Mind wird kristallklar. Und in diesem Spiegel, dem dreidimensionalen Spiegel des Verstandes, wird nunmehr das Ganze gespiegelt: das Objekt, das Subjekt und die Wahrnehmung; der Wahrnehmende, die Wahrnehmung und das Wahrgenommene.

8. Kapitel

Das reine Sehen

Unser Mind ist wie ein Computer – er ist ein Biocomputer. Aus vielen Leben und Millionen von Erfahrungen häuft er Erinnerungen an. Er ist ein unermessliches Phänomen: Abermillionen von Erinnerungen sind in ihm gespeichert, all deine vergangenen Leben. Wissenschaftler sagen, dass jeden Moment unausgesetzt Tausende von Erinnerungen angesammelt werden – ohne dass du es bemerkst, arbeitet der Mind vor sich hin. Sogar während du schläfst, werden Erinnerungen gebildet: Jemand weint und schluchzt und deine Sinne arbeiten und nehmen die Erfahrung auf. Am Morgen bist du vielleicht nicht in der Lage, das Ereignis zu erinnern, weil du nicht bewusst warst, aber in tiefer Hypnose kann es in Erinnerung gerufen werden.

In tiefer Hypnose kann alles in Erinnerung gerufen werden, was du jemals wissentlich oder unwissentlich erlebt hast – auch deine vergangenen Leben. Die schiere Ausdehnung des Mindes ist einfach unfassbar. Diese Erinnerungen sind in Ordnung, wenn du sie benutzten kannst, aber sie sind gefährlich, wenn sie anfangen, dich zu benutzen.

Ein reiner Verstand ist der Verstand, der Herr seiner eigenen Erinnerungen ist. Ein unreiner Verstand ist der Verstand, der fortwährend von den Erinnerungen beeinflusst wird. Wenn du eine Tatsache betrachtest, kannst du sie betrachten, ohne sie zu interpretieren.

Dann ist das Bewusstsein in direktem Kontakt mit der Wirklichkeit. Oder du kannst durch den Verstand hindurch betrachten, über Interpretationen. Dann bist du nicht in Kontakt mit der Wirklichkeit. Der Verstand ist gut als ein Werkzeug, aber wenn der Verstand eine Besessenheit wird und das Bewusstsein vom Verstand erdrückt wird, dann wird auch die Wirklichkeit vom Verstand erdrückt. Dann lebst du in *maya*; dann lebst du in der Illusion.

Wann immer du etwas siehst, nur wenn du es direkt siehst, unmittelbar, ohne Einmischung des Verstandes oder der Erinnerung, dann ist es eine Tatsache. Sonst wird es zu einer Interpretation. Und alle Interpretationen sind verkehrt, weil alle Interpretationen von deinen vergangenen Erfahrungen belastet sind. Du kannst nur Dinge sehen, die sich in Übereinstimmung mit deiner vergangenen Erfahrung befinden. Dinge, die sich nicht in Übereinstimmung mit deiner vergangenen Erfahrung befinden, kannst du nicht sehen, und deine vergangene Erfahrung ist nicht alles. Das Leben ist größer als deine vergangenen Erfahrungen. Wie umfassend auch immer der Verstand sein mag, in Anbetracht der gesamten Existenz ist er nur ein kleiner Teil – so klein.

Das Bekannte ist sehr wenig; das Unbekannte ist riesig und unbegrenzt. Wenn du versuchst, das Unbekannte mit Hilfe des Bekannten zu erkennen, dann verpasst du, worum es geht. Das ist die Unreinheit.

Du kannst der Göttlichkeit nicht trauen, weil dies nicht mit deinen vergangenen Erfahrungen übereinstimmt. Du magst dich nicht auf die Meditation verlassen, weil du immer auf dem Marktplatz gelebt hast und du nur die Wirklichkeit des Marktplatzes kennst, eine Wirklichkeit des berechnenden Verstandes, eines Verstandes, der Geschäfte macht. Du weißt nichts vom Feiern – rein, einfach, völlig ohne Grund, ohne Ursache. Wenn du in der Welt eines Wissenschaftlers gelebt hast, kannst du nicht glauben, dass es irgendetwas Spontanes geben kann, denn der Wissenschaftler lebt in der Welt von Ursache und Wirkung. Alles ist bedingt; nichts ist spontan. Wenn der Wissenschaftler also hört, dass etwas möglich sei, das spontan ist – wenn wir „spontan" sagen, meinen wir, dass es keine Ursache hat, einfach so aus heiterem Himmel – der Wissenschaftler kann es nicht glauben.

Diejenigen aber, die in der inneren Welt gearbeitet haben, wissen, dass es Phänomene gibt, die ohne Ursache sind. Nicht nur, dass sie dies wissen, sie wissen, dass die gesamte Existenz ohne Ursache ist. Es ist eine vom wissenschaftlichen Verstand völlig verschiedene Welt.

Bei allem, was du siehst, schon bevor du es gesehen hast, ist Interpretation im Spiel. Ich beobachte die Leute fortwährend; ich spreche zu ihnen – wenn es passt, auch wenn sie nichts gesagt haben, haben sie mir innerlich zugenickt: „Ja." Sie sagen damit, „stimmt". Wenn es nicht zu ihren Einstellungen passt, ohne dass sie etwas gesagt haben, steht das „Nein" auf ihren Gesichtern geschrieben. Tief drinnen haben sie angefangen zu sagen, „Nein, es ist nicht wahr."

Hindus sagen, dass die Welt *maya* ist, illusionär. Wenn sie das sagen, meinen sie nicht die Welt, die da ist, sie meinen einfach die Welt, die in dir ist, die Welt deiner Interpretationen. Die Welt der Tatsachen ist nicht unwirklich; sie ist das *brahma* selbst – sie ist makellose Wirklichkeit. Doch die Welt, die du mit deinem Verstand und deinen Erinnerungen geschaffen hast und in der du lebst, ist wie eine

Atmosphäre, die dich umgibt, du bewegst dich mit ihr und in ihr. Wohin auch immer du gehst, du nimmst sie mit dir. Sie ist deine Aura, und durch sie blickst du auf die Welt. Dann ist alles, was du anschaust, keine Tatsache, es ist eine Interpretation. Interpretation ist das Hindernis.

Interpretiere, und die Wirklichkeit ist verloren. Schau ohne Interpretation und die Wirklichkeit ist da und ist immer schon da gewesen. Die Wirklichkeit ist jeden Augenblick da. Wie könnte es anders sein? Wirklichkeit bedeutet das, was wirklich ist. Sie hat sich nicht von der Stelle gerührt, nicht mal einen Augenblick lang. Du lebst einfach nur in deinen Interpretationen, und du schaffst dir eine eigene Welt. Die Wirklichkeit ist allgemein, Illusion ist privat.

Warum trägst du fortwährend etwas von deinem Verstand in die Wirklichkeit hinein? – weil du Angst vor der Wirklichkeit hast. Da ist eine tiefe Angst vor der Wirklichkeit. Es kann sein, dass sie nicht nach deinem Geschmack ist. Es kann sein, dass sie gegen dich ist, gegen deinen Verstand. Denn die Wirklichkeit ist, wie sie ist; sie kümmert sich nicht darum, wer du bist. Du hast Angst: die Wirklichkeit entspricht vielleicht nicht deiner Wunschvorstellung, also ist es besser, sie nicht zu sehen; sieh weiterhin das, was du begehrst. So hast du viele Leben vertan – verspielt. Und du führst niemand anderen an der Nase herum als dich selbst, denn durch deine Interpretationen und Projektionen kann die Wirklichkeit nicht verändert werden. Du leidest nur unnötigerweise. Du denkst, da ist eine Tür, und da ist keine Tür; es ist eine Wand, und du versuchst, durch sie hindurchzugehen. Dann leidest du, dann bist du schockiert.

Solange du nicht die Wirklichkeit siehst, wirst du niemals in der Lage sein, die Tür zu finden, die aus dem Gefängnis führt, in dem du dich befindest. Es gibt die Tür, aber die Tür kann nicht nach Maßgabe deiner Begierden sein. Die Tür existiert; wenn du die Begierden aufgibst, wirst du sie sehen können. Und das ist das Problem: Du folgst weiter deinen Wunschvorstellungen; du fährst einfach weiter fort, zu glauben und zu projizieren, und jedes Mal geht ein Glaubenssatz in Stücke, eine Projektion zerfällt, denn deine Tagträume können von der Wirklichkeit nicht erfüllt werden. Wann immer ein Traum in Stücke geht, ein Regenbogen abstürzt, eine Begierde stirbt, leidest du. Doch sofort beginnst du, eine andere Begierde zu erzeugen, einen weiteren Regenbogen voller Wünsche. Wieder beginnst du, eine neue Regenbogenbrücke zwischen dir und der Wirklichkeit zu bauen.

Niemand kann auf einer Regenbogenbrücke gehen. Sie sieht aus wie eine Brücke; es ist keine Brücke. Tatsächlich existiert eine Regenbogenbrücke gar nicht; es scheint sie nur zu geben. Sobald du hingehst, wirst du keinen Regenbogen finden. Sie ist ein traumartiges Phänomen. Die Reife besteht darin, zur Erkenntnis zu gelangen „Jetzt keine Projektionen, keine Interpretationen mehr. Jetzt bin ich bereit, zu sehen, was auch immer der Fall ist." Auch wenn du in logischer Form über etwas nachdenkst, und weiter und weiter nachdenkst, findet Logik ihre Grenze. Sie ist nicht unbegrenzt. Logik kann nicht unbegrenzt sein. Tatsächlich leugnet die Logik jegliche Unbegrenztheit. Logik befindet sich immer innerhalb einer Grenze. Nur dann kann sie logisch bleiben, denn mit dem Unbegrenzten kommt das Unlogische, das Mysteriöse, das Wunderbare.

Also spricht Logik niemals über das Unbegrenzte. Logik sagt, dass alles begrenzt ist, definiert werden kann. Alles befindet sich innerhalb von Grenzen, kann verstanden werden. Logik fürchtet immer das Unbegrenzte. Es sieht aus wie eine enorme Dunkelheit; Logik erzittert vor ihr. Logik hält sich an die Hauptstraße, sie betritt niemals die Wildnis. Auf der Hauptstraße ist alles sicher, und du weißt, wo es lang geht. Kaum hast du einen Schritt zur Seite getan und die Wildnis betreten, weißt du nicht mehr, wie es weiter gehen kann. Logik ist eine sehr tiefe Angst.

Menschen, die mutig sind, gehen immer über die Logik hinaus. Menschen, die Angst haben, bleiben stets innerhalb der Begrenzungen der Logik. Logik ist ein Gefängnis, schön geschmückt, aber sie ist kein weiter Himmel. Der Himmel ist überhaupt nicht geschmückt. Er ist ungeschmückt, aber er ist weit. Er ist Freiheit, und Freiheit hat ihre eigene Schönheit; sie braucht keinen Schmuck. Der Himmel ist sich selbst genug. Er braucht keinen Maler, der ihn bemalt, keinen Dekorateur, der ihn schmückt. Die schiere Weite ist seine Schönheit. Aber Weite ist auch schrecklich, denn sie ist so ungeheuer. Der Verstand schreckt einfach vor ihr zurück; der Verstand scheint so zwergenhaft. Vor ihr geht das Ich in Stücke, also erzeugt das Ich ein schönes Gefängnis aus Logik, aus Definitionen – alles säuberlich getrennt, alles bekannt, aus Erfahrung – und verschließt seine Türen angesichts des Unbekannten, schafft sich eine eigene Welt, eine separate Welt, eine private Welt. Diese Welt gehört nicht zum Ganzen; sie ist abgetrennt. Alle Bezüge zum Ganzen sind abgetrennt worden.

Das ist der Grund, weshalb Logik niemals irgendjemanden zum Göttlichen führen wird. Logik ist menschlich, sie hat alle Brücken zum Göttlichen abgebrochen. Das Göttliche ist ein *Mysterium tremendum.* Es ist ein großartiges Mysterium, das nicht lösbar ist. Es ist nicht ein Rätsel, das du lösen könntest, es ist ein Mysterium. Aber wenn du logisches Denken immer weiter fortführst, kommt ein Moment, an dem du die Grenzen der Logik erreichst. Wenn du weiter und weiter denkst, dann verwandelt sich logisches Denken in Kontemplation. Der erste Schritt ist logisches Denken und wenn du weitergehst, wird der letzte Schritt Kontemplation sein. Wenn ein Philosoph weitergeht, sich weiterbewegt, nicht irgendwo festhängt, wird er zwangsläufig irgendwann zum Dichter, denn wenn die Grenze überschritten ist, ist da auf einmal Poesie. Poesie ist Kontemplation.

Logik kann eine Rose nicht berühren. Sie kann sie abschneiden, sie kann sie in Schubladen packen, sie kann klassifizieren, sie benennen – aber sie kann sie nicht berühren. Die Rose wird der Logik nicht erlauben, sie zu berühren. Und auch wenn Logik wollte, es ist nicht möglich. Logik hat kein Herz, und nur das Herz kann die Rose berühren. Logik ist nur eine Angelegenheit des Kopfes. Der Kopf kann die Rose nicht berühren. Die Rose wird ihr Geheimnis nicht dem Kopf enthüllen, denn der Kopf ist genau wie eine Vergewaltigung. Und die Rose öffnet sich nur der Liebe, nicht einer Vergewaltigung. Wissenschaft ist Vergewaltigung; Poesie ist Liebe. Wenn jemand weitergeht, wie Einstein, dann wird aus dem Philosophen oder dem Wissenschaftler oder dem Logiker ein Poet. Einstein wurde in seinen letzten Tagen zum Poeten. Eddington wurde in seinen letzten Tagen zum Poeten. Sie begannen, über das Geheimnisvolle zu sprechen. Sie waren an die Grenze der

Logik gestoßen. Leute, die immer logisch bleiben, sind Leute, die nie bis zum letzten Ausläufer, bis ganz ans Ende ihrer logischen Schlussfolgerungen gegangen sind. Sie sind nicht wirklich logisch. Wenn sie wirklich gehen, dann kommt zwangsläufig der Augenblick, an dem Logik endet und Poesie beginnt.

Was tut ein Poet? – er ist in Kontemplation. Er betrachtet einfach die Blume, er denkt nicht über sie nach. Das ist die Unterscheidung, sehr subtil: Der Logiker denkt über die Blume nach, der Poet denkt die Blume, aber er denkt nicht über sie nach. Und „über sie nach“ ist nicht die Blume. Du magst darüber reden und reden, aber es ist nicht die Blume. Der Logiker umkreist sie, ein Poet geht geradewegs auf sie zu und trifft auf die Wirklichkeit Blume. Für den Poeten ist eine Rose, eine Rose, eine Rose – er denkt nicht „darüber nach.“ Er geht nach innen, in die Blume – ohne Erinnerung, aber es bleibt noch eine Trennung. Der Poet ist das Subjekt und die Blume ist das Objekt. Die Dualität ist nicht überschritten: der Poet ist nicht Blume geworden, die Blume ist nicht Poet geworden. Der Beobachter ist der Beobachter; das Beobachtete ist immer noch das Beobachtete. Es gibt noch eine Dualität.

Jetzt der Mystiker, der Weise, der einfach mit der Blume ist. Du kannst nicht sagen, dass er darüber denkt, oder dass er denkt. Nein, er ist einfach mit ihr da. Er gestattet der Blume, da zu sein, und gestattet sich selbst, da zu sein. In diesem Moment des Erlaubens geschieht auf einmal Einheit. Die Blume ist nicht mehr die Blume, und der Beobachter ist nicht mehr der Beobachter. Plötzlich treffen sich Energien, verbinden sich und werden eins. Jetzt ist die Dualität transzendiert. Der Weise weiß nicht, wer die

Blume ist und wer sie beobachtet. Wenn du den Weisen, den Mystiker, fragst, wird er sagen: „Ich weiß es nicht. Es könnte die Blume sein, die mich beobachtet. Es könnte ich sein, der die Blume beobachtet." „Es wechselt", wird er sagen, „es hängt davon ab. Und manchmal sind da weder ich noch die Blume. Beide verschwinden. Es bleibt nur eine vereinte Energie. Ich werde zur Blume, und die Blume wird ich." Das ist nicht Kontemplation, das ist ein Zustand des Seins.

Patanjali geht sehr langsam voran – denn wenn er schnell voranschreitet, wird es für dich nicht möglich sein, zu verstehen. Jeden Augenblick geht er tiefer und tiefer. Er führt dich, nach und nach, zum grenzenlosen Ozean, Schritt für Schritt. Er glaubt nicht an plötzliche Erleuchtung – schrittweise, das ist der Grund für seine große Anziehungskraft.

Patanjali war eine enorme Hilfe, unvergleichlich. Millionen sind mit Hilfe von Patanjali durch diese Welt hindurch gegangen, denn er spricht nicht nach dem Maßstab seines Verständnisses, er begleitet dich. Und in dem Maße, wie dein Verstehen wächst, so geht er tiefer und tiefer und tiefer. Patanjali folgt dem Schüler, Patanjali kommt zu dir. Er geht Schritt für Schritt vor, nimmt dich von dort mit, wo du bist, kommt ins Tal, nimmt deine Hand und sagt: „Eins nach dem anderen, geh schrittweise."

Er sagt: „Es gibt einen Weg. Es gibt Methoden." Und er ist wirklich sehr, sehr weise. Erst am Ende wird er dich dazu überreden, die Methode fallen zu lassen, den Weg fallen zu lassen. Es gibt sie nicht, aber erst am Ende. Auf dem Gipfel, gerade wenn du ankommst, wenn sogar Patanjali dich verlässt, dann gibt es keine Schwierigkeit. Du wirst ganz von alleine ankommen.

Im letzten Moment wird er widersprüchlich, bis dahin war er immer vernünftig. Er ist den ganzen Weg über derart vernünftig geblieben, dass er dich, wenn er unvernünftig wird, immer noch in seinen Bann zieht, selbst dann ist er sehr überzeugend. Denn ein Mann wie Patanjali kann keinen Unsinn reden. Auf ihn ist Verlass.

Mit der Zeit muss das Objekt, zu dem man meditiert, immer feiner werden. Zum Beispiel kann man zu einem Felsblock meditieren oder zu einer Blüte; oder man kann über den Meditierenden meditieren. Und so werden die Objekte immer feiner und feiner und feiner und feiner. Zum Beispiel kann man zum Ton OM meditieren. Diese Meditation beginnt damit, dass man ihn so laut ausspricht, dass er rings um dich her widerhallt. Dann wirst du von einem klingenden Tempel eingehüllt: OM – OM – OM ziehen Schallwellen Kreise um dich ... grobstofflich, der erste Schritt. Danach schließt du den Mund. Jetzt sagst du es nicht mehr laut, sondern sagst nur innerlich OM – OM – OM. Die Lippen dürfen sich dabei nicht bewegen; nicht einmal die Zunge. Du sagst OM, aber ohne Lippen und ohne Zunge. Damit kreierst du eine innere Stimmung, ein inneres Klima von OM. Das Objekt ist feinstofflich geworden.

Dann der dritte Schritt: Du artikulierst es nicht einmal mehr, du lauschst ihm nur noch. Du vertauschst die Rollen: Vom Tun des Ausführenden wechselst du zur Untätigkeit des Zuhörenden über. Bei diesem dritten Schritt sprichst du das OM nicht einmal mehr innerlich aus, sondern sitzt einfach nur da und hörst den Ton. Er kommt, weil er da ist. Du bist nicht still; deshalb kannst du ihn nicht hören. OM hat keine sprachliche Bedeutung. Darum buchstabieren die

Hindus es auch nicht in der üblichen Schreibweise. Stattdessen haben sie ein gesondertes Symbol dafür entwickelt, nur um hervorzuheben, dass es nicht zum Alphabet gehört. Es führt ein Eigenleben ganz für sich, es ist nicht ein Wort der Menschensprache, sondern der Ton der Existenz – der Ton des Tonlosen, der Ton der Stille. Dieser wird erst hörbar, wenn absolute Stille in dir ist. Du wirst jetzt zum Hörenden. So geht es also von fein zu feiner und immer feiner.

Und in der vierten Phase vergisst du das alles ganz einfach: Den Ausführenden wie den Hörenden wie den Ton – alles. In der vierten Phase ist nichts mehr da.

Ihr habt vielleicht schon einmal die Bilderfolge der *„Zehn Stiere des Zen“* gesehen. Auf dem ersten Bild sucht der Hirte nach seinem Stier – der aber ist davon gelaufen, irgendwo in die Wildnis hinein: keinerlei Anzeichen, keinerlei Spuren. Überall sucht er nun – überall Bäume und Bäume und Bäume. Auf dem zweiten Bild ist er schon etwas zuversichtlicher – die ersten Spuren! Auf dem dritten schaut er etwas ratlos drein – hinter einem Baumstamm, der Rücken seines Stieres, kaum zu erkennen im Dickicht des Urwalds. Vielleicht ist es ja nur Halluzination, dass er den Rücken des Stiers sieht? Vielleicht ist das ja nur ein Auswuchs am Baum, und er projiziert? Dann, auf dem vierten, hält er schon den Schweif in Händen. Auf dem fünften hat er den Stier wieder eingefangen – jetzt hat er ihn in der Hand. Auf dem sechsten sitzt er schon auf dem Stier und reitet wieder heim; er spielt auf der Flöte und singt ein Lied. Auf dem siebenten steht der Stier wieder im Stall und der Mann sitzt zufrieden zu Hause: Der Stier ist gefunden. Das achte Bild ist ganz leer. Der Stier ist gefunden; nun sind Stier und

Hirte, der Sucher und das Gesuchte, alle beide verschwunden: Die Suche ist beendet. Ursprünglich gab es nur diese acht Bilder, bildeten sie ein komplettes Kartenspiel, mit der Leere zum Schluss. Aber später hat ein großer Meister zwei weitere Bilder hinzugefügt. Auf dem neunten ist der Mann zurück, wieder da. Und auf dem zehnten ist der Mann nicht nur wieder da, sondern er ist sogar zum Marktplatz gegangen, um einzukaufen – nicht irgendwelche Dinge, nein, er bringt eine Flasche Wein mit nach Hause! Das ist wirklich großartig. Jetzt ist es eine runde Geschichte. Würde diese Geschichte mit der Leere enden, dann würde ihr etwas fehlen.

Der Mann ist also wieder da, und nicht nur das – er hat sich unters Volk gemischt. Und nicht nur das – er hat eine Flasche Wein gekauft! Das Ganze wird immer feiner und feiner, feiner und immer feiner. Irgendwann hast du das Gefühl, am allerfeinsten Punkt zu sein: Dort, wo alles leer wird und gar kein Bild mehr da ist und sowohl der Sucher wie das Gesuchte verschwunden sind! Aber das ist nicht wirklich das Ende. Es geht noch feiner... Der Mann kehrt in die Welt zurück, als ein völlig Verwandelter. Er ist nicht mehr der Alte – er ist neu geboren! Und wenn du neugeboren bist, ist die Welt auch nicht mehr dieselbe. Dann ist der Wein kein Wein mehr, das Gift kein Gift mehr, der Marktplatz kein Marktplatz mehr. Jetzt gehört alles dazu, ist alles schön. Jetzt wird gefeiert! Das bedeutet der Wein – er ist ein Symbol.

Je subtiler die Suche, desto stärker dein Bewusstsein! Und irgendwann kommt der Augenblick, da das Bewusstsein so stark ist, dass du wie ein ganz gewöhnlicher Mensch mitten in der Welt lebst, ohne jede Angst.

Angst ist die andere Seite der Liebe. Wenn du in der Liebe bist, verschwindet die Angst. Wenn du nicht in der Liebe bist, taucht Angst auf, entsetzliche Angst. Nur Liebende sind ohne Angst. Nur in einem tiefen Moment der Liebe gibt es keine Angst. In einem tiefen Moment der Liebe wird die Existenz zu einem Zuhause – du bist kein Fremder, du bist kein Außenseiter, du bist angenommen. Nur von einem einzigen menschlichen Wesen angenommen und etwas öffnet sich in der Tiefe – ein blütengleiches Phänomen, im innersten Sein.

Jemand hat dich angenommen, du bist wertvoll; du bist nicht überflüssig. Du bist wichtig, du hast eine Bedeutung. Wenn es in deinem Leben keine Liebe gibt, wirst du Angst bekommen. Dann wird überall Angst sein, weil überall Feinde sind, keine Freunde, und die ganze Existenz scheint fremd; du scheinst zufällig, nicht verwurzelt, ohne ein Zuhause zu sein. Sogar ein einzelnes menschliches Wesen kann dir in der Liebe ein derartiges Zugehörigkeitsgefühl geben, wie dann erst, wenn ein Mensch den Zustand der Hingabe erreicht?

Liebe ist der erste Schritt, und Hingabe ist der letzte. Hingabe bedeutet, du liebst das Ganze, und das Ganze liebt dich. Angst ist nur die Abwesenheit von Liebe. Und wenn Angst ein Problem für dich ist, dann zeigt mir das, dass du auf die falsche Seite schaust. Liebe sollte die Frage sein, nicht die Angst.

Wenn Angst das Problem ist, bedeutet dies, dass du Liebe suchen solltest, dass du liebevoller sein solltest, so dass jemand anders liebevoll zu dir sein kann. Du solltest offener für die Liebe sein. Aber dies ist das Problem: Wenn du Angst hast, bist du zu. Du fängst an, dich so voller Angst zu fühlen, dass du aufhörst, dich zu einem Menschen hin zu bewegen. Du würdest am liebsten alleine sein. Wann immer jemand da ist, fühlst du dich nervös, weil der andere wie ein Feind erscheint. Und wenn du derart von der Angst besessen bist, ist es ein Teufelskreis. Die Abwesenheit von Liebe erzeugt Angst in dir, und jetzt, aus Angst, verschließt du dich. Du wirst wie eine geschlossene, fensterlose Zelle. Wenn du Angst hast, denkst du, es könnte jemand durchs Fenster einsteigen – überall sind Feinde. Du hast Angst, die Tür zu öffnen, denn wenn du die Türe öffnest, ist alles möglich.

Sogar dann, wenn die Liebe an deine Türe klopft, traust du dich nicht. Ein Mann oder eine Frau, die so tief in der Angst verwurzelt sind, haben immer Angst sich zu verlieben, denn dann stehen die Türen des Herzens offen, und der Andere wird in dich eindringen, und der Andere ist der Feind. Sartre sagt: „Der Andere ist die Hölle."

Liebende haben eine andere Wirklichkeit kennengelernt: der Andere ist der Himmel, das Paradies überhaupt. Sartre muss in einer tiefen Angst, Beklemmung und Furcht gelebt haben. Und er ist im Westen sehr einflussreich geworden. Tatsächlich sollte er gemieden werden wie eine Krankheit, wie eine gefährliche Krankheit. Aber er hat eine Anziehungskraft, denn was er auch sagt, viele Menschen empfinden dasselbe in ihrem Leben. Das ist seine Anziehungskraft. Depression, Traurigkeit, Beklemmung, Angst. Das sind Sartres Themen, die Themen der gesamten Bewegung des Existenzialismus. Und die Leute empfinden, dass dies ihre Probleme sind. Und wenn ich über Liebe spreche, hast du natürlich das Gefühl, dass das nicht dein Problem ist; du meinst, Angst sei dein Problem, nicht Liebe.

Es ist einfach so: Das Haus ist dunkel, und ich spreche über Licht. Und du sagst: „Du sprichst andauernd über Licht. Besser wäre es, wenn du über Dunkelheit sprächest, denn Dunkelheit ist unser Problem. Das Haus ist voller Dunkelheit. Licht ist nicht unser Problem."

Aber verstehst du, was du damit sagst? Wenn Dunkelheit dein Problem ist, wird das Reden über die Dunkelheit nicht helfen. Wenn Dunkelheit dein Problem ist, kann man nichts unmittelbar tun in Bezug auf die Dunkelheit. Du kannst sie nicht rauswerfen, du kannst sie nicht rausdrängen, du kannst sie nicht ausschalten. Dunkelheit ist eine Abwesenheit. Unmittelbar kann man nichts daran ändern. Wenn du etwas tun musst, dann musst du etwas mit dem Licht machen, nicht mit der Dunkelheit.

Achte mehr auf Licht – wie Licht finden, wie Licht erschaffen, wie eine Kerze anzünden im Haus. Und dann gibt es auf einmal keine Dunkelheit. Denk dran: Liebe ist das Thema, niemals Angst. Du siehst es von der falschen Seite. Und du kannst es viele Leben lang von der falschen Seite aus betrachten, und du wirst nicht fähig sein, es zu lösen. Denke immer daran, Abwesendes sollte nicht zum Problem gemacht werden, denn man kann nichts damit tun. Nur Anwesendes sollte zum Thema gemacht werden, denn dann kann man etwas tun, dann kann etwas geschehen.

Wenn Angst gespürt wird, ist in Wirklichkeit Liebe das Thema. Werde liebevoller. Geh ein paar Schritte auf den Anderen zu. Denn alle haben Angst, nicht nur du. Du wartest drauf, jemand soll zu dir kommen und dich lieben. Du kannst ewig warten, denn der Andere hat auch Angst. Und Menschen, die Angst haben, haben vor einer Sache die größte Angst, und das ist die Angst, abgewiesen zu werden.

Wenn ich gehe und an deine Türe klopfe, gibt es die Möglichkeit, dass du mich zurückweist. Diese Zurückweisung würde zu einer Verletzung, also ist es besser, nicht zu gehen. Es ist besser, alleine zu bleiben. Es ist besser, sich um seine eigenen Angelegenheiten zu kümmern, sich nicht mit dem Anderen einzulassen, denn der Andere kann einen zurückweisen. In dem Moment, in dem du dich näherst und die Initiative in Bezug auf Liebe ergreifst, ist die erste Angst, ob der Andere dich akzeptiert oder zurückweist. Es besteht die Möglichkeit, dass er dich zurückweist, oder dass sie dich zurückweist.

Das ist der Grund, warum Frauen nie den ersten Schritt machen; sie sind ängstlicher. Sie warten immer auf den Mann – er soll kommen. Sie behalten sich immer die Möglichkeit des Zurückweisens oder des Annehmens vor. Sie geben nie dem Anderen die Möglichkeit, denn sie sind ängstlicher als die Männer. So warten einfach viele Frauen ihr ganzes Leben lang. Niemand kommt, um an ihre Türe zu klopfen, denn ein Mensch, der Angst hat, schließt sich in einer bestimmten Art und Weise so ab, dass er Leute abschreckt. Einfach eine Annäherung, und der ängstliche Mensch verbreitet derartige Vibrationen um sich, dass jeder, der näher kommt, abgeschreckt wird.

Du sprichst zu einer Frau – wenn du auf eine bestimmte Art Liebe und Zuneigung zu ihr empfindest, würdest du ihr gerne näher und näher sein. Du würdest gerne näher kommen und reden. Aber sieh den Körper, denn der Körper hat seine eigene Sprache: Die Frau wird sich nach hinten lehnen, unwissentlich, oder vielleicht weicht sie einfach zurück. Du näherst dich, du kommst näher, und sie weicht zurück. Wenn es keine Möglichkeit des Zurückweichens gibt, wenn da eine Wand ist, dann wird sie sich gegen die Wand lehnen. Indem sie sich nicht vorbeugt, zeigt sie: „Geh weg."

Sie sagt damit: „Komm mir nicht nahe."

Beobachte, wie Leute sitzen, wie Leute laufen. Es gibt Leute, die einfach jeden abschrecken. Wenn jemand näher kommt, bekommen sie Angst. Und Angst ist, genau wie Liebe, Energie, eine negative Energie. Ein Mann, der Liebe spürt, schäumt über vor lauter positiver Energie. Wenn du näher kommst, würdest du gerne mit diesem Menschen zusammen sein, so als ob dich ein Magnet anziehen würde.

Wenn Angst dein Problem ist, dann denk über deine Persönlichkeit nach, beobachte sie. Du musst deine Türen der Liebe verschlossen haben, das ist alles. Mach diese Türen auf. Natürlich gibt es die Möglichkeit, zurückgewiesen zu werden. Aber warum Angst haben? Der Andere kann höchstens Nein sagen. Es besteht eine fünfzigprozentige Möglichkeit von Nein, aber bloß wegen einer fünfzigprozentigen Möglichkeit eines Nein wählst du hundert Prozent Leben ohne Liebe. Die Möglichkeit besteht, aber warum sich Sorgen machen? Es gibt so viele Menschen.

Wenn einer Nein sagt, fass es nicht als Verletzung auf. Akzeptiere es einfach, dass es nicht zur Liebe gekommen ist. Nimm es einfach auf – die andere Person wollte sich nicht auf dich einlassen. Ihr habt nicht zueinander gepasst. Ihr seid verschiedene Typen. Er oder sie hat nicht wirklich zu dir Nein gesagt; es ist nicht persönlich. Ihr habt nicht gepasst, zieh weiter. Und es ist gut, dass die Person Nein gesagt hat, denn wenn du nicht mit einer Person zusammenpasst, und die Person Ja sagt, dann kommst du in wirkliche Schwierigkeiten.

Du weißt es nicht... Der Andere hat dir möglicherweise

ein ganzes Leben voller Schwierigkeiten erspart! Bedank dich bei ihm oder bei ihr, denn es können nicht alle zu allen passen. Jedes Individuum ist so einzigartig, dass es tatsächlich schwierig ist, den richtigen Menschen zu finden, der zu dir passt. In einer besseren Welt, irgendwann in der Zukunft, werden Menschen beweglicher sein, so dass die Menschen losziehen und die richtige Frau oder den richtigen Mann für sich finden können.

Hab keine Angst, Fehler zu machen, denn wenn du Angst hast, Fehler zu machen, wirst du dich überhaupt nicht bewegen, und du wirst das ganze Leben verpassen. Es ist besser, zu irren, als nicht zu irren. Es ist besser, zurückgewiesen zu werden, als einfach alleine zu bleiben, ängstlich, und keine Initiative zu ergreifen – denn die Zurückweisung bringt die Möglichkeit der Akzeptanz mit sich; sie ist die andere Seite der Akzeptanz.

Hab keine Angst vor der Liebe. Es gibt nur eine Sache, vor der du Angst haben solltest und das ist die Angst. Fürchte die Angst und habe niemals Angst vor etwas anderem, denn Angst verkrüppelt. Sie ist giftig, sie ist selbstmörderisch. Bewege dich! Spring raus! Tu, was immer du möchtest, aber arrangiere dich nicht mit der Angst, denn das ist eine negative Situation.

Für mich ist nicht Liebe das Problem, denn ich blicke weiter voraus als du. Wenn du die Liebe verpasst, wirst du die Hingabe verpassen und das ist für mich das wirkliche Problem. Für dich mag es noch kein Problem sein, denn wenn Angst das Problem ist, dann ist für dich noch nicht einmal die Liebe das Problem, wie kannst du da an Hingabe denken. Aber ich sehe die ganze Abfolge des Lebens. Wenn die Liebe verpasst ist, kannst du dich niemals hingeben, denn Hingabe ist kosmische Liebe. Du kannst die Liebe nicht auslassen und Hingabe erreichen. Viele Leute haben es probiert, sie liegen tot in den Klöstern. Wegen der Angst haben sie versucht, die Liebe komplett zu vermeiden. Sie haben versucht, eine Abkürzung zu finden, direkt von ihrer Angst zur Hingabe. Das ist es, was die Mönche über die Jahrhunderte hinweg getan haben. Christen und Hindus und Buddhisten – alle Mönche haben das getan. Sie haben versucht, Liebe komplett auszulassen. Ihr Gebet wird falsch sein. Ihr Gebet wird kein Leben haben. Ihr Gebet wird nirgends gehört werden – der Kosmos wird nicht auf ihr Gebet antworten. Sie versuchen, den Kosmos hinters Licht zu führen.

Nein, man muss durch die Liebe hindurch gehen. Von der Angst, geh in die Liebe. Von der Liebe wirst du zur Hingabe gelangen, und aus der Hingabe entsteht Furchtlosigkeit. Ohne Liebe Angst; mit Liebe Furchtlosigkeit, und die endgültige Furchtlosigkeit besteht in der Hingabe, denn dann ist nicht einmal der Tod mehr eine Angst, denn dann gibt es keinen Tod. Du bist in so tiefem Einklang mit dem Kosmos – wie kann Angst existieren? Also, bitte verbohre dich nicht in der Angst. Spring einfach heraus und setz dich in Bewegung Richtung Liebe. Und warte nicht, weil niemand an dir interessiert ist; wenn du wartest, kannst du weiter warten. Das ist meine Beobachtung: du kannst Liebe nicht auslassen, anderenfalls begehst du Selbstmord. Aber die Liebe kann dich auslassen, wenn du einfach abwartest. Beweg dich! Liebe sollte eine Leidenschaft sein. Sie sollte leidenschaftlich sein, lebendig, vital. Nur dann ziehst du jemanden an, sich mit dir einzulassen. Tot, wen kümmerst du? Tot, die Leute möchten dich gerne loswerden.

Tot, du wirst etwas Langweiliges, ein Langweiler. Du schleppst eine derartige Schmutzwolke aus Langeweile mit dir herum, dass jeder ein Zusammentreffen mit dir als Unglück empfinden wird. Sei liebevoll, lebendig, unerschrocken – und beweg dich. Das Leben hat dir eine Menge zu geben, wenn du unerschrocken bist. Und Liebe hat dir mehr zu geben als das Leben, denn Liebe ist überhaupt der Mittelpunkt dieses Lebens, und von diesem Mittelpunkt aus kannst du ans andere Ufer übersetzen.

Ich nenne diese drei Stufen: Leben, Liebe und Licht. Leben ist schon da. Liebe musst du erlangen. Du kannst sie verpassen, weil sie nicht gegeben wird; man muss sie erschaffen. Dort hört natürliche Evolution auf. Liebe musst du finden. Natürlich gibt es Gefahren, Gefährdungen, aber sie alle machen sie schön. Du musst Liebe finden. Und wenn du Liebe findest, erst dann kannst du Licht finden. Dann entsteht Hingabe. Tatsächlich, in tiefer Liebe beginnen die Menschen, die Liebenden, sich unbemerkt nach und nach in Richtung Hingabe zu bewegen. Denn die höchsten Momente der Liebe sind die ersten Momente der Hingabe. Es ist mit vielen Liebenden passiert. Aber Liebende, die sich plötzlich in Bewegung setzen, während sie in tiefer Liebe sind, sind sehr selten. Während sie, sich an den Händen haltend, einfach nur still nebeneinander sitzen, oder während sie zusammen am Strand liegen, haben sie plötzlich die Sehnsucht verspürt, überzusetzen.

Also, gib der Angst nicht so viel Bedeutung, denn das ist gefährlich. Wenn du der Angst große Bedeutung gibst, fütterst du sie und sie wird wachsen. Kehr der Angst den Rücken und beweg dich auf die Liebe zu.

9. Kapitel

Samadhi, die Freiheit vom Kreislauf der Wiedergeburt

Kontemplation ist nicht Meditation. Der Unterschied ist groß, nicht nur was die Quantität, sondern auch was die Qualität betrifft. Sie existieren auf zwei verschiedenen Ebenen, in völlig verschiedenen Bereichen. Sie sind nicht nur verschieden, sondern diametral entgegengesetzt.

Dies gilt es hier als erstes zu verstehen. Die Kontemplation befasst sich mit einem Objekt, das Bewusstsein richtet sich dabei auf etwas Anderes. Kontemplation ist nach außen gerichtete Aufmerksamkeit, sie strebt auf einen Umkreis zu, weg von der Mitte. Meditation hingegen bedeutet, sich der Mitte zu nähern, weg vom Umkreis, weg vom Anderen.

Der Pfeil der Kontemplation zielt auf das Andere, die Meditation auf dich selbst. In der Kontemplation besteht die Dualität fort: Es gibt den Betrachter und das Betrachtete. In der Meditation gibt es nur einen.

Das englische oder auch deutsche Wort „Meditation" ist nicht so gut, es bringt die genaue Bedeutung von *dhyana* oder *samadhi* nicht zum Ausdruck. Schon das bloße Wort Meditation erweckt den Eindruck, als würde man über etwas meditieren. Versucht also den Unterschied zu verstehen: Kontemplation bedeutet, etwas vertiefend zu betrachten.

In der Meditation hingegen bleibst du bei dir und entfernst dich nicht aus deiner Mitte. Du bist einfach nur du selbst, so bedingungslos, dass deine innere Flamme ohne das kleinste Flackern bleibt. Alles andere ist verschwunden, nur du bist. Es ist kein einziger Gedanke da. Die ganze Welt hat sich aufgelöst. Dein Verstand ist nicht mehr da; nur noch du bist da, in deiner vollkommenen Reinheit. Meditation ist lediglich ein Spiegeln, ohne dass etwas Spezifisches gespiegelt würde. Einfach nur die Fähigkeit zu spiegeln, ohne tatsächlich irgendetwas zu spiegeln.

Mit Kontemplation kann man bis zum *samadhi* ohne Gedanken gelangen. Aber im *samadhi* ohne Gedanken ist noch ein Gedanke da, der Gedanke nämlich: „Kein Gedanke!" Auch das ist ein Gedanke – der letzte zwar, der allerletzte, aber der bleibt. Man ist sich bewusst, dass kein Gedanke da ist, man weiß, dass kein Gedanke da ist. Aber was ist dieses Wissen um das Nicht-Denken? Eine Riesenveränderung hat sich ereignet, die Gedanken sind verschwunden, aber jetzt ist das Nicht-Denken selbst zu etwas Gedachtem geworden, zu einem Objekt.

Wenn du sagst: „Ich erkenne Leere", ist deine Leere nicht komplett; der Gedanke an Leere ist da, noch funktioniert dein Verstand – zwar nur noch auf eine sehr, sehr zurückgenommene Art und Weise – aber immer noch in Funktion; du denkst, dass jetzt nur noch Leere vorhanden ist. Was aber ist diese Leere, deren du dir bewusst bist? Ein ganz verfeinerter Gedanke, der feinst mögliche überhaupt, der allerletzte, jenseits dessen es keinerlei Gegenstand mehr gibt. Wann immer ein Zen-Mönch zu seinem Meister gelaufen kommt, hocherfreut, nunmehr angekommen zu sein, und sagt: „Ich habe die Leere erlangt!", sagt der

Meister: „Geh und wirf auch diese Leere hinaus. Komm mir damit nicht wieder. Wenn du tatsächlich leer bist, dann ist nicht einmal dieser Gedanke der Leere vorhanden!"

Genau das besagt die berühmte Geschichte über Subhuti: Er saß unter einem Baum, ohne jeden Gedanken – nicht einmal der Gedanke, dass kein Gedanke mehr da war. Plötzlich regnete es Blumen. Er staunte: „Was geht hier vor?" Wohin er auch schaute – überall fielen Blüten über Blüten vom Himmel. Als sie sein Erstaunen sahen, sagten die Götter zu ihm: „Was wunderst du dich? Wir haben noch nie eine so großartige Predigt über Leere gehört wie heute. Und du hast sie gehalten. Jetzt wird gefeiert! Und wir überschütten dich mit diesen Blumen zum Zeichen dafür, wie sehr wir deine Predigt über die Leere zu schätzen und zu feiern wissen." Subhuti wird mit den Achseln gezuckt und gesagt haben: „Aber ich hab doch keinen Ton gesagt!" Worauf die Götter antworteten: „Richtig, gesagt hast du nichts, und wir haben auch nichts gehört. Genau das macht es ja zur großartigsten Predigt über die Leere!"

Wenn du es aussprichst, wenn du sagst: „Ich bin leer!" – der Gedanke des Nicht-Denkens – hast du den springenden Punkt verfehlt. Gedanken wegzuwerfen ist einfach – aber wie wirft man die Leere weg? Wie wirft man das Nicht-Denken weg? Das ist kaum noch zu erkennen – wo soll man es packen? Das besagt die Geschichte von dem Zen-Meister, der zu seinem Schüler sagt: „So, und nun geh hin und wirf auch noch diese Leere hinaus!" Der Schüler sagte: „Aber wie soll ich denn Leere hinauswerfen können?" Worauf der Meister: „Dann nimm sie eben wieder mit. Geh und wirf sie weg, aber steh hier nicht mit deinem Kopf voller Leere herum – tue etwas!"

Es ist kaum erkennbar. Man kann sich daran klammern, aber dann ist man seinem Verstand noch im letzten Moment auf den Leim gegangen. Zu neunundneunzigkommaneun Prozent hatte man es schon geschafft; nur noch ein letzter Schritt und die hundert Prozent wären voll gewesen und dein Mind hätte sich aufgelöst.

Das Rad der Wiedergeburt wird noch nicht anhalten, denn der Gedanke „Ich denke nichts!" ist wie ein verstecktes Saatkorn – viele Leben werden noch daraus hervorsprießen. Das Saatkorn ist praktisch unsichtbar, der Baum ist riesig, aber der ganze Baum verbirgt sich im Innern des Saatkorns. Das Saatkorn mag nur so klein sein wie ein Senfkorn – so winzig; aber er steckt in ihm drin. Es ist geladen, es enthält einen Bauplan, es kann den ganzen Baum hervorbringen, wieder und immer wieder. Aus einem einzigen Körnchen können Millionen von Saatkörnern hervorgehen.

Ein einziges Senfkorn kann die ganze Erde begrünen. „Ich denke nichts!", ist das versteckteste Saatkorn. Und wenn dieses ist, spricht Patanjali vom *samadhi* mit Saatkorn – *sabija samadhi.* Du wirst immerzu wiederkehren, dein Rad wird sich weiterdrehen – Geburt und Tod, Geburt und Tod. Es wird sich wiederholen. Du hast den Samen noch nicht verbrannt. Erst wenn du diesen Gedanken des „Nicht-Denken!", des „Nicht-Selbst!", wenn du diesen Gedanken des „Nicht-Ego!", verbrennen kannst, wird es zum *nirbija samadhi* kommen, zum *samadhi* ohne Samen. Dann findet keine Geburt, kein Tod mehr statt, du hast das ganze Rad transzendiert, du bist jenseits. Jetzt bist du reines Bewusstsein. Die Dualität ist abgefallen: Du bist eins geworden. Dieses Einssein, dieses Wegfallen der Dualität, ist das

Jenseits zu Leben und Tod. Das ganze Rad steht plötzlich still – du hast den Albtraum hinter dir.

Jetzt wollen wir auf die Sutras eingehen. Sie sind sehr, sehr schön. Versucht sie zu verstehen. Tief ist ihr Sinn. Ihr werdet sehr genau aufpassen müssen, um die subtilen Nuancen nachzuvollziehen.

Samadhis, die vom Meditieren über Dinge herrühren, sind samadhis mit Saatkorn und schenken nicht die Freiheit vom Kreislauf der Wiedergeburt.

Man kann einen dinglichen oder auch geistigen Gegenstand in Kontemplation vertiefend betrachten. Der Gegenstand mag Geld oder *moksha*, das Erreichen des Höchsten sein. Der Gegenstand mag ein Stein sein oder der Kohinoor-Diamant, das spielt keine Rolle. Solange ein Gegenstand da ist, ist der Verstand da. Der Verstand kann sich nur durch Gegenstände in Gang halten. Das Gegenständliche liefert dem Verstand ständig Futter. Und solange Gegenständliches da ist, kannst du dich selbst nicht erkennen: Dein ganzer Geist ist auf das Andere gerichtet. Aber dieses Andere muss verlassen werden, restlos, so dass du nichts mehr zu denken hast, so dass du deine Aufmerksamkeit auf nichts mehr lenken kannst, du nirgendwo mehr hin kannst.

Solange dein Bewusstsein gegenständlich ist, hast du Patanjali zufolge viele Möglichkeiten: Du kannst dich zu dem Gegenstand als denkendes Wesen in Beziehung setzen, du kannst über den Gegenstand logisch nachdenken. Das nennt Patanjali *savitarka samadhi*. Das geschieht häufig: Wenn ein Wissenschaftler einen Gegenstand untersucht, wird er restlos still, er ist vollkommen in seinen Gegenstand versunken. Oder manchmal ist ein Kind so vertieft in sein Spielzeug, dass es nahezu vollständig aufgehört hat zu denken. Dann waltet eine tiefe Freude. Der Gegenstand zieht all deine Aufmerksamkeit auf sich, da ist kein Raum für Angst, kein Raum für Verspannung, kein Raum für Verzweiflung – weil du so selbstvergessen in deinem Gegenstand aufgehst, in deinem Gegenstand verschwunden bist.

Sokrates ist einmal folgendes passiert: Eines Nachts stand er da – es war eine Vollmondnacht und er betrachtete den Mond und war vollkommen darin versunken. Er muss in jenem Zustand gewesen sein, den Patanjali *savitarka samadhi* nennt; denn er war einer der logischsten Männer seiner Zeit, einer der logischsten Köpfe, ein Höhepunkt der Rationalität. Er machte sich Gedanken über den Mond, über die Sterne und die Nacht und den Himmel und vergaß sich darüber vollständig. Und es fing an zu schneien und am Morgen fand man ihn fast tot, sein Körper halb erfroren in Schnee und Eis – und immer noch schaute er auf zum Himmel! Bei lebendigem Leibe angefroren! Man hatte nach ihm zu suchen begonnen, und dann fand man ihn dort stehen. Die ganze Nacht hatte er stehend unter einem Baum verbracht. Und als man ihn fragte: „Warum bist du nicht nach Hause gekommen? Du stehst mitten im Schnee – so holt man sich ja den Tod!", da antwortete er: „Das hab ich völlig vergessen. Was mich betrifft, ist kein Schnee gefallen. Für mich stand die Zeit still. So fasziniert war ich von der Schönheit der Nacht und der Sterne und der Ordnung der Schöpfung und des Kosmos!"

Dies ist *samadhi* mit der Vernunft, *savitarka*, aber noch ist ein Gegenstand da. Zu diesem *samadhi* gelangt der wissenschaftliche, der rationale, der philosophische Geist.

Dann gibt es, sagt Patanjali, aber auch noch *nirvitarka samadhi,* der *samadhi* des künstlerischen Geistes; diesen kann der Dichter, der Maler, der Musiker erreichen. Der Künstler lässt sich total auf seinen Gegenstand ein, er umkreist ihn nicht. Und trotzdem ist der Gegenstand noch „da draußen." Er denkt vielleicht nicht über ihn nach, aber seine ganze Aufmerksamkeit ist auf etwas gerichtet. Was da funktioniert, muss nicht der Kopf sein, es kann auch das Herz sein, aber immer noch ist es ein Gegenstand, ein Anderes. Ein Dichter kann in sehr tiefe, selige Zustände geraten. Aber der Kreislauf der Geburten steht deshalb noch nicht still – weder für den Wissenschaftler noch für den Künstler.

Weiterhin kommt Patanjali auf den *savichara samadhi* zu sprechen: Da hat man alle Logik aufgegeben, einfach nur Kontemplation – reines Betrachten; kein „darüber", ein einfaches Hinschauen, Beobachten, Zeugesein. Das erschließt tiefere Reiche, aber auch hier bleibt es bei einem Gegenstand, du wirst von deinem Gegenstand in Beschlag genommen. Du bist immer noch nicht in deinem eigenen Selbst – das Andere ist noch vorhanden.

Als nächstes kommt Patanjali zum *nirvichara.* Im *nirvichara* wählt man sich nach und nach einen immer feineren Gegenstand. Das ist hier der springende Punkt: Im *nirvichara* wird der Gegenstand ständig verfeinert. Vom Grobstofflichen führt der Weg zum Feinstofflichen: vom Stein zur Blume, von der Blume zum Duft. Du wendest dich dem Feinstofflichen zu. Mit der Zeit wird der Gegenstand so subtil, als existierte er fast nicht mehr.

Zum Beispiel betrachtest du die Leere; es ist praktisch kein Gegenstand mehr da. Es gibt buddhistische Schulen, die nur auf diese Kontemplation bestehen: nur dies eine zu denken, sich mit der Vorstellung voll zu saugen, dass nichts existiert. Wer ununterbrochen das Nichts zum Gegenstand seines Bewusstseins macht, der kommt schließlich an den Punkt, wo der Gegenstand so ungreifbar wird, dass er sich deiner Aufmerksamkeit entzieht – so fein, dass es nichts mehr zu betrachten gibt; aber trotzdem macht man damit weiter und immer weiter. Plötzlich, eines Tages, stößt dann das Bewusstsein auf sich selber. Nirgendwo da draußen finden die Füße noch Halt, nirgendwo kann man sich anklammern, und nunmehr wendet sich das Bewusstsein sich selber zu, es kehrt zurück zu seiner eigenen Mitte. Dann wird es das höchste, das reinste – *nirvichara.*

Das höchste Bewusstsein, *nirvichara*, tritt ein, wenn es auf sich selbst trifft. Aber sobald du zu denken anfängst: „Jetzt bin ich beim Nicht-Denken angelangt und ich habe das Nichts erreicht!", hast du dir wieder einen Gegenstand geschaffen und das Bewusstsein hat sich wieder von sich selbst entfernt. Dies passiert dem Suchenden immer wieder. Du stößt viele Male auf dich selbst, schon manches Mal hast du deine Mitte berührt, aber da du dich in den Mysterien des Inneren nicht auskennst, verlierst du dich immer wieder an die Peripherie. Plötzlich steigt der Gedanke auf: „Ja, jetzt hab ich's!" Mit einem Male hast du das Gefühl: „Aha, das ist es also! Das war jetzt ein *satori!* Ich habe *samadhi* erreicht!" Du fühlst dich so selig, dass der Gedanke verzeihlich ist. Aber sobald der Gedanke da ist, bist du schon wieder Opfer von etwas Dinglichem, Objekthaftem geworden. Das Subjektive ist wieder verloren gegangen, die Einheit ist wieder zur Dualität geworden.

Man muss also sehr darauf achten, dass sich der Gedanke des Nicht-Denkens nicht einschleicht. Lasst euch nicht verführen! Ihr könnt gerne tanzen, das stört überhaupt nicht, nur gestattet kein Benennen, gestattet kein Worte-Machen.

In der Sufi-Tradition bedient man sich des Tanzens, um das Denken zu meiden. Auf der letzten Stufe sagen die Sufi-Meister: „Wenn du den Punkt erreicht hast, wo die Objektwelt verschwunden ist, fang augenblicklich zu tanzen an, damit deine Energie in den Körper einfließt und nicht ins Denken. Beginne sofort, irgendetwas zu tun, das wird helfen."

Die Zen-Meister brechen, wenn sie erleuchtet werden, in ein schallendes Gelächter aus, brüllen vor Lachen wie ein Löwe. Wie ist das zu verstehen? Sie bersten vor Energie, und zum ersten Male ist ihre Energie eins geworden. Sobald du jedoch irgendetwas anderes in den Geist einlässt, ist sofort wieder die Teilung da, und Geteiltsein ist deine alte Gewohnheit. Das wird für ein paar Tage so weitergehen. Hüpfe, renne, tanze, schüttele dich vor Lachen – irgendwas musst du tun, damit die Energie in den Körper fährt und nicht in den Kopf. Denn die Energie ist nun mal da, und das alte Muster ist auch noch da, es kann jederzeit wieder in Gang kommen.

Viele Leute kommen zu mir damit, und jedes Mal, wenn es passiert, stellt sich das größte Problem – ich sage das größte, weil es kein gewöhnliches Problem ist. Der Verstand will sich augenblicklich einmischen und sagt: „Jawohl, jetzt bist du angekommen!" Das Ego ist auf den Plan getreten und alles ist verloren. Ein einziger Gedanke und sofort geht ein großer Riss durch dich hindurch. Da hilft Tanzen! Tanzen kannst du ohne Probleme. Du kannst in Ekstase geraten, du kannst feiern. Darum lege ich so viel Wert auf das Feiern! Feiert nach jeder Meditation, damit das Feiern euch in Fleisch und Blut übergeht – und wenn es dann endlich so weit ist, werdet ihr augenblicklich mit dem Feiern beginnen können.

Das ganze Problem besteht darin, wie man das Andere, das Objekt los wird. Das Objekt ist die ganze Welt. Du wirst immerzu wiederkehren müssen. Solange das Objekt existiert, ist Verlangen da; solange das Objekt da ist, ist Denken da; solange das Objekt da ist, ist das Ego da; solange das Objekt da ist, bist du da. Fällt das Objekt weg, fällst auch du weg. Denn Objekt und Subjekt treten nur zusammen auf. Sie sind Teil voneinander, einer allein kann nicht bestehen. Es ist wie mit einer Münze: Vorder- und Rückseite existieren gemeinsam. Man kann das eine nicht von dem anderen trennen. Entweder man steckt beides ein oder wirft beides weg. Wirft man das eine weg, wirft man auch das andere weg. Subjekt und Objekt gehören zusammen. Sie sind eins, zwei Seiten von ein und demselben. Fällt das Objekt, bricht augenblicklich das ganze Haus der Subjektivität in sich zusammen. Dann bist du nicht mehr der alte. Dann bist du das Jenseits; und nur so ist die Dualität von Leben und Tod überwunden.

Du wirst sterben müssen, du wirst wieder geboren werden müssen. Während du stirbst, wirst du, genau wie ein Baum, all deine Wünsche in Saatform zusammen raffen. Nicht du gehst eine neue Geburt ein, sondern dein Saatkorn fliegt fort und geht eine neue Geburt ein. Alles, was du gelebt und dir gewünscht hast – deine Frustrationen, deine Fehlschläge, deine Erfolge, deine Leidenschaften, dein Hass – während du stirbst, sammelt sich diese ganze Energie in einem Samenkorn. Dieses Samenkorn besteht aus Energie; dieses Samenkorn springt aus dir heraus, nistet sich in einen Uterus ein. Aus diesem Samen wirst du wieder geschaffen, genau wie das Saatkorn eines Baumes. Ehe der Baum stirbt, verewigt er sich in seinem Saatkorn. Durch sein Saatkorn bleibt der Baum erhalten. Durch dein Saatkorn bleibst du erhalten. Darum spricht Patanjali von *sabija samadhi.* Solange das Objekt noch da ist, wirst du immer wieder und wieder geboren werden, wirst du dasselbe Elend durchmachen müssen, durch dieselbe Hölle gehen müssen, die das Leben ist – es sei denn, du wirst „samenlos".

Aber was heißt samenlos sein? Wenn das Objekt nicht mehr da ist, ist auch kein Samen mehr da. Dann lösen sich all deine vergangenen Karmas auf. Denn in Wirklichkeit hast du niemals etwas getan. Alles ist durch deinen Mind geschehen; aber du hast dich damit gleichgesetzt, du hältst dich für deinen Mind. Alles ist durch deinen Körper geschehen, aber du bist mit ihm identifiziert, du hältst dich für deinen Körper. Erst im *nirvichara samadhi,* wenn nur noch das Bewusstsein in seiner höchsten Reinheit ist, verstehst du zum ersten Male den Zusammenhang: Dass nicht du es warst, der alles getan hat. Du hast niemals das Geringste begehrt. Du brauchst auch gar nichts zu begehren, weil du alles schon in dir hast. Du bist alles, was es gibt. Es war dumm von dir, Wünsche zu haben und nur weil du Wünsche gehabt hast, bist du zum Bettler geworden.

Normalerweise stellen wir es uns genau umgekehrt vor: Du hältst dich für einen Bettler, folglich hast du Wünsche. Aber im samenlosen *samadhi* geht dir folgende Erkenntnis auf: „Nein, es ist ja genau umgekehrt! Du bist ein Bettler, weil du ständig Wünsche hast! Ich habe mich völlig missverstanden."

Wenn die Wünsche wegfallen, bist du plötzlich vollkommen unabhängig: Den Bettler hat es nie gegeben, der war nur da, weil du gebettelt hast; weil du gedanklich zu sehr auf's Objekt fixiert warst und du so sehr vom Objekt und von den Objekten besessen warst, dass du keine Zeit und keine Gelegenheit und keinen Raum gefunden hast, um nach innen zu schauen. Du hast vollkommen vergessen, wer in dir wohnt. In dir wohnt das Göttliche selbst.

Darum sagen die Hindus: „*Aham brahman asmi* – Ich bin das Allerhöchste." Aber dies kann man nicht erreichen, indem man es einfach sagt. Man muss den *nirvichara samadhi* erfahren. Nur dann haben die Upanishaden, haben die Buddhas Recht. Dann wirst du zu ihrem Zeugen und sagst: „Ja, es ist so." Denn nunmehr hast du selbst diese Erfahrung gemacht.

Beim Erlangen der letzten Reinheit,
nirvichara samadhi,
beginnt ein spirituelles Licht zu erscheinen.

Was heißt letzte Reinheit? Dann ist nicht einmal mehr der Gedanke des Nicht-Denkens vorhanden – der Spiegel ist einfach nur Spiegel, es spiegelt sich nichts in ihm – schon die kleinste Spiegelung ist bereits eine Verunreinigung. Sie kann dem Spiegel zwar nichts anhaben, aber trotzdem ist es dann kein reiner Spiegel mehr. Etwas Fremdes ist da: der Spiegel befindet sich nicht in seiner unmittelbaren Reinheit, in seinem absoluten Alleinsein, der Spiegel ist nicht unschuldig – etwas ist da.

Wenn das Denken vollkommen aufgehört hat und es gibt nicht einmal das Nicht-Denken, wenn also überhaupt kein

Gedanke mehr da ist, nicht einmal der, was für einen Augenblick der Glückseligkeit du da kostest – du verweilst einfach nur in dieser äußersten Reinheit des *nirvichara samadhi* – dann beginnt das spirituelle Licht zu erscheinen und vieles geschieht.

Genau das hat Subhuti erfahren: Plötzlich regnete es Blumen ohne jeden Grund. Er war sich nicht einmal seiner Leere bewusst! Wäre er es gewesen, dann hätte es auch keine Blumen geregnet. Er war einfach vollkommen selbstvergessen, so sehr war er bei sich. Nicht die geringste Welle kräuselte sich auf dem See seines Bewusstseins, keinerlei Spiegelbild war zu sehen, nicht einmal eine weiße Wolke hoch droben im All – gar nichts.

Und es regnete Blumen … genau wie es Patanjali beschreibt: „*Nirvichara vaisharadye adhyatma prasadah* – plötzlich senkt sich Gnade herab." Genau genommen hat sie sich seit jeher herabgesenkt. Ihr merkt es nur nicht. Jetzt – in diesem Moment – regnet es Blumen auf euch, aber ihr seid nicht leer, so könnt ihr sie auch nicht sehen. Nur mit den Augen der Leere sind sie zu sehen, es sind nicht Blumen dieser Welt, sondern Blumen einer anderen Welt.

Alle, die je erkannt haben, sind sich in einem Punkt einig: Dass man nach dem allerletzten Schritt das Gefühl hat, ohne jeden Grund sei nun alles erfüllt. Man fühlt sich so gesegnet, obwohl man doch gar nichts dafür getan hat. Du hast dich zwar um Meditation bemüht, du hast dich bemüht, nicht so sehr an der Objektwelt zu kleben, du hast zwar in dieser Hinsicht „etwas getan" – aber für dieses plötzliche Überschüttet-Werden mit Segnungen hast du nicht das geringste getan. Für eine solche Erfüllung aller Wünsche hast du keinen kleinen Finger gerührt!

Mit dem Objekt ist Elend verbunden; mit dem Begehren der unglückliche Geist; mit dem Fordern, mit dem ewig jammernden Mind die Hölle. Plötzlich, wenn es kein Objekt mehr gibt, ist auch die Hölle verschwunden und der Himmel durchströmt dich. Es ist ein Augenblick der Gnade. Du kannst nicht behaupten, dass „du ihn erlangt hast." Du kannst nur sagen, dass du gar nichts getan hast. Das ist die Bedeutung des Wortes Gnade, *prasad:* ohne dass du deinerseits etwas tust, geschieht es.

Es geschieht tatsächlich, immerzu, nur, dass es euch irgendwie entgeht. Ihr seid dermaßen mit der Objektwelt identifiziert, dass ihr nicht in der Lage seid, in euch hineinzuschauen. Eure Augen sind nicht nach innen gerichtet, eure Augen gehen nach außen. Ihr wurdet bereits erfüllt geboren. Ihr braucht überhaupt nichts zu tun, ihr braucht keinen einzigen Schritt vor die Tür zu tun.

Wenn sich die Aufmerksamkeit allmählich nach innen richtet, kommt Licht, und in diesem Licht stellt ihr fest, dass es nie dunkel gewesen ist. Ihr wart nur nie auf euch selbst eingestimmt; das war das einzige Dunkel. Wenn ihr das versteht, braucht ihr euch nur noch still hinzusetzen, und alles ist möglich. Ihr geht nicht auf die Reise und kommt an ein Ziel. Ihr tut überhaupt nichts und alles geschieht. Schwierig, das zu verstehen; denn euer Verstand sagt: „Wie soll das angehen? Und was hab ich nicht alles angestellt, und kein bisschen Seligkeit hat sich gezeigt. Was soll es also bringen, überhaupt nichts zu tun?

Jeder jagt dem Glück nach und jeder verfehlt es, also sagt der Verstand, und selbstverständlich logischerweise: „Wenn schon bei so viel Suchen nichts heraus kommt, wie soll es was bringen, gar nichts zu tun?" Und alle, die auf solche

Lehren gehört haben, müssen verrückt geworden sein: „Du musst alles geben, was du hast, nur so ist es möglich!“ Und ihr Verstand treibt sie ständig an: „Suche noch mehr, streng dich noch mehr an. Lauf schneller und schneller, denn das Ziel ist noch weit!“

Das Ziel ist in dir. Da ist keinerlei Eile nötig, man braucht sich auch nirgendwohin zu begeben. Man braucht überhaupt nichts zu tun. Das Einzige – ohne jede Aktivität in Stille sitzen, ohne Objekt, vollkommen bei sich, sosehr in der Mitte deiner Existenz, dass nicht die geringste Bewegung zur Oberfläche aufsteigt. Dann stellt sich *prasad* ein; dann senkt sich Gnade auf dich herab, dann regnet es Segnungen, dann füllt sich dein ganzes Dasein mit einer nie gekannten Seligkeit. Dann wird diese Welt zum Paradies, dieses Leben selber göttlich. Dann ist nichts mehr verkehrt. Dann ist alles so, wie es sein sollte.

Aus deiner inneren Seligkeit heraus erblickst du überall Seligkeit. Mit diesen neuen Augen, dieser neuen Klarheit gibt es keine andere Welt, gibt es kein anderes Leben, gibt es keine andere Zeit mehr: Dieser Augenblick, diese Existenz ist das einzige, was ist.

Aber solange du kein Gefühl für dich selbst hast, werden dir all diese Segnungen entgehen, die von der Existenz einfach so als Geschenke verteilt werden. Du hast es weder verdient, noch kannst du Anspruch darauf erheben. Im Gegenteil, sobald der Fordernde geht, ist es plötzlich da.

Dein innerstes Sein ist dem Wesen nach Licht.

Bewusstsein ist Licht, Bewusstsein ist das einzige Licht, das es gibt. Ihr lebt sehr unbewusst, tut alles Mögliche ohne zu wissen warum, treibt vor euch hin in bewusstlosem Schlaf. Ihr seid Schlafwandler, dies ist die einzige spirituelle Krankheit.

Werdet bewusster! Versucht es zuerst mit Gegenständen: Seht euch alles mit etwas wacheren Augen an. Du kommst an einem Baum vorbei: schau ihn dir ganz bewusst an. Bleib eine Weile stehen, sieh den Baum an. Reib dir die Augen, sieh den Baum mit mehr Wachheit an. Nimm all deine Aufmerksamkeit zusammen, sieh auf den Baum und achte auf den Unterschied. Plötzlich ist der Baum, wenn du hellwach bist, ganz anders: Er ist grüner, er ist lebendiger, er ist schöner. Der Baum ist derselbe, nur du hast dich verändert. Sieh auf eine Blume, als hinge deine ganze Existenz von diesem Blick ab. Richte all deine Achtsamkeit auf diese Blume, und plötzlich verklärt sich die Blume – sie ist strahlender, sie ist leuchtender. Sie hat etwas von der Herrlichkeit des Ewigen – so als hätte sich die Ewigkeit in Form einer Blume ins Zeitliche hinein begeben.

Schau dir das Gesicht deines Mannes, deiner Frau, deines Freundes, deiner Geliebten an, aber hellwach; sei in Meditation und plötzlich kannst du nicht nur den Körper sehen, sondern auch das, was jenseits des Körpers ist, was der Körper ausstrahlt. Der Körper ist in eine Aura des Spirituellen gehüllt. Das Gesicht ist nicht mehr das Gesicht des geliebten Menschen; sein Gesicht ist zum Gesicht des Göttlichen geworden. Sieh dir dein Kind an: Schau ihm zu, wie es voller Wachheit spielt, und plötzlich verklärt sich das ganze Bild.

Fang also mit gegenständlichen Dingen an und geh erst dann zu feinstofflichen über. Zum Beispiel singt ein Vogel im Baum: Sei voll im Hier und Jetzt, es gibt in dem Moment nur dich und das Lied dieses Vogels – als würde die übrige Welt gar nicht existieren, keine Rolle spielen. Fokussiere dein ganzes Sein auf das Vogelgezwitscher, und du wirst den Unterschied sehen. Der Verkehrslärm existiert nicht mehr, oder höchstens weit weg in der Ferne, und der kleine Vogel und sein Lied füllen dein ganzes Sein aus – nur du und der Vogel existieren. Und dann, wenn das Lied vorbei ist, lausche der Abwesenheit des Liedes: Jetzt ist das Objekt feinstofflich.

Achtet darauf: Wenn ein Lied zu Ende ist, hinterlässt es der Atmosphäre eine bestimmte Qualität – die Qualität seiner Abwesenheit. Nichts ist wie vorher: Die Atmosphäre hat sich völlig verändert. Zuerst das Lied und jetzt die Abwesenheit des Liedes. Spürt genau hin – die ganze Existenz ist von der Abwesenheit des Liedes erfüllt. Und das ist noch schöner als jedes Lied, weil da das Lied der Stille ist. Ein Lied bedient sich der Töne, und wenn die Töne verklingen, bedient sich die Abwesenheit der Stille. Und nachdem ein Vogel gesungen hat, ist die Stille tiefer.

Oder es kommt jemand vorbei, ein sehr wacher Mensch – beobachtet diesen Menschen. Und wenn er wieder fort ist, beobachtet nun dessen Abwesenheit: Er hat etwas hinterlassen! Seine Energie hat den ganzen Raum verändert, es ist nicht mehr der gleiche Raum. Als Buddha im Sterben lag, fragte Ananda – er war untröstlich und weinte sehr: „Was soll denn nun aus uns werden? Während du mit uns warst, haben wir nicht ans Ziel zu kommen vermocht. Ab jetzt wirst du nicht mehr hier sein, was sollen wir tun?“ Darauf soll Buddha geantwortet haben: „Dann liebt meine Abwesenheit, achtet auf meine Abwesenheit.“

Fünfhundert Jahre lang wurden keine Buddhastatuen angefertigt, damit die Abwesenheit spürbar war.

Statt Buddhas Gestalt wurde immer nur der Bodhibaum abgebildet. Es gab zwar Tempel, aber ohne Buddhastatue – lediglich ein Bodhibaum, ein steinerner Bodhibaum, und darunter ein abwesender Buddha! Und die Leute kamen hin und setzten sich vor den Baum und beobachteten die Abwesenheit des Buddha unter dem Baum. Und viele gelangten so in eine tiefe innere Stille und Meditation. Dann aber ging nach und nach das Feinstoffliche verloren und die Leute fingen an zu reden: „Was gibt es da zu meditieren? Da ist nur ein Baum, aber wo ist Buddha?" Denn um Buddha selbst in seiner Abwesenheit zu spüren, bedarf es einer sehr, sehr tiefen Klarheit und Aufmerksamkeit. Erst dann – als deutlich wurde, dass die Menschen nun nicht mehr über Buddhas feinstoffliche Abwesenheit zu meditieren vermochten – wurden Statuen hergestellt.

Erst wenn das Objekt völlig verschwindet, wenn die Anwesenheit des Objektes verschwindet und die Abwesenheit des Objektes verschwindet, der Gedanke verschwindet und der Nicht-Gedanke verschwindet, der Verstand verschwindet und der Gedanke des Nicht-Verstandes verschwindet, erst dann hast du das Höchste erreicht. Das ist der Augenblick, in dem Gnade sich auf dich nieder senkt. Dies ist der Augenblick, da es Blumen regnet. Dies ist der Augenblick, da du die Verbindung mit der Quelle des Lebens und des Seins gefunden hast. Dies ist der Augenblick, da du kein Bettler mehr bist. Dies ist der Augenblick, da du vollkommene Freiheit erfährst.

Bewusstsein ist nicht im Körper verwurzelt; der Körper ist nur eine Heimstätte. So wie du aus deinem Haus heraus und wieder hineingehst, so kann das Bewusstsein aus dem Haus heraus und wieder hineingehen. Das Bewusstsein kann aus diesem ganzen Mechanismus aussteigen und auf die Dinge und das Geschehen schauen.

Im *nirvichara samadhi* geschieht genau das – die Gedanken hören auf. Die Verbindung zwischen Verstand und Bewusstsein ist durchschnitten, denn die Gedanken sind die Verbindung. Ohne Gedanken hast du keinen Verstand und wenn du keinen Verstand hast, ist auch die Verbindung zum Gehirn unterbrochen. Und wenn du keinen Verstand hast und die Verbindung zum Gehirn unterbrochen ist, gibt es auch keine Verbindung mehr zum Nervensystem. Dein Bewusstsein kann jetzt ein- und ausströmen, alle Türen sind offen. Im *nirvichara samadhi*, wenn alle Gedanken aufgehört haben, kann sich das Bewusstsein frei bewegen und fließen. Es wird wie eine Wolke ohne Wurzeln, ohne eine Heimstätte. Es ist frei von dem Mechanismus, mit dem du gelebt hast. Es kann nach außen gehen, es kann nach innen gehen, es gibt kein Hindernis auf seinem Weg.

Jetzt ist unmittelbares Wissen möglich. Unmittelbares Wissen ist Erkennen. Jetzt kannst du unmittelbar sehen, ohne irgendeinen Boten zwischen dir und der Quelle des Wissens. Es ist ein erschütterndes Ereignis, wenn dein Bewusstsein nach außen geht und unmittelbar eine Blume wahrnimmt. Du kannst dir dies nicht vorstellen, weil es nicht zur Welt der Vorstellung gehört, du kannst einfach nicht glauben, was geschieht. Wenn das Bewusstsein unmittelbar die Blume sehen kann, ist die Blume zum ersten Mal erkannt und nicht nur die Blume, sondern durch sie die gesamte Existenz. In einem kleinen Kieselstein liegt das ganze Universum verborgen; in einem zarten Blatt, das im Wind tanzt, tanzt der Kosmos. In einer kleinen Blume am Wegesrand lächelt dir die ganze Existenz.

Wenn du aus deinem Gefängnis der Sinnesorgane, des Nervensystems, des Gehirns, des Verstandes herauskommst, verschwinden ganz plötzlich die einzelnen Existenzen. Ein Meer von Energie in Millionen Formen ... und in jeder Form das Formlose, jede Form schmelzend und sich auflösend in eine andere Form – ein unendlicher Ozean an formloser Schönheit, Wahrheit und Gutheit. Hindus nennen es *satchidananda:* Wahrheit, Bewusstsein, Seligkeit. Dies ist unmittelbare Wahrnehmung, *aprokshanubhuti*, dies ist unmittelbares Erkennen.

Im Zustand des nirvichara samadhi
wird ein Objekt mit all seinen Perspektiven erfahren,
denn dieser Zustand des Wissens wird
ohne Hilfe der Sinnesorgane erreicht.

Die Sinnesorgane sind wie Schlüssellöcher, mit denen wir versuchen, den Himmel zu sehen; sie geben dem Himmel einen Rahmen und zerstören alles – denn der Himmel ist unendlich größer als das Schlüsselloch. Wie kann deine Perspektive umfassender sein als deine Augen? Wie kann deine Berührung größer sein als deine Hände und wie kann ein Ton tiefer sein als deine Ohren? Im *nirvichara samadhi* brauchst du die Sinne nicht mehr, du springst plötzlich aus dir heraus. Zum ersten Male ist Unendlichkeit, ist Weite. Jetzt ist eine vollendete Sicht. Da gibt es keinen Anfang und kein Ende.

In der Existenz gibt es keine Grenzen. Alle Begrenzungen gehören zu den Sinnen, sie sind von den Sinnen konstruiert. Die Existenz selbst ist unendlich, jetzt gehst du in alle Richtungen und du gehst und gehst – da gibt es kein

Ende! Wenn diese unbegrenzte Wahrnehmung erreicht ist, löst sich zum ersten Mal die feinste Form des Ego, das noch immer an dir haftet, auf. Die Existenz ist so riesig, wie kannst du da noch an einem kleinen, kümmerlichen Ego festhalten?

Ein sehr großer Egoist, ein reicher Mann und Politiker kam zu Sokrates. Er besaß den größten und schönsten Palast von Athen, von ganz Griechenland. Und du kannst den Egoisten an seiner Art zu gehen erkennen, an der Art wie er etwas sagt, das Ego ist ständig da, vermischt mit allem. Er ging hochmütig, kam zu Sokrates und sprach in hochmütiger Weise zu ihm. Sokrates sprach einige Minuten und sagte: „Warte. Gerade jetzt gibt es ein sehr dringendes Problem, das gelöst werden muss, dann unterhalten wir uns" – und er bat einen Schüler, die Weltkarte zu bringen. Der reiche Mann, der Politiker und Egoist konnte nicht verstehen, welches so dringende Problem plötzlich aufgetaucht sei und er konnte auch nicht die Notwendigkeit einsehen, eine Weltkarte bringen zu lassen. Aber bald fing er an, den Punkt zu sehen. Sokrates fragte: „Wo ist Griechenland auf dieser riesigen Weltkarte – ein kleiner Platz. Wo ist Athen? – nur ein Punkt."

Und dann fragte Sokrates: „Wo ist dein Palast? Athen ist nur ein Punkt. Wo ist dein Palast und wo bist du. Und diese Karte ist nur eine der Erde, und die Erde ist nichts. Die Sonne ist sechzigtausend Mal größer und unsere Sonne ist unbedeutend. Millionen Mal größere Sonnen existieren. Wenn wir eine Karte des Sonnensystems machen, wo wird dann unsere Erde sein? – und unser Sonnensystem ist ein sehr unbedeutendes, es gibt Millionen Sonnensysteme. In einer Galaxie Millionen von Sonnen und Millionen von

Sonnensystemen. Wo mag unsere Erde sein, wenn wir eine Karte der Galaxie entwerfen würden, zu der wir gehören? Und es gibt Millionen von Galaxien. Wo ist unser Sonnensystem, wo unsere Sonne?"

Und nun sagen uns die Wissenschaftler, dass es der Galaxien kein Ende gibt, Galaxien und Galaxien. Wo auch immer wir uns hinbewegen, es scheint kein Ende zu geben. Gemessen an dieser unendlichen Größe, wie kann man da noch am Ego festhalten? Es löst sich auf wie ein Tautropfen in der aufgehenden Sonne. Wenn sich Unendlichkeit zeigt und auch die Wahrnehmung unendlich wird, verschwindet dein Ego wie dieser Tautropfen. Es hat nicht einmal seine Größe. Es ist nur eine irreführende Auffassung, entstanden durch die unverständigen Boten. Wegen dieses kleinen Schlüssellochs der Sinne erscheinst du vergleichsweise groß. Wenn du dem offenen Himmel ausgesetzt bist, verschwindet plötzlich das Ego.

Sokrates sagte: „Wo ist dein Palast auf der Karte? Und wo bist du?"

Der Mann verstand, stellte aber die Frage: „Warum diese Dringlichkeit?"

Sokrates antwortete: „Die Dringlichkeit war notwendig, denn ohne dieses Verständnis gäbe es keine Möglichkeit für einen Dialog; du würdest meine und deine Zeit vergeuden. Jetzt, wo du diesen Punkt verstanden hast, gibt es eine Möglichkeit des Dialoges. Du kannst das Ego beiseite setzen, es spielt keine Rolle mehr. Unter dem offenen Himmel wird das Ego einfach irrelevant. Es verschwindet von alleine. Selbst es loslassen zu wollen, ist ein wenig dumm; es ist die Anstrengung nicht wert. Wenn das Sehen vollkommen geworden ist, löst du dich auf."

Das ist genau der Punkt, der verstanden werden muss. Du existierst, weil dein Sehen eingeengt ist. Je enger dein Sehen, desto größer das Ego; je blinder, desto größer das Ego ... gar keine Wahrnehmung und es existiert das perfekte Ego. Wenn die Wahrnehmung sich ausdehnt, wird das Ego kleiner und kleiner. Ist sie total und umfassend, kann man ein Ego nicht mehr finden.

Das ist meine ganz Arbeit hier – die Wahrnehmung so grenzenlos zu machen, dass das Ego verschwindet. Deswegen hämmere ich aus vielen Richtungen auf die Mauer deines Verstandes, sodass gleich am Anfang wenigstens ein paar Schlüssellöcher mehr entstehen. Durch Buddha hat sich ein neues Schlüsselloch geöffnet, durch Patanjali eines und durch Tilopa wieder ein anderes. Das ist genau das, was ich hier tue.

Ich möchte nicht, dass ihr Nachfolger von Buddha, Tilopa oder Patanjali werdet, auf keinem Fall. Denn ein Nachfolger hat eine Lehrmeinung als Schlüsselloch und kann niemals eine umfassendere Wahrnehmung haben. Mit vielen Schlüssellöchern in den Mauern kannst du nach Osten schauen und nach Westen, du kannst nach Norden schauen und nach Süden; und wenn du nach Osten schaust, wirst du nicht sagen: „das ist die einzige Richtung", du weißt, es gibt noch andere Richtungen, du sagst nicht „das ist die einzige wahre Lehre", denn dann wird deine Wahrnehmung eng. Ich spreche über so viele Lehren, sodass du von allen Richtungen und Lehrmeinungen befreit wirst.

Freiheit kommt durch Verstehen. Je mehr du verstehst, desto freier wirst du. Und wenn du nach und nach durch so viele Schlüssellöcher erkennst, dass dein altes Schlüsselloch einfach außer Mode gekommen ist, es nicht sehr viel bedeutet, dann entsteht in dir ein dringlicher Wunsch: Was geschieht, wenn du alle Mauern niederreißt und einfach ausbrichst? Sogar ein kleines neues Schlüsselloch kann deine ganze Wahrnehmung ändern, und du wirst Dinge wissen, die dir niemals bekannt waren, ja die du dir nicht einmal vorstellen konntest, nicht mal davon träumen konntest. Was wird geschehen, wenn all diese Wände verschwinden und du von Angesicht zu Angesicht mit der Wirklichkeit stehst unter dem offenen Himmel?

Und wenn ich sage unter dem offenen Himmel, dann denke daran, dass der Himmel nicht ein Ding ist, er ist ein Nicht-Ding. Er ist überall, aber du kannst ihn nicht finden; er ist ein Nicht-Ding, einfach unendliche Ausdehnung. Deshalb sage ich nie: Gott ist unendlich. Gott ist die Unendlichkeit. Die Existenz ist nicht unendlich, denn sogar eine unendliche Existenz würde Begrenzungen haben. Die Existenz ist Unendlichkeit.

Wenn du mit grenzenloser Perspektive auf ein Objekt schaust, ist das Objekt in jedem Bereich von der Unendlichkeit durchdrungen; es kann nicht außerhalb existieren. Kein Objekt existiert unabhängig. Es gibt keine isolierte Existenz, Individualität ist nur eine Interpretation. Überall ist alles. Wenn du einen Teil zum Ganzen machst, bist du auf dem falschen Weg. Das ist der Standpunkt der Unbewusstheit – du machst einen Teil zum Ganzen. Wenn du auf einen Teil schaust und sich in ihm das Universum zeigt, so ist dies der Standpunkt eines erwachten Bewusstseins.

Die im nirvichara samadhi gewonnene Wahrnehmung
überschreitet jede normale Wahrnehmungsform,
sowohl in der Ausdehnung wie auch in der Intensität.

Diese beiden Wörter „Ausdehnung“ und „Intensität“ sind sehr bedeutungsvoll. Wenn du die Welt durch die Sinnesorgane, das Gehirn und den Verstand betrachtest, erscheint sie glanzlos. Sie hat keine innere Leuchtkraft, sie ist verstaubt, bald wird sie langweilig und man hat genug davon: die gleichen Bäume, die gleichen Leute, die gleichen Beschäftigungen – alles ist nur Routine. Aber dies ist nicht so!

Ohne Gedanken bist du nackt. Wer bist du ohne Gedanken? Ein Hindu, ein Muslim, ein Christ, ein Kommunist ... ? Wer bist du ohne Gedanken? Ein Mann? Eine Frau? Wer bist du ohne Gedanken? Religiös? Areligiös?

Ohne Gedanken bist du niemand. Alle Kleider sind verschwunden. Du bist Nacktheit, Reinheit, Leere. Dann ist die Wahrnehmung klar, und mit dieser Klarheit entsteht Ausdehnung und Intensität. Jetzt kannst du auf die unendliche Ausdehnung der Existenz schauen. Nun gibt es für deine Wahrnehmung keine Barrieren mehr. Deine Augen tragen das Unendliche in sich: jetzt kannst du in jedes Ereignis, in jeden Menschen hineinschauen, sie sind keine Dinge mehr. Jede Blume ist jetzt ein Wesen und die Bäume sind deine Freunde und die Felsen schlafende Seelen. Jetzt geschieht Intensität.

Überall ist eine Tür, du klopfst an und du bist überall willkommen, wo immer du hineingehst, du gehst in die Unendlichkeit, denn alle Türen sind Türen des Kosmos. Menschen sind dann wie Türen. Liebe eine Person und du schreitest in die Unendlichkeit hinein. Schau auf eine Blume und der Tempel hat sich geöffnet. Lege dich auf den Sand und jedes einzelne Sandkörnchen enthält die Größe des Universums. Das ist die höhere Mathematik der Religion. Patanjali sagt, dass dies noch immer ein kontrollierter

Zustand ist. Die Gedanken sind verschwunden: Du kannst die ganze Existenz erfassen, aber es gibt immer noch denjenigen, der wahrnimmt und das Wahrgenommene, das Objekt und das Subjekt. Mit dem Körper war das Wissen indirekt. Jetzt ist es unmittelbar, aber immer noch ist der Wissende unterschieden von dem Gewussten. Die letzte Barriere, die letzte Trennung. Wenn auch dies aufgegeben werden kann, wenn diese Kontrolle überwunden wird, verschwinden Objekt und Subjekt. Es gibt keinen Wissenden und kein Gewusstes.

Wenn die letzte Kontrolle überwunden ist,
dann ist der samenlose samadhi erreicht und mit ihm
die Freiheit von Leben und Tod.

Der Kreislauf ist für dich zu einem Ende gekommen. Nun gibt es weder Zeit noch Raum, Leben und Tod haben sich wie Träume aufgelöst.

Das ist der Zustand, von dem Zen sagt: „Ruhig sitzend, still sitzend, nichts tuend, der Frühling kommt und das Gras wächst von alleine." Über das hinaus können Worte nichts mehr aussagen. Es ist so, dass man *nirvichara samadhi* erreichen muss, dann geschieht das Warten auf den samenlosen *samadhi.* Er kommt von alleine, so wie das Gras von alleine wächst. Dann ist die letzte Kontrolle überwunden, und es gibt niemanden, der dies tut, es geschieht von alleine. Du kannst nichts mehr tun. Jetzt bist du nicht mehr, du hast dich aufgelöst ähnlich einem Stück Salz, das man in den Ozean geworfen hat und sich auflöst. Man kann nicht finden, wohin es verschwunden ist. Kannst du ein Stück Salz finden, das sich im Ozean aufgelöst hat? Es ist eins mit dem

Ozean geworden. Du kannst den Ozean kosten, aber das Stück Salz wirst du nicht finden.

Was bleibt dann? – Liebe bleibt. Es gibt keinen Liebenden und keinen Geliebten, keinen Wissenden und kein Gewusstes – Wissen bleibt.

Reines Bewusstsein bleibt, ohne ein Zentrum, weit wie die Existenz, tief wie sie und geheimnisvoll.

10. Kapitel

Der Mangel an Bewusstheit – die Angst vor dem Tod

Schaut euch um – das Leben ist ein Fluss, alles bewegt sich. Alles geht unaufhörlich weiter, verändert sich. Veränderung ist das Wesen aller Dinge. Veränderung scheint das Einzige zu sein, was immer ist. Akzeptiert die Veränderung und alles verändert sich. Es verhält sich genauso wie mit den Wellen des Meeres: Sie kommen auf, verweilen ein wenig, lösen sich auf und vergehen.

Geht ans Meer: Was seht ihr? Ihr seht die Wellen, lediglich die Oberfläche. Und dann kehrt ihr heim und sagt, ihr wäret am Meer gewesen und wie schön doch das Meer sei. Euer Bericht stimmt ganz und gar nicht. Ihr habt das Meer keineswegs gesehen – nur seine Oberfläche, den Seegang. Ihr habt nur an der Küste gestanden und aufs Meer hinaus geschaut, aber das war nicht wirklich das Meer. Es war nur die oberste Schicht, die Grenze, an der sich Winde und Wellen treffen.

Das ist, als würdet ihr mich aufsuchen und nur meine Bekleidung wahrnehmen und wieder heimkehren und sagen, ihr hättet mich gesehen. Oder als wäret ihr mich besuchen gekommen, hättet aber nur einen Gang ums Haus herum gemacht und wäret der Außenwände gewahr geworden und hättet dann wieder kehrt gemacht und verkündet, mich besucht zu haben. Es gibt zwar Wellen im Meer, auch

Wellen gehören zum Meer, aber Wellen machen nicht das ganze Meer aus. Sie sind nur das Alleroberste – das am weitesten von der Mitte des Meeres, von seiner Tiefe Entfernte.

Das Leben ist ein Strömen; alles ist in Fluss, eines verwandelt sich ins andere. Patanjali sagt: „Wer glaubt, dass das Leben hierin bestünde, dem mangelt es an Bewusstheit." Der ist ganz, ganz weit vom Leben, von seiner Mitte, von seiner wahren Tiefe entfernt. Richtig, an der Oberfläche verändert sich alles, am Rande herrscht Bewegung, aber in der Mitte, da rührt sich nichts. Da gibt es keine Bewegung, keine Veränderung.

Wem es an Bewusstheit mangelt,
der hält das Vergängliche für das Ewige,
das Unreine für das Reine,
das Schmerzvolle für das Vergnügliche
und das Nicht-Selbst für das Selbst.

Wenn ihr glaubt, jemand wäre anfangs ein Kind, danach ein junger Mensch, dann ein alter Mensch und schließlich stürbe er, dann habt ihr nur die Veränderung gesehen: Das Kind, den jungen Menschen, den alten Menschen, den Toten, die Leiche. Aber habt ihr auch das gesehen, was sich bei all dieser Bewegung nicht mitbewegt hat? Habt ihr das gesehen, was weder ein Kind noch ein junger Mensch noch ein alter Mensch war? Habt ihr das gesehen, was alles zusammenhält und immer dasselbe bleibt und dasselbe und dasselbe, was weder geboren wird noch stirbt? Sobald ihr diese Augen habt – diesen Tiefblick, diese Wahrnehmung, diese Klarheit mit ihrer durchdringenden Kraft –, werdet ihr augenblicklich erkennen, dass das, was sich verändert, sich bewegt, nur die Oberfläche ist. In der Tiefe des Grundes ist das Ewige. Hast du je das Ewige gesehen? Wenn nicht, dann ist das *avidya;* dann lebst du im Banne der Oberfläche, dann hat dich der ständige Szenenwechsel hypnotisiert, dann hast du dich zu sehr auf ihn eingelassen. Du brauchst etwas mehr Abstand, mehr distanziertes Zuschauen. Das Vergängliche für das Ewige zu halten, ist *avidya*; das Unreine für das Reine zu halten ist *avidya*.

Aber was heißt rein und was heißt unrein? Patanjali hat mit der gewöhnlichen Moralvorstellung nichts zu schaffen. Die gewöhnliche Moral denkt anders. Ein und dieselbe Sache mag in Indien als rein und in China als unrein gelten, ein und dieselbe Sache mag in Indien unrein und in England rein sein. Oder selbst hier in Indien mag etwas, das die Hindus für rein halten, für die Jainas unrein sein. Die Moralvorstellungen unterscheiden sich. Ja, wenn man die verschiedenen Moralebenen unter die Lupe nähme, wären sie bei jedem Einzelnen verschieden.

Patanjali redet hier nicht von Moral. Moral ist nur eine Übereinkunft; sie hat ihren Nutzen, enthält aber keinerlei Wahrheit. Und wenn ein Mann wie Patanjali spricht, dann spricht er von Dingen, die ewig gültig sind und nicht nur im kleinsten Kreise. Moralvorstellungen gibt es zu Tausenden auf der Welt und immerzu ändern sie sich, von Tag zu Tag. Kaum ändern sich die Umstände, hat sich auch die Moral zu ändern. Aber wenn Patanjali von rein und unrein spricht, hat er etwas absolut anderes im Sinn. Mit Reinheit meint er „das Natürliche" – mit Unreinheit meint er „das Unnatürliche." Aber da ihr alles Mögliche für natürlich oder unnatürlich halten könntet, wählt er ein anderes Wort.

Mit „Unreines mit dem Reinen verwechseln" meint er:

„Unnatürliches mit dem Natürlichen verwechseln". Aber genau das habt ihr getan, genau das hat die ganze Menschheit getan. Und genau deshalb seid ihr immer mehr ins Unreine gekommen.

Haltet euch an die Natur. Führt euch einfach vor Augen, was natürlich ist oder sucht es herauszufinden. Denn mit dem Unnatürlichen werdet ihr euch immer verspannt, unwohl, unbehaglich fühlen. Niemandem kann in einer unnatürlichen Situation behaglich zumute sein. Und so umgebt ihr euch mit lauter Unnatürlichkeiten; die fallen euch dann zur Last und richten euch zugrunde. Wenn ich unnatürlich sage, meine ich damit: Alles was eurem Wesen fremd ist. Und ihr haltet inzwischen so viele unnatürliche Dinge für natürlich, dass ihr vielleicht gar nicht mehr wisst, was natürlich heißt. Um das Natürliche zu finden, werdet ihr tief in euch gehen müssen. Die gesamte Gesellschaft macht euch unrein, ständig zwingt sie euch Dinge auf, die euch nicht natürlich sind. Sie prägt euch ständig, sie schwatzt euch ständig irgendwelche Ideologien, Vorurteile und allen möglichen Unfug auf. Jeder muss für sich herausfinden, was natürlich ist.

Wenn Patanjali sagt: „Mangel an Bewusstheit heißt, das Unreine für das Reine zu halten", dann ist unter dem Reinen eure Natürlichkeit zu verstehen – so wie ihr seid, unverdorben durch andere. Erhebt niemanden zu eurem Ideal. Versucht nicht, wie ein Buddha zu werden. Du kannst nur du selber werden.

Selbst wenn Buddha so werden wollte wie du, ginge das nicht. Niemand kann genauso werden wie irgendein anderer. Jeder existiert auf seine eigene, unverwechselbare Art. Und genau das heißt Reinheit: Deinem eigenen Wesen zu folgen, du selbst zu sein, heißt Reinheit. Das ist aber sehr schwer; denn du bist beeindruckt, denn du wirst hypnotisiert. Es ist deswegen so schwer, weil die Leute, die dich beeinflussen wollen, geschickte Argumente benutzen. Es gibt überall wunderbare Menschen, sie beeindrucken dich, sie haben eine Anziehungskraft, sie haben Charisma. Wenn du in ihre Nähe kommst, fühlst du dich einfach angezogen. Also musst du sehr auf der Hut sein, vor allem vor großen Persönlichkeiten, vor Menschen mit Anziehungskraft, vor Menschen, die dich beeindrucken, beeinflussen und umkrempeln können – denn sie werden dich verunreinigen.

Nicht, dass sie das wollen! Kein Buddha hat je irgendwen anhalten wollen, so zu werden wie er selbst. Nicht also, dass das von ihnen ausginge – vielmehr sind es eure eigenen törichten Vorstellungen, die euch anstiften sie nachzuahmen und jemand anders zu eurem Ideal zu machen und euch dann abzumühen, um genauso zu werden. Das ist die größte Unreinheit, die einem Menschen passieren kann.

Liebt einen Buddha, einen Jesus, einen Ramakrishna, lasst euch von ihren Erfahrungen inspirieren – aber nicht beeinflussen. Das fällt deshalb so schwer, weil der Unterschied ein sehr feiner ist. Liebt, lauscht, saugt euch voll, aber ahmt nicht nach. Nehmt, was immer ihr könnt, aber behaltet dabei eure eigene Natur im Auge. Wenn etwas zu eurer Natur passt, dann nehmt es – aber nicht, weil es Buddha gesagt hat.

Buddha schärft seinen Schülern immer wieder ein: „Übernehmt nichts nur deshalb, weil ich es sage. Nehmt nur das, was ihr braucht, wenn ihr an den Punkt gekommen seid, wo es eurer Natur entspricht.“ Buddha wird erst nach Millionen von Leben zu einem Buddha, Millionen von

Erfahrungen von Gut und Böse, Sünde und Tugend, Moral und Unmoral, Schmerz und Lust. Wenn Buddha selber Millionen von Leben und Millionen von Erfahrungen durchmachen muss, was erwartest du dann?

Nur weil du Buddha zuhörst, von ihm beeindruckt bist, springst du sofort auf und fängst an, ihn nachzuahmen. Das ist nicht möglich. Du musst dir deinen eigenen Weg bahnen. Nimm also, was immer du willst, aber folge dabei nur deinem eigenen Weg!

Ich muss da immer an Friedrich Nietzsches Buch „Also sprach Zarathustra" denken. Als Zarathustra von seinen Schülern Abschied nimmt, sagt er ganz zum Schluss etwas sehr Schönes. Dies war seine letzte Botschaft, alles war nun gesagt. Er hatte ihnen sein ganzes Herz geschenkt, und als Letztes sagte er noch: „Hört gut zu! Und prägt es euch tiefer ein als alles andere, was ich gesagt habe. Meine letzte Botschaft ist: Hütet euch vor Zarathustra! Hütet euch vor mir!"

Dies ist die letzte Botschaft aller Erleuchteten. Weil sie so anziehend sind, könnt ihr ihnen zum Opfer fallen. Und sobald etwas, das dir äußerlich ist, in dein Wesen eindringt, bist du auf dem Holzweg.

Patanjalis sagt: *„Mangel an Bewusstheit heißt: Das Unreine für das Reine und das Schmerzliche für das Erfreuliche zu halten."*

Ihr werdet nun sagen: „Patanjali mag ja in beidem recht haben, aber wir sind nicht so dumm, das Schmerzliche für das Vergnügliche zu halten." Das tut ihr aber doch, das tut jeder – es sei denn, ihr werdet vollkommen bewusst. Ihr habt schon so manche Dinge für erfreulich gehalten, die schmerzlich sind. Ihr leidet Schmerzen, ihr schreit und weint, dennoch versteht ihr nicht, dass ihr etwas aufgegriffen habt, was letztlich schmerzhaft ist und nicht in Freude umgewandelt werden kann.

Ständig kommen Leute wegen ihrer sexuellen Beziehung zu mir und sagen, sie sei so schmerzlich. Mir ist noch kein einziges Paar untergekommen, das zu mir gesagt hätte, sein Liebesleben sei so, wie es sein sollte – vollkommen, wunderbar! Was ist nur los? Am Anfang, sagen sie, war alles wunderbar. Das ist es am Anfang immer! Bei allen ist ihre sexuelle Beziehung anfangs wunderbar; aber warum wird sie danach sauer und bitter? Warum wird sie schon so bald – noch ehe die Flitterwochen vorbei sind – sauer und bitter?

Alle, die tieferen Einblick in das menschliche Bewusstsein haben, sagen: „Der Anfang, die Schönheit am Anfang ist nur ein Trick der Natur, um euch anzulocken." Kaum habt ihr euch verlocken lassen, entpuppt sich die Wirklichkeit. Wie beim Angeln: Auch da bedient man sich eines Köders. Anfangs, wenn zwei Menschen zusammenfinden, denken sie: „Hiermit beginnt die großartigste Erfahrung aller Zeiten!" Der Mann denkt: „Diese Frau ist die schönste Frau überhaupt!" Und die Frau denkt: „So einen Mann wie diesen hat es noch nirgendwo gegeben!"

Am Anfang steht die Illusion: Sie projizieren. Sie versuchen alles so zu sehen, wie sie es sehen möchten. Den wirklichen Menschen sehen sie nicht. Sie sehen nicht, wen sie da wirklich vor sich haben, sie sehen nur ihre eigene Projektion. Früher oder später kommt dann die Wirklichkeit zum Vorschein. Kaum ist man sexuell befriedigt, kaum hat sich der eigentliche Zweck der natürlichen Hypnose erfüllt, versauert die ganze Geschichte. Dabei hattest du der Frau versprochen, sie immer und ewig zu lieben! Und die Frau hatte dir gelobt, dir zu folgen wie dein Schatten, selbst durch all deine zukünftigen Leben hindurch! Jetzt, da ihr euren eigenen Versprechungen auf den Leim gegangen seid, sitzt ihr in der Falle. Wie wollt ihr das jetzt alles widerrufen? Jetzt müsst ihr damit fortfahren.

Heuchelei ist die Folge, So-tun-als-ob, Wut. Denn wann immer man falsche Tatsachen vortäuscht, wird man früher oder später wütend. Schauspielern müssen ist ein schwerer Stein am Hals! Jetzt ergreifst du zwar noch die Hand der Frau und hältst sie, aber sie ist nur verschwitzt und es rührt sich nichts; keine Schwärmerei, nur Schweiß. Du möchtest sie loslassen, aber dann wäre die Frau verletzt. Liebende haben schließlich Händchen zu halten. Du küsst die Frau, aber da ist nichts als schlechter Mundgeruch. Alles wird abstoßend und dann reagierst du, dann nimmst du Rache, dann schiebst du die Schuld auf den anderen, dann willst du beweisen, dass das am anderen liegt: Er oder sie hat etwas verkehrt gemacht oder hat dich betrogen oder hat vorgegeben, etwas zu sein, was sie gar nicht war. Und dann all die hässlichen Geschichten einer Ehe.

Merkt euch: Nur Mangel an Bewusstheit führt zum Verwechseln des Schmerzlichen mit dem Erfreulichen. Wenn etwas am Anfang erfreulich ist und sich am Ende als schmerzlich entpuppt, dann merkt euch, dass es von Anfang an schmerzlich war. Nur hat euch euer eigener Mangel an Bewusstheit getäuscht. Da hat niemand anders euch getäuscht – nur euer Mangel an Bewusstheit.

Ihr habt nicht die Wachheit besessen, alles so zu sehen, wie es war. Wie sonst könnte sich Erfreuliches in Leid verkehren? Wäre es echte Freude gewesen, dann hätte sie sich mit der Zeit als immer größer und größer erwiesen. Und so sollte es auch sein.

Freude wird immer freudvoller, Glück nimmt immer mehr zu. Am Ende wird daraus der höchste Gipfel der Seligkeit; aber dann muss man sich auch bewusst sein, was für eine Saat man jeweils aussät. Hast du erst einmal gesät, dann bist du dran, denn danach kannst du es nicht mehr rückgängig machen. Dann wirst du das Gesäte auch ernten müssen. Und ihr erntet ja immerzu! Ständig fahrt ihr die Ernte eures Elends ein, aber ihr macht euch niemals klar, dass mit dem Saatgut etwas nicht gestimmt haben kann. Wann immer ihr die Ernte eures Elends einfahren müsst, habt ihr das Gefühl, irgendwer sonst habe euch offenbar betrogen: Deine Frau, dein Mann, dein Freund, deine Familie, die ganze Welt – jedenfalls immer ein anderer. Der Teufel oder sonst wer hat dich übers Ohr gehauen! Auf die Art vermeidet ihr, euch der Tatsache zu stellen, dass ihr selber falsches Saatgut ausgestreut habt.

Mangel an Bewusstheit heißt, das Schmerzliche mit dem Erfreulichen verwechseln. Und dies ist das Merkmal; ob ihr Patanjali, Shankaracharya oder Buddha fragt, dies ist das Merkmal: Was es auch sei, wenn es sich am Ende in Leid verkehrt, es muss von vornherein Leid gewesen sein. Vom Ende her könnt ihr es erkennen, an den Früchten werdet ihr es erkennen. Mangel an Bewusstheit heißt, das Nicht-Selbst für das Selbst halten.

Hier zählt er die Kriterien auf: Du hast das Nicht-Selbst für dein Selbst gehalten. Manchmal hältst du dich für deinen Körper, manchmal hältst du dich für deinen Verstand, manchmal hältst du dich für dein Herz. Dies sind die drei Fallen. Der Körper ist die äußerste Schicht. Hast du bislang nicht immer, wenn du dich hungrig gefühlt hast, gesagt: „Ich bin hungrig?“

Du bist nur derjenige, der registriert, dass der Körper Hunger hat; du bist nicht hungrig. Wie kann Bewusstsein Hunger haben? Die Speise geht nie ins Bewusstsein, das Bewusstsein ist niemals hungrig. Im Gegenteil: Wenn du dein Bewusstsein erst einmal kennengelernt hast, wirst du sehen, dass es immer gesättigt ist, niemals hungrig. Es ist immer vollkommen, losgelöst, ihm fehlt gar nichts. Es ist bereits die höchstmögliche Spitze, der höchstmögliche Gipfel, der letztmögliche Wachstumsschritt; es ist nicht hungrig. Und wie sollte das Bewusstsein auch nach Speise hungern können? – nur der Körper braucht Nahrung.

Ein bewusster Mensch wird sagen: „Mein Körper ist hungrig." Oder, wenn seine Bewusstheit noch tiefer geht, wird er nicht einmal „mein Körper" sagen, sondern wird sagen: „Dieser Körper ist hungrig, der Körper ist hungrig."

Wenn ihr euren Körper für euch selbst haltet, ist das Mangel an Bewusstheit. Hier haben die Leiden eures Lebens zu neunzig Prozent ihre Wurzeln: Mangel an Bewusstheit. Erst verwechselst du deinen Körper mit dir selbst und dann leidest du. Du leidest an einem Traum! Der Körper gehört nicht dir. Bald schon wird er nicht mehr deiner sein. Wo warst du, als es deinen Körper noch nicht gab? Wo warst du vor deiner Geburt, wie sah damals dein Gesicht aus? Und nach deinem Tod, wo wirst du dann sein und wie wird dein Gesicht dann aussehen? Wirst du da auch ein Mann oder eine Frau sein? Das Bewusstsein ist weder noch. Wenn ihr mich für einen Mann haltet, dann nur aus Mangel an Bewusstheit. Wie könnte das Bewusstsein in Geschlechter geteilt sein? – es hat kein Geschlecht.

Wenn du dich für ein Kind hältst oder für einen jungen Menschen oder einen alten Menschen, mangelt es dir wiederum an Bewusstheit. Wie könntest du alt sein, wie könntest du jung sein? Das Bewusstsein ist weder noch. Es ist ewig, es ist immer gleich, es wird nicht geboren, es stirbt nicht und es ist immerwährend – es ist das Leben selber.

Oder schaut euch eure Vorstellungswelt an – das ist die zweite und tiefere Schicht. Und sie ist feiner und kommt dem Bewusstsein schon näher. Du hältst deine Vorstellungen für dich selbst. Immerzu sagst du „Ich, ich, ich." Wenn jemand deiner Vorstellung widerspricht, sagst du: „Ich stelle mir das aber so vor", und kämpfst dafür. Niemand debattiert um der Wahrheit willen. Alle diskutieren und debattieren immer nur ihrem Ich zuliebe. „Meine Vorstellung" heißt: „Ich".

„Wie wagst du es, mir zu widersprechen? Ich werde dir schon beweisen, dass ich recht habe!" Niemandem geht es um die Wahrheit. Wen kümmert die schon? Es geht einzig und allein darum, wer Recht bekommt, nicht darum, was wahr ist. Aber die Menschen identifizieren sich mit ihren Vorstellungen – nicht nur die gewöhnlichen, sondern auch die sogenannten religiösen Menschen.

Und schließlich gibt es da noch das Herz – welches dem Bewusstsein am nächsten kommt, auch wenn es noch weit entfernt von ihm ist. Es gibt eine Körperwelt, eine Vorstellungswelt und eine Gefühlswelt. Beim Fühlen muss man sehr, sehr genau aufpassen, um zu merken, dass nicht du es bist, der da fühlt. Aber auch das Fühlen ist Teil des Mechanismus – freilich als ein Teil, der dem Bewusstsein am nächsten kommt. Der Kopf liegt genau dazwischen und der Körper ist am weitesten weg. Dennoch: das Herz bist nicht du. Selbst das Gefühl gehört noch der Welt der Erscheinungen an: Es kommt und es geht; da kräuselt sich eine Welle, sie steigt auf und vergeht; da ist eine Stimmung, jetzt vorhanden und gleich schon nicht mehr vorhanden. Du dagegen bist das, was für immer vorhanden sein wird – für immer und ewig, für alle Zeiten.

Was heißt dann also Bewusstheit? Bewusstheit heißt, gewahr zu sein, dass du nicht nur deshalb nicht dein Körper bist, weil es so in den Upanishaden steht oder Patanjali das sagt – denn das geht auch: Man kann sich einschärfen, dass man nicht der Körper ist. Man kann sich jeden Morgen und Abend vorsagen: „Ich bin nicht der Körper!“ – aber das bringt nichts. Hier zählen nicht Litaneien, hier zählt nur eine tiefe Einsicht. Und hast du das erst einmal eingesehen, was sollen da noch Litaneien?

Beobachte, um dies zu verstehen. Wenn Hunger aufkommt, beobachte, ob er sich in deinem Körper oder in dir befindet. Wenn eine Krankheit kommt, beobachte, wo sie sich befindet – im Körper oder in dir? Wenn sich ein Gedanke meldet, beobachte, wo er ist – in der Vorstellung oder in dir? Da kommt ein Gefühl auf: beobachte. Wenn du zunehmend aufmerksam bist, wirst du den Zustand der Bewusstheit erreichen. Durch Wiederholen hat es noch niemand jemals erreicht. Du bist hinter deinen Augen, gerade so, wie jemand hinter einem Fenster steht und nach draußen schaut. Jemand, der aus dem Fenster schaut, ist genau wie ihr, die ihr jetzt durch eure Augen auf mich schaut. Aber ihr könnt euch leicht mit euren Augen identifizieren, ihr könnt euch mit eurem Sehen identifizieren. Sehen ist eine Fähigkeit, ein Instrument.

Deine Augen sind einfach nur Fenster, sie sind nicht du.

Patanjali sagt: „Indem ihr euch mit den fünf Sinnesorganen identifiziert, identifiziert ihr euch mit den Instrumenten, den Fahrzeugen und daraus erwächst das Ego. Das Ego ist das falsche Selbst. Das Ego ist all das, was du nicht bist und denkt, dass du es bist.“

Egoismus ist die Identifikation
des Sehenden mit dem Gesehenen.

Oft genug kommt es vor, dass etwas direkt vor deinen Augen passiert, ohne dass du es wirklich wahrnimmst. Manchmal hast du eine ganze Buchseite gelesen und plötzlich merkst du, dass du zwar gelesen, aber kein einziges Wort aufgenommen hast. Du weißt einfach nicht mehr, was du gerade gelesen hast und musst jetzt zurückblättern. Wie ist das möglich? Wären du und deine Augen identisch, wie könnte das dann geschehen? Du bist nicht deine Augen. Das Fenster zur Buchseite hin, war leer. Das Bewusstsein hinter dem Fenster war nicht da, es war mit etwas anderem beschäftigt. Die Aufmerksamkeit hat gefehlt. Du magst mit geschlossenen Augen am Fenster gestanden haben, oder mit dem Rücken zum Fenster, jedenfalls hast du nicht durch das Fenster geschaut. Das kommt alle Tage vor: Plötzlich merkst du, dass etwas geschehen ist, du es aber weder gesehen noch gehört noch gelesen hast. Du warst abwesend, warst irgendwo anders, mit anderen Gedanken beschäftigt, mit irgendeinem Traum befasst, hast in anderen Welten geschwebt. Das Fenster war unbesetzt; es waren nur die Augen da.

Wisst ihr, was das heißt, ein leeres Auge? Geht hin und seht euch einen Wahnsinnigen an – da bekommt ihr ein leeres Auge zu sehen. Er sieht dich an und sieht dich doch nicht. Du kannst regelrecht erkennen, dass er dich ansieht, ohne dich im Geringsten zu sehen. Seine Augen sind leer. Oder ihr könnt zu einem Heiligen gehen, der angelangt ist. Auch dessen Auge ist leer; zwar nicht so, wie das des Wahnsinnigen, aber doch ähnlich. Er sieht durch dich hindurch. Er verweilt nicht bei dir, er schaut über dich hinaus. Er schaut nicht auf deinen Körper, er sieht dich. Er lässt deinen Körper, deinen Sinn, dein Herz links liegen und ist direkt bei dir. Und du weißt nicht einmal, wer du bist!

Egoismus ist die Identifikation des Sehenden mit dem Gesehenen, mit dem Instrument. Wenn ihr eure Identifikation mit euren Instrumenten aufgebt, stirbt das Ego. Und es gibt keinen anderen Weg, das Ego zu Fall zu bringen. Identifiziert euch nicht mit eurem Körper – den Augen, den Ohren, den Gedanken, dem Herzen und plötzlich ist kein Ego mehr da. Zum ersten Male stehst du da in deiner vollen Präsenz, aber weit und breit ist kein Ego, kein Ich-Prozess mehr zu sehen, niemand, der jetzt noch „Ich" sagt. Und das ist deine Natur, deine Reinheit – eine kristallklare Reinheit des Seins, einfach nur Transzendenz.

Du lebst in der Welt, aber die Welt ist nicht mehr in dir. Du gehst durch die Welt, aber die Welt dringt nicht in dich ein. Du bleibst unberührt, egal wo du bist. Du wirst zu einer Lotusblüte. Hört euch jetzt dieses Patanjali-Sutra an. Es ist eines der tiefsten und sehr bedeutsam für euch:

Das Leben ist durchdrungen von der Angst vor dem Tod,
vom Klammern ans Leben,
es herrscht in jedem und sei er noch so gelehrt.

Das Leben aufzuschieben ist das Einzige, was ich als Sünde bezeichnen kann. Schiebt es nicht auf! Wenn du leben möchtest, lebe hier und jetzt. Vergiss die Vergangenheit, vergiss die Zukunft; dieser Augenblick hier ist der einzige, ist der einzig vorhandene Augenblick – lebe ihn! Einmal vorbei, ist er unwiederbringlich vorbei, du kannst ihn nicht mehr zurückholen.

Ein einziger Augenblick, den ihr wirklich lebt, reicht vollends aus – eintausend Jahre unwirklichen Lebens wiegen ihn nicht auf. Ob eintausend oder eine Million Jahre ungelebten Lebens, sie sind es nicht wert. Aber ich sage euch: Ein einziger Augenblick gelebter Lebenserfahrung ist in sich selbst Ewigkeit, entzieht sich der Zeit. Das Innerste des Lebens selbst ist berührt; es gibt keinen Tod, keine Sorge, kein Festhalten mehr. Du kannst das Leben jeden beliebigen Augenblick loslassen und du weißt, dass nichts zurückgelassen ist. Wenn du den Tod als Teil des Lebens zu umarmen vermagst, beweist du damit, dass du gut gelebt hast. Du bist erfüllt. Wenn du auf deine Gedanken achtest, wenn du dich selbst beobachtest, wirst du feststellen, dass da ständig eine Angst vor dem Tod herrscht, bewusst oder unbewusst. Egal was du tust, die Todesangst ist da. Egal was du genießt, gleich daneben lauert beständig und hartnäckig der Schatten des Todes; er verfolgt dich. Egal wo du hingehst, du nimmst ihn mit. Er ist etwas Inneres. Du kannst ihn nicht draußen lassen, du kannst ihm nicht entrinnen; die Angst vor dem Tod bist du.

Wo kommt diese Angst vor dem Tod her? Hast du den Tod schon einmal erfahren? Wenn du ihn bisher noch nie erfahren hast, warum hast du dann Angst davor – vor etwas, das du gar nicht kennst!? Ihr kennt den Tod nicht. Ihr wisst weder, ob er schmerzhaft, noch ob er ekstatisch sein wird. Aber warum habt ihr dann Angst?

Nein, eure Angst vor dem Tod ist in Wirklichkeit gar keine Angst vor dem Tod; denn wie könntet ihr Angst haben vor etwas Unbekanntem, vor etwas, das ihr überhaupt nicht kennt? Wie kann man vor etwas Angst haben, das einem absolut unbekannt ist? Die Todesangst ist im Grunde gar keine Angst vor dem Tod. Die Angst vor dem Tod ist im Grunde nur ein Klammern ans Leben.

Du hast zwar dein Leben, weißt aber genau, dass du es gar nicht lebst, dass es an dir vorbeiläuft. Deine Todesangst ist im Grunde die Angst, unfähig zu sein, dich auf das Leben einzulassen, während es einfach weitergeht; bald wird deine Zeit abgelaufen sein und du hast immer nur gewartet und du hast dich immer nur vorbereitet. Du glaubst, da gäbe es erst noch tausenderlei Vorbereitungen zu treffen, dann aber würdest du genießen und dann würdest du leben! Aber darüber ist dein Leben vorbeigegangen. Am Ende steht alles bereit, nur ist niemand mehr da, der es leben könnte. Da sitzt die Angst: Tief drinnen in deinen Eingeweiden weißt du es, fühlst du es, dass dir das Leben entgleitet. Mit jedem Augenblick stirbst du ... jeden Augenblick stirbst du. Aus dieser Angst heraus klammert ihr euch ans Leben. Aber Klammern kann niemals zum Feiern werden. Klammern ist abstoßend, Klammern ist gewalttätig. Je mehr du dich ans Leben klammerst, desto unfähiger wirst du zu leben.

Patanjali sagt: *„Das Leben ist durchdrungen von der Angst vor dem Tod, vom Klammern ans Leben und es herrscht in jedem und sei er noch so gelehrt."* Damit meint er die Leute, die sich in den Heiligen Schriften, in der jeweiligen Theologie auskennen, die ihr ganzes Leben lang diskutieren und debattieren können, die unentwegt über tausenderlei Dinge reden und sich streiten können, währenddessen ihr Leben verstreicht.

Das Leben selbst haben sie nie gekostet. Das Leben kennen heißt: Es leben, keine Angst haben, sich in die Ungewissheiten hineinwagen, ins Unbekannte hineingehen, weil das Leben in jedem Augenblick unbekannt ist, weil es sich ständig verändert und erneuert, ein Reisender ins Unbekannte werden und mit dem Leben mitgehen, wo immer es hinführt, ein Wanderer werden! Ins Unbekannte hineingehen heißt, sich in Gefahr begeben. Das Leben ist gefährlich; es steckt voller Gefahren und Unwägbarkeiten. Weil dem so ist, verschließen sich viele sehr bald. Sie leben in Kerkern, Gefängniszellen – dunkel, aber bequem. Lange bevor der Tod kommt, sind sie bereits tot.

Denkt daran: Wenn ihr euch für die Bequemlichkeit entscheidet, wenn ihr die Sicherheit wählt, wenn ihr das Vertraute wählt, dann entscheidet ihr euch nicht für das Leben. Das Leben ist etwas Unbekanntes. Ihr könnt es nur leben, aber ihr könnt es nicht in Beschlag nehmen, könnt es nicht mit Händen greifen. Ihr könnt ihm nur folgen, wo immer es hinführt. Ihr müsst werden wie eine weiße Wolke, die überall da hinzieht, wo der Wind sie hin weht, ohne zu wissen wohin.

Ohne den Tod überhaupt zu kennen, habt ihr Angst vor ihm. Da muss etwas tief in euch sein, aber was? Es ist das Ego – ein Scheinphänomen, es besteht aus vielen Fragmenten, ohne Mitte. Dieses Ego hat Angst vor dem Tod! Es verhält sich genau wie ein kleines Kind, das sich ein Haus aus Spielkarten aufgebaut hat und nun Angst davor hat, dass es der Wind umwehen könnte. Das Kind hat Angst davor, ein anderes Kind könnte seinem Kartenhaus zu nahe kommen. Es hat vor sich selber Angst, denn wenn es sich vom Fleck rührt, könnte das Haus sofort in sich zusammenfallen.

Dein Ego existiert nur aufgrund der Vorstellungen von Gut und Böse, Vorstellungen von Liebe und Hass, Vorstellungen von dem, was schön und was hässlich ist. Nur diese Dualität führt zur der Frage: „Warum existiert das Ego?“

Patanjali sagt: „Geh noch etwas tiefer, und du wirst auf Mangel an Bewusstheit stoßen. Die eigentliche Ursache, die Wurzel allen Unglücks im Leben ist der Mangel an Bewusstheit.“ Dies ist die Ursache, die eigentliche Wurzel des Ganzen. Verfolg es zurück: Du hast Lust aufs Leben, also klammerst du dich daran. Warum?

Patanjali sagt: „Verfolge es zurück!“

Warum klammerst du dich ans Leben? Weil du unglücklich bist. Dieses Unglück wird von Gefühlen der Abneigung erzeugt. Unglück entsteht aus Gefühlen wie Gewalt, Eifersucht, Wut, kurz aus Abneigung. Wie kannst du mit einer solchen Negativität leben? Durch die Brille solcher Negativitäten gesehen erscheint dir das Leben als nicht mehr lebenswert. Wohin du auch blickst, durch die negative Brille erscheint alles düster, zwielichtig, es ist die Hölle. Wenn du deinem Festklammern am Leben auf den Grund gehst, es zurückverfolgst, wirst du dahinter eine Schicht von Abneigung finden. Deswegen hast du nicht zu leben vermocht. Alle Gesellschaften und Kulturen zwingen euch lauter Abneigungen auf.

Somit sagt Patanjali: „Die oberste Schicht ist das Festklammern ans Leben. Geht tiefer: Dahinter werdet ihr auf eine Schicht von Abneigung stoßen.“ Aber woher diese Abneigung? Geht noch tiefer und ihr werdet Bindungen finden. Du fühlst dich zu etwas hingezogen; denn nur, wenn dich etwas anzieht, kannst du abgestoßen werden.

Was dich nicht anzieht, kann dich auch nicht abstoßen. Anziehung kann zu Abstoßung führen. Abstoßung ist der Gegenpol der Anziehung. Geht tiefer: dann stoßt ihr auf eine weitere Schicht, nämlich auf *asmita*, das Gefühl von einem Ich: „Ich bin." Und dieses „Ich" zieht sich sowohl durch Anziehung wie Abstoßung hindurch.

Wenn beides entfällt, Anziehung wie Abstoßung, hat das „Ich" keinen Stand mehr, entfällt auch das „Ich."

Die Quellen der fünf Formen von Unglück wird man los, indem man sie zurückverfolgt, bis hin zu ihrem Ursprung.

Sobald du die Ursache kennst, ist alles gelöst. Und die Ursache lautet: Mangel an Bewusstheit. Was also tun? Bekämpfe dein Festhalten nicht, bekämpfe deine Bindungen, deine Abneigung nicht, bekämpfe nicht einmal dein Ego. Werde einfach immer bewusster, wacher, aufmerksamer! Erinnere dich immer öfter und werde wach. Allein diese Wachheit wird alles lösen. Sobald sich die Ursache aufgelöst hat, lösen sich auch ihre Auswirkungen auf.

Die gewöhnliche Moral schreibt euch vor, an der Oberfläche herumzubasteln. Die so genannten Religionen schreiben vor, euch mit den Auswirkungen herumzuschlagen. Patanjali hingegen gibt euch die wissenschaftliche Grundlage: die Grundursache lässt sich beseitigen. Du musst nur bewusster werden. Führe dein Leben mit Bewusstheit! Dies ist seine ganze Botschaft. Lebe nicht wie ein Schlafwandler oder ein Trinker, der sich ständig betäubt. Mach dir alles bewusst, was du tust. Tu es, aber tu es bei vollem Bewusstsein. Plötzlich wirst du erleben, wie sich vieles auflöst.

Ein Dieb kam einmal zu Nagarjuna, einem buddhistischen Mystiker. Der Dieb sagte: „Hör zu. Ich hab schon viele Weise und viele Meister um Rat gefragt. Sie alle kennen mich, denn ich bin ein berüchtigter Dieb, genauer gesagt der Meisterdieb im ganzen Reich; ich bin also bekannt wie ein bunter Hund. Im selben Moment, wo ich auftauche, sagen sie: ‚Erst einmal musst du deine Diebereien lassen: Keine Raubüberfälle mehr! Ändere erst deine Lebensweise, dann wollen wir weiter sehen.' Aber das schaff ich nicht. Und damit hat sich's dann, immer das Gleiche. Jetzt wende ich mich an dich. Was schlägst du vor?"

Nagarjuna sagte: „Offenbar hast du dich an Diebe gewandt, nicht an Meister. Was geht es einen Meister an, ob du stiehlst oder nicht stiehlst? Mir ist das egal. Nur eines tu: Stehle und raube die Leute ruhig weiter aus – aber tu es mit Bewusstheit."

Der Dieb sagte: „Nichts leichter als das."

Aber jetzt saß er fest, in der Falle. Als zwei Wochen vergangen waren, kam er wieder zu Nagarjuna zurück und sagte: „Du bist ein Lügner, du hast mich reingelegt. Gestern Nacht ist es mir erstmals gelungen, in den Königspalast einzubrechen. Aber deinetwegen habe ich versucht, alles bewusst zu tun. Ich kam bis in die Schatzkammer. Da lagen die kostbarsten Diamanten herum, zu Tausenden, aber du bist Schuld, dass ich den Palast wieder mit leeren Händen verlassen musste."

Nagarjuna antwortete: „Erzähl mir, was ist passiert?"

Der Dieb sagte: „Jedes Mal, wenn ich versuchte, ganz bewusst nach den Diamanten zu greifen, rührte sich meine Hand einfach nicht. Sie rührte sich immer nur dann, wenn ich nicht bewusst war. Zwei, drei Stunden lang hab ich mit mir gerungen. Ich wollte die Diamanten ganz bewusst an mich nehmen, aber dann war ich jedes Mal nicht bewusst, also musste ich sie wieder hinlegen. Sobald ich bewusst war, rührte sich meine Hand nicht vom Fleck."

Nagarjuna sagte: „Genau darum geht es. Du hast den springenden Punkt verstanden."

Nur ohne Bewusstheit kannst du wütend, gewalttätig, besitzergreifend, eifersüchtig sein. Das sind alles nur Ableger, aber nicht die Wurzeln. Mit Bewusstheit kannst du weder wütend noch eifersüchtig noch aggressiv noch gewalttätig noch habgierig sein. Die gewöhnliche Moral schreibt euch vor, nicht habgierig zu sein, nicht wütend zu werden. Das ist gewöhnliche Moral. Sie aber hilft dir nicht weiter, sie macht dich lediglich zu einer angepassten Persönlichkeit. Die Gier bleibt da, die Wut bleibt da, aber du kannst dir ein wenig gesellschaftliches Wohlverhalten abringen. Als Öl im gesellschaftlichen Getriebe mag das hilfreich sein, aber viel richtet das nicht aus.

Patanjali geht es nicht um eine gewöhnliche Moral. Er führt uns an die Wurzel jeder Religion heran, er formuliert die Grundlage der Wissenschaft des Innen: „Führe jede Wirkung auf ihre Ursache zurück."

Die Ursache ist immer mangelnde Wachheit, mangelnde Aufmerksamkeit – *avidya.* Werde bewusst, und der Spuk ist vorbei.

Die äußeren Ausdrucksformen der fünf Übel
verschwinden durch Meditation.

Macht euch weiter keine Gedanken darüber. Meditiert mehr, werdet bewusster.

Als erstes verschwinden die äußeren Auswirkungen – Wut, Eifersucht, Hass, Abneigung, Abhängigkeit. Ihre äußeren Ausdrucksformen verschwinden als erstes, doch in Saatform bleiben sie noch in dir zurück. Dann heißt es, sehr tief nachgraben, denn du hältst dich immer nur dann für wütend, wenn du auch wütend wirst – was aber nicht stimmt. Eine Unterströmung von Wut geht selbst dann weiter, wenn du nicht mehr wütend wirst. Wo soll die Wut denn sonst herkommen, wenn es wieder einmal so weit ist? Irgendwer beleidigt dich und schon schießt die Wut hoch. Eben noch, vor einer Sekunde warst du froh und munter, hast gelächelt und plötzlich verziehst du dein Gesicht zur Grimasse, bist du zum Mörder geworden. Wo soll das denn herkommen? Es muss schon da gewesen sein, als eine dir stets verfügbare Unterströmung. Wann immer es nötig wird, wenn es ernst wird, flammt die Wut auf.

Anfangs wird dir das Meditieren helfen. Die äußeren Ausdrucksformen werden verschwinden. Aber gib dich nicht damit zufrieden; denn im Grunde besteht jederzeit noch die Möglichkeit, kann es zu einem Aufflammen kommen, solange die Unterströmung noch da ist. In gewissen Situationen kommt sie dann doch plötzlich wieder zum Ausbruch.

Gebt euch niemals damit zufrieden, die äußere Ausdrucksform zu beseitigen: Die Saat muss verbrannt werden. Der erste Teil, das Meditieren dient dazu, den äußeren Ausdruck mit der inneren Strömung in Kontakt zu bringen: Äußerlich wirst du zwar still, aber drinnen läuft alles weiter. Danach muss die Meditation noch tiefer gehen.

Darum trifft Patanjali die Unterscheidung zwischen *samadhi* und *dhyana*. *Dhyana* ist die erste Phase – Meditieren als erste Phase –, in der die äußeren Ausdrucksformen verschwinden. Und *samadhi* ist die letzte Phase, die vollendete Meditation, in der es keine Saat mehr gibt, sie ist weg.

Dann bist du an der Urquelle des Seins und des Lebens angekommen. Danach klammerst du dich an gar nichts mehr. Da ist keine Angst vor dem Tod. Da existierst du genauer gesagt gar nicht mehr. Dann wohnt Gott in dir und du kannst sagen: „*Aham brahman asmi* – Ich selbst bin das Göttliche, der Urgrund der Existenz."

11. Kapitel

Das Feuer, das die Vergangenheit verbrennt

Der Mensch scheint in der Gegenwart zu sein, aber er ist es nicht. Die Gegenwart ist für das gewöhnliche Bewusstsein nicht die wirkliche Zeitform. Er lebt in der Vergangenheit. Er durchquert die Gegenwart und bleibt doch der Vergangenheit verhaftet. Für das gewöhnliche Bewusstsein ist die wirkliche Zeitform die Vergangenheit, die Gegenwart ist lediglich ein flüchtiger Durchgang von der Vergangenheit in die Zukunft, und die Zukunft ist nichts weiter als die immer wieder neu projizierte Vergangenheit. Gegenwart scheint es überhaupt nicht zu geben. Wer sich die Gegenwart vorstellen möchte, kann sie nicht finden, weil sie in dem Augenblick, da du sie findest, schon Vergangenheit ist. Gerade eben, als du sie noch nicht gefunden hattest, lag sie noch in der Zukunft. Für das Buddhabewusstsein dagegen, für einen Erleuchteten gibt es nur Gegenwart. Für das gewöhnliche Bewusstsein sind nur Vergangenheit und Zukunft wirklich, Gegenwart gibt es nicht. Erst wenn man erwacht ist, ist Gegenwart wirklich und werden Vergangenheit und Zukunft unwirklich.

Warum ist das so? Warum lebt ihr in der Vergangenheit? – weil euer Mind nichts anderes ist als eine Anhäufung von Vergangenheit. Mind heißt Erinnerung: Euer Bewusstsein besteht aus allem, was ihr getan, aus allem, was ihr geträumt habt und aus allem, was ihr gerne mal getan hättet, aber nicht habt tun können. Der Mind ist etwas Totes. Wenn ihr durch die Mind-Brille seht, werdet ihr niemals die Gegenwart finden; denn die Gegenwart ist das Leben und dem Leben kann man sich nie und nimmer durch ein totes Medium nähern. Kein totes Vehikel kann euch dem Leben nahe bringen. Das Leben lässt sich nicht durch den Tod anfassen.

Der Mind ist wie Staub, der sich auf einen Spiegel gelegt hat. Je mehr Staub sich sammelt, desto weniger vermag der Spiegel zu spiegeln. Und wenn der Staub fingerdick auf dem Spiegel liegt – so wie es bei euch der Fall ist –, dann ist der Spiegel vollends stumpf.

Ein jeder sammelt Staub an. Ihr begnügt euch nicht nur damit anzusammeln, ihr klammert euch sogar noch an ihm fest, ihr haltet ihn für äußerst kostbar! Die Vergangenheit ist vorbei – was haltet ihr sie noch fest? Ihr könnt nichts damit anfangen. Es führt kein Weg mehr zurück, ihr könnt nichts ungeschehen machen. Warum haltet ihr sie fest? Und wenn ihr euch an die Vergangenheit klammert, weil ihr sie für einen Schatz haltet, dann will euer Mind sie natürlich auch in Zukunft immer wieder erleben.

So kann eure Zukunft nie etwas anderes sein als die leicht abgeänderte Vergangenheit – hier und da etwas verbessert, etwas ausgeschmückter. Aber an sich wird sie genauso sein, weil der Verstand sich nichts Unbekanntes vorstellen kann. Der Verstand kann nur das Bekannte projizieren – das, was ihr kennt.

Und was ist die Vergangenheit schon? Was habt ihr in der Vergangenheit getan? Was immer ihr getan haben mögt – Gutes, Schlechtes, dieses und jenes, was immer ihr tut, alles führt seine eigene Wiederholung herbei. Das ist die Theorie vom Karma: Wenn du vorgestern wütend geworden bist, hast du damit ein gewisses Wut-Potenzial erzeugt, somit bist du auch gestern wütend geworden. Damit hast du es wiederholt, hast du deiner Wut, deiner Neigung zu Wutausbrüchen Energie zugeführt, hast du ihre Wurzeln vertieft, hast du sie begossen. Jetzt wirst du das auch heute erneut wiederholen, mit noch mehr Nachdruck, noch mehr Energie. Und dann wirst du morgen wieder das Opfer des Heute werden.

Jedes Handeln, egal ob du es ausführst oder nur erwägst, kennt Schleichwege, sich immer wieder durchzusetzen. Es bohrt sich seinen Weg in dein Inneres und beginnt, dir Energie abzuziehen. Zunächst wirst du wütend, danach verfliegt diese Stimmung wieder und du glaubst, nun nicht mehr wütend zu sein. Damit irrst du dich sehr. Sie legt sich jetzt auf die Lauer. Dass die Stimmung verflogen ist, besagt gar nichts. Vor ein paar Minuten war die Wut noch obenauf, jetzt ist die Wut wieder in die Tiefen deines Seins gesunken. Dort wartet sie, nun pulsiert sie wie ein unterirdisches Samenkorn und wartet die richtige Gelegenheit und Jahreszeit ab, um wieder zu sprießen.

Jede Tat, jeder Gedanke hat die Tendenz sich ständig zu wiederholen. Sobald du mit ihnen kooperierst, verstärkst du ihre Energie. Früher oder später wird eine eingefahrene Gewohnheit daraus; dann wirst du es zwar tun und dennoch wirst nicht du es sein, der es tut. Du wirst es nur aus der Macht der Gewohnheit heraus tun. Der Volksmund sagt: Gewohnheit ist deine zweite Natur. Das ist keineswegs übertrieben. Im Gegenteil, das ist untertrieben. Tatsächlich wird dir deine Gewohnheit zur ersten Natur und du selbst wirst dir zur zweiten Natur. Deine Natur wird praktisch zu so etwas wie der Anhang oder die Fußnoten zum Buch, deine Gewohnheit hingegen bestreitet den Hauptteil, den eigentlichen Umfang des Buches.

Ihr lebt durch Gewohnheit, mit anderen Worten: Die Gewohnheit lebt durch euch. Die Gewohnheit erhält sich am Leben, führt ihr Eigenleben. Natürlich, sie holt sich ihre Energie aus euch, ihr habt sie in der Vergangenheit unterstützt und unterstützt sie in der Gegenwart. So wird die Gewohnheit mit der Zeit zum Herrn im Hause, während du nur der Diener bist, zum Schatten wirst. Die Gewohnheit hat das Kommando, erteilt die Befehle, du dagegen wirst nur ein beflissener Diener sein: Du hast zu gehorchen.

Deine Gewohnheiten zwingen dich, bestimmte Dinge zu tun; du bist ihr Opfer. Jedes Tun, das du wiederholst, oder jeder Gedanke – auch dein Denken ist ein subtiles, vorgestelltes Tun – gewinnt damit immer mehr Macht. Dann haben sie dich im Griff, du führst das Leben eines Gefangenen, ja, eines Sklaven. Diese Gefangenschaft ist sehr versteckt: Sie besteht aus Gewohnheiten und Konditionierungen und allem, was du einmal gemacht hast. Dein Körper ist in all das eingesponnen und du hast dich darin verstrickt, denkst aber immer noch und gaukelst dir vor, dass du der Handelnde wärest. Wenn du wütend wirst, meinst du, du würdest es tun. Du rationalisierst und sagst: „Musste ich da nicht wütend werden? Ich musste ja wütend werden, um die Situation zu retten" – das sind alles nur Rationalisierungen. So argumentiert das Ego immer, um dir weiszumachen, dass schließlich immer noch du das Sagen hast – das du aber in Wirklichkeit nicht hast. Deine Wut rührt aus alten Verhaltensmustern her, aus der Vergangenheit.

Du trägst sie in dir. Plötzlich ist Traurigkeit da, ohne jeden ersichtlichen Grund und manchmal fühlt man sich glücklich, manchmal regelrecht euphorisch, ekstatisch – und diese Gefühle sprudeln aus deinem Unbewussten, aus deiner eigenen Vergangenheit hoch. Niemand anders ist dafür verantwortlich als du selbst. Niemand kann dich wütend machen und niemand kann dich glücklich machen. Du wirst ganz von dir aus glücklich, du wirst ganz von dir aus wütend und du wirst ganz von dir aus traurig. Bevor du das nicht erkennst, wirst du immer versklavt bleiben.

Die Meisterschaft kommt, wenn man realisiert: „Ich bin absolut für alles verantwortlich, was mir widerfährt, was auch immer, bedingungslos! Ich bin verantwortlich, uneingeschränkt!" Anfangs wird euch das sehr, sehr traurig und deprimiert machen: Solange ihr die Verantwortung auf andere schieben könnt, fühlt ihr euch wohl, es sind ja die anderen schuld. Anfangs wird euch die Einsicht in die Tatsache, dass ihr verantwortlich seid, sehr niedergeschlagen machen. Schließlich habt ihr ja immer gemeint, dass ihr glücklich sein wollt – wie solltet ihr da für euer Unglück verantwortlich sein? Ihr sehnt euch doch immer nach Seligkeit – wie also solltet ihr von euch aus wütend sein? So schiebt ihr die Verantwortung immer auf jemand anders. Aber merkt euch: Wer die Verantwortung immer nur auf andere schiebt, der wird ein Sklave bleiben, denn niemand kann die anderen ändern.

Wie solltest du andere ändern können? Hat jemals einer einen anderen wirklich verändert? Das ist einer der unerfülltesten Wünsche auf Erden: einen anderen zu verändern. Das ist noch keinem gelungen. Es ist unmöglich, weil der andere aus sich heraus existiert, du kannst ihn nicht ändern.

Du kannst dem anderen zwar die Verantwortung in die Schuhe schieben, aber ändern kannst du ihn nicht. Und weil du die Verantwortung anderen zuschiebst, wirst du niemals erkennen, dass die Grundverantwortung deine ist.

Grundsätzlich muss die Veränderung in dir selbst stattfinden. Somit sitzt du in der Falle: Wenn du zu verstehen beginnst, dass du für all dein Tun, für all deine Stimmungen verantwortlich bist, wird dich zunächst eine Depression befallen. Aber wenn du diese Depression durchstehst, wirst du dich bald schon erleichtert fühlen, weil du jetzt frei bist. Du kannst frei sein, du kannst glücklich sein. Selbst wenn die ganze Welt unglücklich und unfrei ist, macht das keinen Unterschied. Wie anders wäre ein Buddha möglich? Und wie wäre ein Patanjali möglich? Wie bin ich möglich? Die ganze Welt ist dieselbe. Sie ist genau so, wie sie für dich ist, aber ein Krishna tanzt und singt immer nur, er ist befreit. Und die erste Freiheit besteht darin, nicht länger die Verantwortung auf andere zu schieben, die erste Freiheit besteht darin, zu wissen, dass du verantwortlich bist. Damit werden viele Dinge möglich, augenblicklich.

Die Kernaussage der Wissenschaft zum Karma besteht darin, dass du verantwortlich bist. Was immer du in der Vergangenheit gesät hast, das erntest du auch. Du magst die Verbindung zwischen Ursache und Wirkung vielleicht nicht nachvollziehen können, aber wenn die Wirkung da ist, muss auch irgendwo in dir die Ursache da sein.

Egal was mit dir passiert – z.B. bist du traurig: Schließe einfach die Augen und beobachte deine Traurigkeit. Gehe ihren Spuren nach, gehe immer tiefer in sie hinein. Bald wirst du auf die Ursache stoßen. Vielleicht wird die Reise lang werden, weil dein ganzes jetziges Leben betroffen ist;

und nicht nur dieses Leben, sondern viele andere Leben. Du wirst viele Wunden in dir finden, die schmerzen und aufgrund dieser Wunden empfindest du Trauer – sie sind ja auch schmerzhaft! Diese Wunden sind noch nicht vernarbt, sie sind noch lebendig. Die bloße Mühe, die du aufwendest, sie bis in die Wurzeln zurückzuverfolgen – von der Wirkung bis hin zur Ursache – wird sie heilen. Aber inwiefern kann sie heilen? Warum heilt sie? Was geschieht da genau? Wenn du etwas in dir zurückverfolgst, hörst du erst einmal damit auf, die Verantwortung auf andere zu schieben. Denn solange du die Verantwortung auf jemand anders schiebst, gehst du nach außen, du gehst in die falsche Richtung.

„Warum bin ich unglücklich? Warum bin ich wütend?" – schließe die Augen und lass dies zu einer tiefen Meditation werden. Leg dich hin, schließe die Augen, entspanne den Körper und spüre nach, warum du so wütend bist. Vergiss einfach den Vorwand – was es auch sei, verlass ihn. Gehe nach innen, durchdringe die Wut. Benutze diese Wut selber wie einen Fluss; lass dich in die Wut hineintragen und die Wut wird dich nach innen führen. Du wirst versteckte Wunden in dir finden. Spüre die Wut, lass sie sich ganz und gar entfalten, damit du sie voll als das erkennen kannst, was sie ist. Lass dich von dieser Energie in die Vergangenheit tragen, denn daher kommt diese Wut: aus der Vergangenheit. Sie kann nicht aus der Zukunft kommen; die Zukunft ist noch außerhalb ihrer Reichweite.

Darin besteht der ganze Standpunkt der Karmawissenschaft: Aus der Zukunft kann es nicht stammen, weil die Zukunft noch gar nicht da ist; aus der Gegenwart kann es nicht stammen, weil du überhaupt nicht weißt, was sie ist. Die Gegenwart ist den Erwachten allein bekannt. Du lebst nur in der Vergangenheit; also muss es aus deiner Vergangenheit stammen. Die Wunde muss irgendwo in deinen Erinnerungen liegen. Geh zurück! Vielleicht ist da nicht nur eine Wunde, vielleicht sind viele da, kleine, große. Geh tiefer und spüre die allererste Wunde auf, den Ursprung all deiner Wut. Du wirst sie auffinden, wenn du es versuchst, weil sie da ist. Sie ist da; deine gesamte Vergangenheit ist noch da. Es ist wie eine Filmrolle, in dir gespeichert. Du spulst sie ab, schau dir den Film an. Dieser Vorgang nennt sich *prati-prasava*, was bedeutet: „Bis zur allerersten Ursache zurückverfolgen." Und das Schöne an diesem Vorgang ist: Wenn du bewusst zurückzugehen vermagst, wenn du eine Wunde bewusst zu fühlen vermagst, ist die Wunde im selben Moment geheilt. Warum ist sie geheilt? – weil eine Wunde durch Unbewusstheit, Unachtsamkeit entstanden ist. Eine Wunde geht auf Mangel an Aufmerksamkeit zurück. Wenn du bewusst zurückgehst, wenn du die Wunde bewusst fühlen kannst, wird sie unmittelbar geheilt.

Zurückgehen heißt hier, bewusst zu Dingen hinzugehen, die du in Unbewusstheit getan hast. Geh zurück – schon das Licht des Bewusstseins heilt. Es ist eine heilende Kraft. Ein Mensch, der zurückgeht, setzt die Vergangenheit frei. Dann tritt die Vergangenheit außer Kraft, dann hat die Vergangenheit keine Macht mehr über ihn und ist abgeschlossen. Die Vergangenheit hat in seinem Dasein nichts mehr zu suchen. Und nur wenn die Vergangenheit in deinem Dasein nichts mehr zu suchen hat, bist du frei für die Gegenwart – niemals zuvor.

Du brauchst Raum: Da ist so viel Vergangenes in dir – eine Müllhalde. Da ist kein Platz, wo die Gegenwart eintreten kann. Und dann träumt diese Müllhalde auch noch von einer Zukunft; somit ist die Hälfte des Platzes mit dem ausgefüllt, was nicht mehr existiert und die andere Hälfte mit dem, was noch nicht da ist. Und die Gegenwart? – die wartet einfach draußen vor der Tür. Darum ist euch die Gegenwart nichts als ein Übergang, ein Übergang von der Vergangenheit in die Zukunft, nur ein flüchtiger Übergang. Macht endlich Schluss mit der Vergangenheit! Solange ihr noch nicht mit der Vergangenheit fertig seid, führt ihr nur ein Geisterleben, ist euer Leben nicht echt, ist es nicht existenziell, lebt die Vergangenheit noch in euch fort, verfolgt euch das Tote immerzu weiter.

Geht zurück, wann immer sich eine Gelegenheit bietet, wann immer sich etwas in eurem Inneren abspielt … ob Freude, Unglück, Trauer, Wut, Eifersucht: Schließt die Augen und schaut nach innen. Bald schon werdet ihr ganz plötzlich wissen, wie man zurückreist. Bald werdet ihr zeitlich zurückgehen können und dann werden viele Wunden aufbrechen. Und wenn diese Wunden in euch aufbrechen, tut gar nichts! Ihr braucht überhaupt nichts zu tun. Ihr schaut einfach zu, beobachtet – die Wunde liegt vor euch. Ihr tut nichts anderes als beobachten, schenkt der Wunde eure gesamte Aufmerksamkeitsenergie, schaut sie euch an. Schaut sie euch ohne alles Beurteilen an; wenn ihr urteilt, wenn ihr sagt: „Das ist aber schlecht! Das dürfte nicht so sein!“, verschließt sich die Wunde wieder.

Verdamme nichts, lobe nichts. Sei einfach nur Zeuge, ein unbeteiligter Beobachter. Verleugne nichts; sag nicht: „Das ist nicht gut!“; denn das ist ein Verleugnen und damit hast du es bereits zu verdrängen begonnen. Halte Abstand. Schau einfach zu und sieh hin. Sieh mitfühlend hin und die Heilung wird eintreten.

Wenn sich ein unbeteiligtes, mitfühlendes Bewusstsein einer Wunde nähert, verschwindet die Wunde, sie löst sich auf. Ohne irgendein Warum. So geschieht es einfach von Natur aus, so ist es nun einmal. Wenn ich dies sage, spreche ich aus Erfahrung. Versucht es, und auch ihr könnt die Erfahrung machen. Dies ist der Weg. Geht zurück in die Vergangenheit.

Und wenn ich sage: „Geht in die Vergangenheit zurück", heißt das nicht, dass ihr euch ans Vergangene erinnern solltet. Erinnern bringt nichts; Erinnern ist etwas Kraftloses. Merkt euch diesen Unterschied gut: Erinnern führt überhaupt nicht weiter – es könnte sogar Schaden anrichten. Stattdessen: Wiedererleben! Das ist etwas vollkommen anderes. Der Unterschied ist sehr fein und es gilt ihn zu verstehen. Du erinnerst dich an etwas: Sagen wir, du erinnerst dich an deine Kindheit. Wenn du deine Kindheit erinnerst, bleibst du hier, du wirst nicht zum Kind. Du kannst die Erinnerungen wecken, du kannst deine Augen schließen und dich erinnern, wie du mit sieben in einem Garten herumgerannt bist – du siehst es. Du bist hier und siehst die Vergangenheit wie einen Film: Du siehst dich rennen, das Kind macht Jagd auf Schmetterlinge. Du bist der Sehende und das Kind ist das Gesehene. Nein, das ist hier nicht gemeint. Das ist Erinnern. Das ist ohne Kraft, das bringt nichts.

Wunden sitzen tiefer. Sie lassen sich nicht durch bloßes Erinnern erschließen. Wiedererleben heißt, wieder zum Kind zu werden: Sich nicht nur das Kind anschauen, das da durch den Garten rennt, sondern das rennende Kind zu sein. Es nicht nur beobachten – es werden! Das ist deswegen möglich, weil das Kind immer noch in euch existiert, weil es ein Stück von euch ist. Schicht für Schicht existiert alles in euch weiter, was ihr jemals erlebt habt. Einst warst du ein Kind – es ist noch da; dann wurdest du ein junger Mensch – er ist noch da; dann wurdest du ein alter – er ist noch da. Alles ist vorhanden, Schicht auf Schicht.

Schließe die Augen, lege dich hin und geh zurück! Geh es auf einfache Art und Weise an, dann hast du es plötzlich! Jeden Abend kannst du dich auf dein Bett legen und den Tag zurückverfolgen bis zum Morgen. Das Zubettgehen ist das Letzte – mache das Erste daraus und geh dann zurück. Was hast du kurz vor dem Zubettgehen gemacht? Du hast ein Glas Milch getrunken; trinke, erleb es noch einmal. Du hattest Streit mit deiner Frau, erlebe ihn noch einmal. Beurteile nichts, denn jetzt gibt es nichts zu beurteilen. Es ist geschehen. Nenne es weder „gut" noch „schlecht", werte es nicht. Durchlebe es einfach noch einmal, es ist geschehen. Gehe weiter zurück ... heute früh hat der Wecker dich wach gemacht, höre ihn noch einmal klingeln. Fange einfach an, den ganzen Tag Augenblick für Augenblick zu durchleben, die Uhr zurückzustellen. Hinterher wirst du dich tief erfrischt fühlen und wirst in einen wunderbaren Schlaf fallen, weil du jetzt mit diesem Tag abgeschlossen hast. Jetzt haftet dir der Tag nicht mehr an, du hast ihn bewusst noch einmal durchlebt.

Bewusst wird das Leben zu einem Phänomen von Augenblick zu Augenblick: Du lebst diesen Augenblick außerhalb von Vergangenheit und Zukunft. Kaum ist dieser Augenblick verstrichen, ist schon der nächste Augenblick da. Dann lebst du den, nicht aus dem vorausgegangenen Augenblick, sondern aus deiner Wachheit heraus, aus dem heraus, was du empfindest, was du bist. Dann gibt es keine Sorgen, keine Träume, keine Zukunftsfantasien, keinen Katzenjammer von gestern. Man ist einfach schwerelos – es gibt keine Schwerkraft mehr. Man kann seine Flügel ausbreiten und ein Vogel am Himmel sein, immer weiter und weiter fliegen, ohne je wieder umkehren zu müssen. Es gibt kein Zurück mehr; man hat den Punkt überschritten, von wo aus eine Rückkehr noch möglich war. Ein Mensch der Bewusstheit fliegt wie ein Vogel; er hinterlässt keine Spuren am Himmel, nichts bleibt zurück. Hinter dir nichts als Himmel, vor dir nichts als Himmel soweit das Auge reicht. Ohne Spuren, ohne Erinnerungen.

Wenn ich dies sage, meine ich das nicht so, dass ein Buddha, der dich kennt, dich etwa nicht wiedererkennt. Er hat zwar Erinnerungen, aber keine psychischen Erinnerungen. Sein Mind funktioniert, aber als ein System für sich. Er ist mit ihm nicht identifiziert.

Wenn du einen Buddha aufsuchst und ihn fragst: „Ich bin schon einmal hier gewesen, erinnerst du dich?", wird er sich an dich erinnern. Er wird sich besser an dich erinnern als irgendwer sonst, weil er unbelastet ist. Ihr müsst diesen Unterschied verstehen, denn manchmal glauben die Leute, dass ein Mensch, der vollkommen bewusst und wach wird und seinen Mind hinter sich lässt, alles vergessen würde. Nein, er schleppt nur nichts mit, er erinnert sich! Der Mind funktioniert jetzt besser: viel klarere Sinne, spiegelgleich. Er hat jetzt einfach Erinnerungen, aber er hat keine psychischen Erinnerungen. Der Unterschied ist sehr fein.

Zum Beispiel: Gestern hast du mich aufgesucht und warst sehr verärgert über mich. Heute kommst du wieder und ich werde mich an dich erinnern, weil du gestern da warst. Ich kann mich an dein Gesicht erinnern, ich werde dich erkennen, aber deine Wut hat mich nicht verletzt. Sie ist deine Sache. Ich habe keine Wunde davon getragen, dass du wütend auf mich warst. Ich habe von Anfang an gar keine Verletzung zugelassen. Wenn du wütend geworden bist, dann ist das etwas, das du dir selber angetan hast, nicht mir. Ich war nur aus Zufall dabei. Ich trage keine Wunde davon. Ich werde mich nicht so verhalten, als ob du dieselbe Person wärst, die gestern wütend geworden ist. Deine Wut steht nicht zwischen uns beiden. Deine Wut wird unsere gegenwärtige Beziehung nicht einfärben. Wenn deine Wut unsere gegenwärtige Beziehung färbt, dann ist sie eine psychische Erinnerung; dann schwelt da eine Wunde.

Existenzielle Erinnerungen sind in Ordnung, es geht nicht ohne sie. Ein Buddha muss sich seine Jünger merken: Ananda ist Ananda und Sariputra ist Sariputra. Er ist niemals im Unklaren, wer von beiden Ananda und wer Sariputra ist. Er hat ein Gedächtnis, aber dieses ist nur ein Teil des funktionierenden Gehirns, das selbständig arbeitet, so als hättest du einen Taschencomputer bei dir, der deine Erinnerungen speichert. Buddhas Gehirn ist ein Taschenrechner, etwas Losgelöstes, das sich nicht in seine Beziehungen einmischt. Er hat ihn nicht immer dabei. Wenn er gebraucht wird, schaltet er ihn ein, aber niemals ist er mit ihm identifiziert.

Kaum bist du bewusst, ist nur noch Gegenwart – es gibt keine Vergangenheit und keine Zukunft mehr. Das ganze Leben wird zu einer einzigen Gegenwart – da sammelt sich kein Karma an. Du bist deine Ketten los, die Ketten, die du dir selber angelegt hattest. Du kannst jetzt frei kommen; du brauchst nicht erst abzuwarten, bis die ganze Welt befreit ist. Du kannst glücklich sein.

Du brauchst nicht erst abzuwarten, bis sich die ganze Welt aus ihrem Elend befreit hat. Wenn du darauf wartest,

wartest du umsonst. Es wird nicht dazu kommen. Dies ist etwas ganz und gar Inneres: frei zu werden von seinen Ketten. Du kannst vollkommen frei leben in einer durch und durch unfreien Welt. Du kannst selbst in einem Gefängnis vollkommen frei leben; selbst das macht keinen Unterschied, weil es eine innere Haltung ist. Wenn deine inneren Saatkörner kraftlos sind, bist du frei. Ihr könnt einen Buddha nicht zum Gefangenen machen. Steckt ihn in ein Gefängnis, aber einen Gefangenen könnt ihr nicht aus ihm machen. Er wird dort wohnen und er wird dort bei vollem Bewusstsein leben. Wenn du bei voller Bewusstheit bist, bist du immerzu in *moksha*, immer in Freiheit. Bewusstheit ist Freiheit, Unbewusstheit ist Unfreiheit.

Werdet jetzt bewusst und lenkt die Energie eures Bewusstseins auf eure Vergangenheit! Sie wird die gesamte Vergangenheit auslöschen. Dabei lösen sich Leid wie Lust, Gutes wie Schlechtes auf. Und wenn beides sich auflöst, wenn ihr die Dualität von gut und schlecht hinter euch lasst, seid ihr befreit. Dann gibt es weder Leid noch Lust. Dann tritt nur Stille ein, eine unsagbar tiefe Stille.

In dieser Stille tritt etwas Neues in Erscheinung: *satchidananda*. In dieser Stille, in dieser tiefen Stille, widerfährt euch Wahrheit, widerfährt euch Bewusstheit, widerfährt euch Seligkeit. Ich stehe voll und ganz hinter Patanjali. Viele Menschen gelangen zu *nirvana* durch Patanjali. Hört Patanjali also gut zu. Hört nicht nur zu, taucht in seinen Geist ein! Vieles ist durch ihn möglich. Er ist einer der größten Wissenschaftler der Welt und hat die Reise nach innen erforscht.

Ich bin hier, um dich in irgendeiner Weise in den Abgrund zu stoßen, wo du stirbst und der Buddha geboren ist.

Das Problem ist immer nur, einen Buddha zu finden. Wenn erst einer hier ist, dann ist die Grundvoraussetzung gegeben. Dann werden viele augenblicklich möglich. Und wenn viele hier sind, werden Tausende möglich. Der erste wirkt wie ein Funke und ein kleiner Funke genügt, um die ganze Erde zu erleuchten. So ist es in der Vergangenheit geschehen.

Als Gautama ein Buddha wurde, mussten es nach und nach Tausende auch werden. Denn es ist nicht eine Frage des Werdens, da du es bereits bist. Einer muss dich lediglich damit konfrontieren, das ist alles.

Erst kürzlich las ich eines von Ramakrishnas Gleichnissen – ich liebe es. Ich kann es nicht oft genug lesen. Es ist die ganze Geschichte, wie der Meister als Katalysator wirkt. Die Geschichte geht so: Eine Tigerin starb bei der Geburt ihres Babys und das Baby wurde von Ziegen groß gezogen. Natürlich hielt sich der kleine Tiger auch für eine Ziege. Das war einfach und natürlich; da er von Ziegen groß gezogen wurde, mit Ziegen lebte, glaubte er selber, eine Ziege zu sein. Er ernährte sich rein pflanzlich, fraß und kaute Gras. Nicht einmal im Traum wäre er darauf gekommen, ein Tiger zu sein. Aber er war ein Tiger.

Dann, eines Tages geschah es, dass ein alter Tiger an dieser Ziegenherde vorbei kam. Der alte Tiger wollte seinen Augen nicht trauen: Da lief mitten unter den Ziegen ein Tiger herum! Nicht nur hatten die Ziegen keine Angst vor dem Tiger – sie schienen nicht einmal zu merken, dass da ein Tiger unter ihnen war; der Tiger selbst hatte den Gang von Ziegen. Irgendwie schnappte sich der alte Tiger den jungen Tiger, was nicht gerade leicht war. Dieser versuchte davonzulaufen, er wehrte sich, er heulte, er brüllte.

Er war zu Tode erschreckt und zitterte am ganzen Leibe. Alle Ziegen nahmen Reißaus und er versuchte mit ihnen zu fliehen, aber der alte Tiger packte ihn und schleppte ihn zum See. Der junge Tiger wehrte sich mit allen Vieren. Er wehrte sich genauso, wie ihr es mir gegenüber tut. Er versuchte alles, um nicht mit zu müssen. Er war in Todesangst, schrie und heulte. Aber der alte Tiger ließ nicht locker.

Der alte Tiger zerrte ihn trotzdem mit, bis sie am See waren. Der See lag still wie ein Spiegel. Er zwang den jungen Tiger, ins Wasser zu sehen. Dort sah er mit Tränen in den Augen – es war nicht klar zu erkennen, aber verschwommen sah er es –, dass er genauso aussah wie der alte Tiger. Die Tränen verschwanden und ein neues Daseinsgefühl stieg in ihm auf. Die Ziege verblasste in seiner Vorstellung. Er war zwar keine Ziege mehr, aber noch traute er seiner eigenen Erleuchtung nicht so recht. Noch zitterte er etwas am ganzen Leibe, hatte Angst. Er dachte sich: „Vielleicht bilde ich mir das nur ein. Wie kann eine Ziege so plötzlich zum Tiger werden? Das kann doch gar nicht sein, das war noch nie da. So etwas passiert einfach nicht!" Er traute seinen eigenen Augen nicht, aber nun war der erste Funke, der erste Lichtstrahl in sein Dasein gedrungen. Im Grunde war er nicht mehr er selbst, würde er nie wieder derselbe sein können.

Der alte Tiger nahm ihn in seine Höhle mit. Inzwischen wehrte er sich nicht mehr so, war nicht mehr so widerspenstig, nicht mehr so ängstlich. Nach und nach wurde er kühn und fasste sich ein Herz. Schon auf dem Wege zur Höhle fing er an wie ein Tiger zu gehen. Der alte Tiger gab ihm etwas Fleisch zu fressen. Das ist schwer für einen Pflanzenfresser, fast unmöglich, Ekel erregend, aber der alte Tiger hörte einfach nicht darauf. Er zwang ihn zu fressen. Als der junge Tiger seine Nase dem Fleisch näherte, geschah es: durch den Geruch wurde tief in ihm etwas geweckt, das dort geschlummert hatte. Er fühlte sich von dem Fleisch getrieben, angezogen und fing an zu fressen. Kaum hatte er von dem Fleisch gekostet, da brach aus seinem ganzen Dasein ein Brüllen hervor. In diesem Gebrüll verschwand die Ziege vollends und der Tiger stand da in seiner Schönheit und Herrlichkeit.

Da hast du den ganzen Ablauf. Es gehört nur ein alter Tiger dazu. Der alte Tiger ist da und du kannst dich noch so sehr winden und wenden, es gibt kein Entrinnen. Du sperrst dich, du willst dich nicht zum See bringen lassen, aber ich werde dich hin bringen. Du hast dein ganzes Leben lang nur Gras gefressen, du hast den Geruch von Fleisch völlig vergessen, aber ich werde dich schon dazu bringen, es zu fressen. Hast du erst einmal davon gekostet, wird dein Brüllen hervorbrechen. In dieser Explosion wird die Ziege sich auflösen und ein Buddha geboren sein.

Ekstase, *nirvana*, Erleuchtung – nennt es, wie ihr wollt: das ist die Blütezeit. Wenn du unglücklich bleibst, bist du nicht lebendig. Dein bloßes Unglück beweist, dass du auf dem Holzweg bist. Dein bloßes Unglück ist ein Zeichen dafür, dass in dir das Leben brodelt und explodieren möchte, aber deine Schale zu hart ist. Die Hülse des Saatkorns gestattet dir nicht herauszukommen; dein Ego ist zu stark und deine Türen sind zugeschlagen. Unglück ist nichts weiter als dieser Kampf des Lebens, in Millionen von Farben, in Millionen von Regenbogen, in Millionen von Blumen, in Millionen von Liedern zu explodieren. Unglück ist nichts als die Abwesenheit von Ekstase.

Dies gilt es zutiefst zu verstehen, andernfalls fangt ihr an, gegen das Unglück anzukämpfen. Und niemand kann gegen eine Abwesenheit ankämpfen. Es ist genau wie mit der Dunkelheit: Du kannst Dunkelheit nicht bekämpfen. Wenn du es doch tust, stellst du dich nur dumm an. Du kannst eine Kerze anzünden und schon verschwindet die Dunkelheit, aber du kannst die Dunkelheit nicht bekämpfen. Wen willst du denn bekämpfen? Dunkelheit ist nichts Existentes, man kann ihr nichts anhaben. Was immer du anstellst, es wird nur deine Energien erschöpfen, aber die Dunkelheit wird trotzdem bleiben, genau wie zuvor, unberührt. Wenn du etwas gegen die Dunkelheit ausrichten willst, musst du etwas mit Licht anstellen, aber auf keinen Fall mit der Dunkelheit selbst. Du musst ein Licht anzünden und plötzlich ist keine Dunkelheit mehr da.

Du bist unglücklich und du möchtest dies ändern. An diesem Punkt trennt sich der Weg des religiösen von dem des areligiösen Menschen. Der areligiöse Mensch fängt an, das Unglück zu bekämpfen, versucht Situationen herzustellen, in denen er nicht mehr unglücklich sein wird, drängt das Unglück irgendwie aus seinem Blickfeld, aus seiner Sicht hinaus. Der religiöse Mensch dagegen fängt an nach Ekstase zu suchen, fängt an nach Seligkeit Ausschau zu halten, ihr könnt es auch Gott nennen. Der areligiöse Mensch kämpft gegen die Abwesenheit, der religiöse Mensch sucht das, was ist: die Gegenwart von Licht, von Seligkeit.

Diese Wege sind diametral entgegengesetzt. Nirgends überschneiden sie sich. Sie mögen nebeneinander her laufen, meilenweit, aber sie begegnen sich nirgends. Der areligiöse Mensch muss erst an den Punkt zurückkommen, wo diese beiden Wege sich trennen und auseinander gehen.

Er muss erst zu der Erkenntnis gelangen, dass es absurd ist, mit der Dunkelheit, mit dem Unglück zu kämpfen.

Geht dem Phänomen des Unglücks auf den Grund. Warum seid ihr so unglücklich? Was erzeugt so viel Unglück? Ich beobachte euch, ich schau in euch hinein: Elend über Elend, Schichten über Schichten! Es ist wirklich ein Wunder, wie ihr es schafft, weiterzuleben. Offenbar nur, weil die Hoffnung stärker als die Erfahrung ist, der Traum stärker als die Wirklichkeit. Wie sonst könntet ihr immer weiterleben? Ihr wisst nicht, wofür ihr lebt, außer für die Hoffnung, dass morgen etwas passieren wird, irgendwie, das alles verändern wird. Ja, Morgen findet das Wunder statt – und das denkt ihr nun schon seit vielen, vielen Leben. Millionen von Morgen sind gekommen, sind zum Heute geworden, aber die Hoffnung überlebt. Immer wieder behauptet sich die Hoffnung. Ihr lebt nicht deswegen, weil ihr Leben habt, sondern weil ihr Hoffnung habt.

Die Hoffnung ist euer ganzes Leben. Mit der Hoffnung könnt ihr jedes Unglück ertragen. Ein bloßer Traum vom Himmel genügt und ihr vergesst die Hölle in euch. Ihr lebt in Träumen; Träume erhalten euch. Warum findet so viel Elend statt und warum könnt ihr nicht erkennen, wieso es stattfindet? Warum könnt ihr seine Ursache nicht herausfinden?

Wer die Ursache des Elends herausfinden will, der muss aufhören, ihm aus dem Wege zu gehen. Wie kannst du etwas erkennen, wenn du diesem immer ausweichst? Wie kannst du etwas kennenlernen, wovor du wegläufst? Wenn du etwas erkennen willst, musst du dich ihm stellen. Sobald du unglücklich wirst, fängst du zu hoffen an, wird das Morgen schlagartig wichtiger als das Heute. Das heißt

Ausweichen. Jetzt bist du davongelaufen und die Hoffnung wirkt wie eine Art Droge: Du bist unglücklich, du nimmst die Droge und dann vergisst du. Jetzt bist du betrunken, betrunken durch Hoffnung. Keine Droge ist mit Hoffnung zu vergleichen. Kein Marihuana, kein LSD kommt ihr gleich. Hoffnung ist das letztmögliche LSD. Mithilfe von Hoffnung könnt ihr alles ertragen.

Hofft nicht und träumt nicht gegen die Wirklichkeit an. Wenn ihr traurig seid, dann ist Traurigkeit die Wirklichkeit. Bleibt bei ihr; bleibt bei ihr, rührt euch nicht, konzentriert euch auf sie. Stellt euch der Traurigkeit, lasst sie gewähren. Lauft nicht zu ihrem Gegenteil hin. Das wird anfangs eine sehr bittere Erfahrung sein, denn wenn man sich seiner Traurigkeit stellt, umhüllt sie einen von allen Seiten: Du wirst zu einer kleinen Insel und die Traurigkeit ist wie ein Meer rings um dich herum, da bekommt man Angst, man erzittert bis in sein Innerstes. Zittere, habe Angst! Tu nur eines nicht: Lauf nicht weg. Das hast du seit Millionen von Leben getan. Lass sie da sein, schau tief in sie hinein. Sieh hin, beobachte – urteile nicht. Beobachte, geh ihr auf den Grund. Schon bald wird die bittere Erfahrung nicht mehr so bitter sein. Bald taucht aus der bitteren Begegnung die Wirklichkeit auf, du wirst bis zur Wurzel vorstoßen und sehen, was all dieses Elend ausgelöst hat, warum du so unglücklich bist.

Darin liegt die Bedeutung von Patanjalis Methode des *prati-prasava:* Bis an die Ursache zurückzugehen, bis zu den Wurzeln der Wirkung vorzudringen.

Ein Mensch, der zu unterscheiden weiß,
erkennt, dass alles Leiden auf Veränderung, Angst,

alte Erfahrungen zurückgeht, sowie auf die Konflikte,
die sich aus den drei Qualitäten
der fünf Erscheinungsformen des Geistes ergeben.

Patanjali sagt: „*Ein Mensch, der zu unterscheiden weiß.*" Das Sanskrit-Wort dafür ist *viveka* – es bedeutet Aufmerksamkeit, Unterscheidungskraft. Denn nur durch Aufmerksamkeit vermag man zu unterscheiden, was echt und was unecht ist; was die Wirkung und was die Ursache ist. Der unterscheidungsfähige Mensch – der Mensch des *viveka*, der aufmerksam unterscheidende Mensch – erkennt, dass alles ins Unglück führt. So, wie ihr seid, führt alles ins Unglück. Und wenn ihr so bleibt, wie ihr seid, wird alles immerzu weiter ins Unglück führen. Es kommt nicht darauf an, die Situationen zu verändern, es kommt auf etwas an, das ganz tief in euch selbst verwurzelt ist: Etwas in euch vereitelt die Möglichkeit von Seligkeit. Etwas in euch sperrt sich dagegen, dass ihr aufblüht zu einem Zustand der Seligkeit. Der bewusste Mensch wird gewahr, dass alles nur ins Unglück führt – alles und jedes.

Du hast so vieles getan; aber hast du auch beobachtet, dass alles ins Unglück führt? Wenn du im Hass bist, zeitigt das Unglück; wenn du liebst, zeitigt das Unglück. Das Leben scheint auf keiner Logik zu beruhen. Der eine ist hasserfüllt – das führt zu Unglück. Nach einfacher Logik müsste, wenn Hass zu Unglück führt, Liebe zu Glück führen. Aber wenn du dann liebst, macht dich die Liebe ebenfalls unglücklich! Ist das Leben denn absolut absurd, irrational?

Existiert keine Logik? Ist alles Chaos? Du kannst dich auf den Kopf stellen, am Ende kommt Unglück dabei heraus! Anscheinend ist Unglück das Ziel und alle Straßen führen ins Unglück. Du kannst die Reise antreten, wo immer du willst: rechts, links, in der Mitte. Als Hindu, Muslim, Christ oder Jaina; Mann oder Frau; ob gebildet, ungebildet, Liebe oder Hass, alles führt ins Unglück. Wenn du wütend wirst, endest du unglücklich, wenn du nicht wütend wirst, ganz genauso. Offenbar ist das Unglück ganz einfach da, und was immer du tust, ist unerheblich. Am Ende landest du bei ihm. Ich habe arme Menschen im Elend erlebt, ich habe reiche Leute im Elend erlebt. Ich habe Gescheiterte im Elend gesehen, ich habe Erfolgreiche im Elend gesehen. Du kannst machen, was du willst, am Ende kommst du am Ziel an und das heißt Elend. Führt denn jede Straße zur Hölle?

Was ist nur los? Gibt es also gar keine Wahl? Ja, alles führt tatsächlich ins Elend – falls du derselbe bleibst. Ich sage euch aber auch noch etwas anderes: Wenn du dich änderst, führt alles in den Himmel. Nicht was du tust zählt, sondern das was du bist. Was du tust ist belanglos. Tief drinnen bist du es. Ob du nun hasst – und hassen wirst du; oder ob du liebst – und lieben wirst du. Am Ende bist du es, der es zu Elend oder Ekstase, zu Unglück oder Seligkeit bringt, je nachdem, ob du dich änderst. Einfach nur von Hass zu Liebe überzugehen, von dieser Frau zu jener Frau, diesem Haus zu jenem Haus, führt nicht weiter. So vergeudest du nur Zeit und Energie. Du musst dich selber ändern: Warum führt also alles zu Unglück?

„Ein Mensch, der zu unterscheiden weiß, erkennt, dass alles Leiden auf Veränderung, Angst und alte Erfahrungen zurückgeht, sowie auf die Konflikte, die sich aus den drei Qualitäten der fünf Erscheinungsformen des Geistes ergeben.“ Diese Worte wollen verstanden sein. Im Leben ist alles im Fluss. Angesichts dieses Lebensflusses kannst du nichts Bestimmtes erwarten.

Erwartest du etwas, so wirst du unglücklich werden; denn Erwartungen sind nur in einer feststehenden und dauerhaften Welt möglich. In einer sich ständig verändernden Welt sind keine Erwartungen möglich.

Patanjali sagt: *„Aufgrund von Veränderung kommt es zu Unglück."* Wäre das Leben festgelegt und gäbe es keine Veränderung – du liebst ein Mädchen und das Mädchen wird nie älter als sechzehn, singt immerzu, ist immer fröhlich und immer heiter und ihr bleibt euch immer gleich, seid beide festgelegte Wesen – dann wäret ihr freilich keine Personen, wäre das Leben kein Leben. Es wäre Steinen ähnlich; zumindest würden eure Erwartungen erfüllt. Bis auf ein Problem: es würde zu Langeweile führen und die wiederum zu Unglück. Es gäbe zwar keinerlei Veränderungen, aber dafür Langeweile: *„... sowie auf die Konflikte, die sich aus den drei Qualitäten der fünf Erscheinungsformen des Geistes ergeben."*

Es gibt einen ständigen Kampf zwischen den Geist-Formen und den drei *gunas*, den grundlegenden Qualitäten, von denen die Hindus sagen, dass sie dein Sein bestimmen. Sie sagen, dass *sattva, rajas* und *tamas* die drei Bestandteile der Persönlichkeit des Menschen sind. *Sattva* ist das Reinste, ist die Essenz alles Guten, aller Reinheit, aller Heiligkeit – das heiligste Element in euch. Dann kommt *rajas*, das Element der Energie, Lebenskraft, Stärke, Macht; und schließlich *tamas*, das Element der Trägheit und Entropie. Diese drei machen euer Dasein aus. Und jede einzelne will in eine ganz andere Richtung. Alle drei sind notwendig, alle drei sind trotz ihrer Widersprüchlichkeit notwendig, weil euch die Spannung zwischen ihnen am Leben erhält. Entfiele diese Spannung und würden sie harmonisieren, dann träte der Tod ein. Den Hindus zufolge existiert die Existenz solange, ist die Schöpfung solange möglich, wie sich diese drei Elemente in Spannung zueinander befinden. Finden diese drei Elemente zur Harmonie, löst sich die Existenz auf, setzt *pralaya* ein, das Auseinanderfallen der Schöpfung.

Euer Tod ist nichts anderes als der Augenblick, da diese drei Elemente in eurem Körper zur Harmonie finden; dann sterbt ihr. Ohne jegliche Spannung, wie könntet ihr da weiterleben? Hier liegt das Problem: Ihr könnt nicht ohne dieses Spannungsdreieck leben, ihr würdet sterben. Und ihr könnt auch nicht mit ihm leben, weil sie Gegensätze sind und euch in verschiedene Richtungen ziehen.

Patanjali zufolge ist der Mensch multi-psychisch. Ihr habt nicht nur eine Psyche, ihr habt einen dreifachen Mind. Und aus diesen drei Mind-Formen können dreitausend werden, durch Verwandlungen und Kombinationen. Ihr habt eine ganze Mind-Menge, ihr seid multi-psychisch, und jeder Mind will euch anderswo hin treiben. Wie könnt ihr da gelassen sein, wie könntet ihr so glücklich sein? Ihr seid wie ein Ochsenkarren, der von vielen Ochsen in verschiedene Richtungen gezogen wird, gegen Norden, gegen Westen, gegen Süden, alles gleichzeitig. Er kann nicht vom Fleck kommen. Er wird viel Lärm machen und am Ende zusammenbrechen, aber er kann nirgendwo ankommen. So führt ihr ein Leben, das ein Leben der Leere bleibt.

Diese drei liegen im Streit miteinander und dazu kommen die Mind-Formen, die im Streit mit diesen *gunas* liegen. Es bilden sich Gewohnheiten aus und der Mind nimmt entsprechende Formen an. Du bist träge, aber du müsstest arbeiten, also gewöhnst du dich ans Arbeiten.

Jetzt kannst du dich nicht mehr entspannen. Selbst wenn du in Rente bist, kannst du nicht mehr still sitzen, kannst du nicht meditieren, kannst du dich nicht ausruhen, kannst du nicht einschlafen.

Der Verstand und deine *gunas* werden immer in Widerstreit sein. Patanjali zufolge sind dies die Gründe, warum die Leute so unglücklich sind. Was also tun? Was lässt sich an diesen Gründen ändern? Sie sind da, sie sind nicht zu ändern. Nur du bist zu ändern.

Die Verbindung zwischen dem Sehenden und dem Gesehenen erzeugt Leiden und ist aufzulösen.

Werdet zum Zeugen: zum Zeugen eurer *gunas*, eurer Mind-Formen, Mind-Tricks, Mind-Spielchen, Denkfallen, eurer alten Gewohnheiten, der Situationsveränderungen und Erwartungen. Seid in allem bewusst. Erinnert euch an dieses eine: Der Sehende ist nicht das Gesehene. Was immer ihr sehen könnt, das seid ihr nicht. Wenn ihr an euch die Gewohnheit der Trägheit erkennen könnt, dann seid ihr das nicht. Wenn ihr eure Gewohnheit erkennen könnt, ständig beschäftigt sein zu müssen, seid ihr das nicht. Wenn ihr eure frühen Prägungen erkennen könnt, dann seid ihr und diese Prägungen nicht dasselbe.

Der Sehende ist nicht das Gesehene. Du bist Bewusstheit und Bewusstheit ist jenseits von allem, was sie sehen kann. Der Beobachter ist jenseits des Beobachteten. Du bist freies Bewusstsein. Dies bedeutet *viveka* – unterscheidende Wachheit. Das ist es, wo ein Buddha hingelangt, worin er ständig weilt. Es wird dir auf Anhieb nicht möglich sein, ständig bewusst zu sein, aber selbst wenn du dich nur für

Augenblicke zum Sehenden aufschwingen kannst und über das Gesehene hinaus, wird plötzlich alles Unglück verschwinden. Plötzlich wird der Himmel ohne Wolken sein, kannst du einen Blick in den blauen Himmel tun – in die Freiheit, die er schenkt und die Seligkeit, die daraus quillt. Am Anfang wird dies nur für Augenblicke möglich sein. Aber nach und nach, im Maße wie du hineinwächst, es immer mehr fühlen kannst, diesen Geist in dich aufsaugst, wird es mehr und mehr da sein. Und eines schönen Tages ist es soweit, dass keine Wolken mehr übrig sind: der Seher hat die Beschränkungen verlassen. Auf diese Art und Weise lässt sich zukünftiges Unglück vermeiden.

In der Vergangenheit hast du gelitten; in Zukunft brauchst du nicht mehr zu leiden. Wenn du leidest, bist du selber verantwortlich. Und dies ist der Schlüssel, der Hauptschlüssel: Nie zu vergessen, dass du frei bist. Wenn du deinen Körper sehen kannst, dann bist du nicht der Körper. Wenn du die Augen schließen kannst und deine Gedanken sehen kannst, dann bist du nicht deine Gedanken – denn wie sollte der Sehende das Gesehene sein können?

Der Sehende steht immer darüber. Der Sehende ist das Unabhängige, das Transzendente schlechthin.

12. Kapitel

Die acht Stufen des Yoga

Das Licht, das du suchst, ist in deinem Innern. Deine Suche muss sich also nach innen richten. Dies zu verstehen ist grundlegend: der Schatz ist bereits vorhanden. Mag sein, dass dir der Schlüssel dazu noch fehlt, nicht aber der Schatz.

Das ist der Grund dafür, warum die Suche nach der Wahrheit lediglich ein Unterscheidungsprozess und keine positive Suche ist. Da gibt es deinem Wesen nichts hinzuzufügen; vielmehr muss etwas entfernt werden. Die Suche nach Wahrheit ist chirurgisch; nicht Heilmedizin, sondern Chirurgie. Zu dir muss nichts hinzukommen, im Gegenteil, etwas von dir muss entfernt werden. Daher die Methode der Upanishaden: „*Neti-neti* – weder dies noch das."

Gehe tiefer – löse dich von allem, so lange, bis du im unmittelbaren Kern deiner Bewusstheit angekommen bist. Gehe immerfort weiter: „Ich bin weder dies noch das." Unaufhörlich: „*Neti-neti.*" So kommst du schließlich an einen Punkt, wo nur noch du da bist, der Unterscheidende; jetzt gibt es nichts mehr zu entfernen, die Chirurgie ist beendigt, du bist auf den Schatz gestoßen.

Sobald man dies richtig verstanden hat, wird die Suche sehr leicht. Selbst wenn du deine Mitte manchmal aus den Augen verlieren solltest, du könntest sie gar nicht verlieren, weil sie dein Wesen ausmacht.

Wenn durch die Übung der verschiedenen Yoga-Stufen
die Unreinheit verschwunden ist,
entfaltet sich spirituelle Einsicht
bis hin zur Bewusstheit des Wirklichen.

Patanjali sagt damit nicht, dass etwas erzeugt werden müsse, sondern, dass etwas beseitigt werden muss. Du hast dich bereits übernommen, was dein Wesen betrifft: Da liegt das Problem. Du hast zu viel angesammelt, der Diamant hat zu viel Schmutz angesetzt. Dieser Schmutz muss entfernt werden und plötzlich kommt der Diamant zum Vorschein.

Dies ist die eigentliche Bedeutung von Sannyas – Abkehr, Entsagung. Nicht etwa, dass du dich von deinem Haus trennen sollst, nicht, dass du dich von deiner Familie oder von deinen Kindern abkehren sollst – das wäre zu grausam. Wie könnte ein mitfühlender Mensch so handeln? Nein, du brauchst dich nicht von deiner Frau abzukehren, denn da liegt das Problem überhaupt nicht. Die Frau hält dich nicht von Gott ab, ebenso wenig wie dich die Kinder oder das Haus behindern. Nein, wenn du dich von ihnen abkehrst, hast du nichts verstanden. Entsage etwas anderem – entsage all dem, was du ständig in deinem Inneren angesammelt hast.

Wenn ihr versteht, was Entsagung bedeutet, versteht ihr auch dieses *neti-neti.* Damit sagt ihr nur: „Ich bin nicht dieser Körper, da ich den Körper ja wahrnehme; schon dies Wahrnehmen trennt mich von ihm und macht mich zu etwas anderem.“ Geht tiefer. Schält die Zwiebel immer weiter: „Ich bin nicht meine Gedanken; denn die kommen und gehen, während ich bleibe. Ich bin nicht meine Gefühle… “ Sie kommen einfach, manchmal so stark, dass ihr euch vollkommen in ihnen verliert, aber dann gehen sie auch wieder weg. Es gab eine Zeit, da waren sie nicht da, du aber wohl. Dann kam eine Zeit, wo sie da waren und du mit ihnen identisch warst. Es wird wieder eine Zeit geben, wo sie fort sind und du dasitzt. Also kannst du nicht sie sein. Du bist losgelöst. Schäle die Zwiebel immerzu weiter:

Nein, dein Körper bist du nicht, dein Denken bist du nicht, dein Fühlen bist du nicht. Und wenn du erst einmal weißt, dass du keine von diesen drei Schichten bist, verschwindet dein Ego, ohne eine Spur zurückzulassen. Dein Ego ist nichts weiter als deine Identifikation mit diesen drei Schichten. Danach bist du dann zwar, kannst aber nicht sagen „Ich bin". Dieses Wort hat dann seine Bedeutung verloren. Das Ego ist nicht mehr da. Du bist heimgekehrt.

Wenn ich sage, ihr sollt allem Unreinen entsagen, bedeutet das nicht, dass euer Körper, euer Geist und eure Gefühle unrein sind. Nichts davon ist unrein – aber sobald ihr euch identifiziert, stellt dieses Identifizieren eine Verunreinigung dar. Alles ist rein. Euer Körper funktioniert wunderbar, wenn ihr ihn in Ruhe lasst und euch nicht weiter einmischt. Wenn ihr ein nicht-einmischendes Leben führt, seid ihr rein. Alles ist rein. Wenn ihr aber anfangt, euch für den Körper zu halten, drängt ihr euch dem Körper auf. Und wenn ihr euch eurem Körper aufdrängt, reagiert der Körper sofort und drängt sich euch auf. Das ist Unreinheit.

Patanjali sagt: *„Wenn durch die Übung der verschiedenen Yoga-Stufen die Unreinheit verschwunden ist …"* – die Identifikationen und Verwirrungen, die innere Unordnung, wo alles sich gegenseitig bei der Ausübung seiner natürlichen Funktionen stört, das ist Unreinheit – *„ … entfaltet sich spirituelle Einsicht bis hin zur Bewusstheit des Wirklichen."*

Kaum ist alles Unreine beseitigt, ist plötzlich Einsicht da. Sie kommt nicht von außen; sie ist euer innerstes Wesen in all ihrer Reinheit, Unschuld, und Jungfräulichkeit. Nun beginnt euer Inneres hell zu sein, zu leuchten, alles ist klar. Die Verwirrungen haben sich zerstreut, jetzt stellt sich die Klarheit der Wahrnehmung ein. Jetzt kannst du alles so sehen, wie es ist: ohne Projektionen, ohne Einbildung, ohne die geringste Verdrehung der Wirklichkeit. Du siehst die Dinge einfach so, wie sie sind. Deine Augen sind leer, dein Wesen ist still. Jetzt ist nichts mehr in dir da, also kannst du auch nicht projizieren. Du wirst zum passiven Zuschauer, zum *sakshin*. Dies ist die Reinheit des Seins.

Nun zu den acht Stufen des Yoga, denn hier befinden wir uns im Zentrum von Patanjalis Lehre:

Die acht Stufen des Yoga sind:
yama, niyama, asana, pranayama, pratyahara,
dharana, dhyana, samadhi.

Hier haben wir die ganze Yogawissenschaft in einem Satz, in einem Saatkorn. Viele Dinge sind inbegriffen. Erst aber werde ich euch die genaue Bedeutung jedes einzelnen Schrittes erklären. Ihr müsst bedenken, dass Patanjali sie sowohl „Stufen" als auch „Glieder" nennt. Sie sind beides. Stufen sind sie insofern, als das eine auf das andere folgt, im Rahmen einer Gesamtentwicklung. Aber es sind eben nicht nur Stufen, sondern auch Glieder – nämlich des Yoga-Körpers. Dass allesamt durch eine innere Einheit oder auch organische Einheit verbunden sind, bringt er zum Ausdruck, indem er sie „Glieder" nennt.

Zum Beispiel: Meine Hände, meine Füße, mein Herz –

sie alle funktionieren nicht getrennt. Sie existieren nicht getrennt voneinander, sondern bilden eine organische Einheit. Wenn das Herz stillsteht, wird die Hand sich nicht mehr rühren. Alles ist miteinander verflochten. Sie sind nicht einfach mit Sprossen einer Leiter zu vergleichen, denn jede Sprosse einer Leiter steht für sich. Wenn eine Sprosse bricht, geht nicht die ganze Leiter kaputt.

Patanjali nennt sie also einerseits zwar Stufen, weil sie eine gewisse Wachstumsabfolge darstellen, aber andererseits sind sie auch *angas*, Glieder, Körperglieder – organisch. Man darf keines davon auslassen. Einzelne Stufen kann man weglassen, aber Glieder nicht. Man kann zwei Stufen auf einmal nehmen, kann eine überspringen, aber Glieder nicht. Sie sind keine Maschinenteile, man kann sie nicht einfach entfernen. Sie machen dich aus. Sie gehören dem Ganzen an. Sie sind nicht losgelöst. Durch sie funktioniert das Ganze als eine harmonische Einheit.

Somit sind diese acht Glieder des Yoga sowohl Stufen – Stufen in dem Sinne, dass eine auf die andere folgt –, befinden sich aber auch in einer tiefen Wechselbeziehung. Letzteres kann nicht vor dem Ersten kommen; das Erste muss das Erste sein, danach muss das Zweite kommen. Und das Achte hat als Achtes dran zu sein, es kann nicht das Vierte sein, es kann nicht das Erste sein. Sie sind also Stufen, zugleich aber ein organisches Ganzes.

Yama heißt Selbstbeherrschung. Das Wort „Selbstbeherrschung“ klingt ein wenig nach Unterdrückung, Verdrängung. Selbstbeherrschung ist jedoch nicht Verdrängung. Damals, als Patanjali das Wort *yama* benutzte, bedeutete es etwas völlig anderes. Patanjali will mit Selbstbeherrschung nicht sagen, dass man sich selbst unterdrücken soll, sondern, dass man seinem Leben eine Richtung geben soll. Also, seine Energien nicht unterdrücken, sondern anleiten, in eine bestimmte Richtung lenken! Man hat nur eine begrenzte Lebensenergie. Wenn man sie auf eine absurde, orientierungslose Art und Weise benutzt, wird man nirgendwo ankommen. Dann wird lediglich der Energievorrat irgendwann leer gelaufen sein – und diese Leere wird nicht die Leere eines Buddhas sein, es wird eine totale Erschöpfung sein. Dann wirst du schon tot sein, ehe du stirbst. Aber diese begrenzten Energien, die euch die Natur, die Existenz oder Gott – nennt es wie ihr wollt – mitgegeben hat, diese zugemessenen Energien können so eingesetzt werden, dass sie zum Tor für das Unbegrenzte werden.

Wenn ihr es richtig angeht, wenn ihr bewusst vorgeht, wenn ihr hellwach seid, all eure Energien zusammennehmt und in eine Richtung geht, wenn ihr innerlich nicht „viele" seid, sondern zu einem Individuum werdet, das ist die Bedeutung von *yama!*

Normalerweise bist du „viele", ein einziges inneres Stimmengewirr. Die eine Stimme sagt: „Da geht es lang!" Die andere sagt: „Nein! Da musst du hin!" Eine sagt: „Geh in den Tempel!", eine andere sagt: „Ins Theater, das wäre besser!" Und du fühlst dich nirgends wohl – denn egal wo du bist, du wirst es bereuen. Wenn du ins Theater gehst, wird die Stimme, die lieber zum Tempel wollte, dir die Hölle heiß machen: „Was hast du hier überhaupt zu suchen? Zeitverschwendung! Wärst du doch lieber zum Tempel gegangen ... und Beten ist so wunderbar! Und man weiß nie, was dort geschehen kann – wer weiß, vielleicht hast du heute deine Chance zur Erleuchtung verpasst!"

Gehst du dagegen in den Tempel, wieder das Gleiche:

„Was willst du eigentlich hier? Du sitzt hier wie ein Dummkopf! Und wie oft hast du nun schon gebetet – und was hat es gebracht? Die reinste Zeitverschwendung! Und schau dich doch um: Hier sitzen lauter Narren, welch unnützes Zeug sie treiben – und nichts passiert! Im Theater dagegen … wer weiß, was für aufregende Dinge, welche Ekstasen du jetzt erlebt hättest. Wie konntest du nur!"

Wenn du noch kein Individuum bist, kein einheitliches Wesen, dann kannst du sein, wo du willst – immer sitzt du im falschen Boot. Du wirst nirgendwo daheim sein, du wirst immer nur irgendwohin rennen und nirgendwo ankommen. Du wirst wahnsinnig werden. Jedes Leben, das sich nicht an *yama* hält, wird ein vertanes Leben sein.

Im Westen wird der Gedanke der Selbstbeherrschung sofort mit Versklavung gleichgesetzt und jeder, der gegen Selbstbeherrschung ist, gilt als frei und unabhängig. Aber solange du noch kein Individuum bist, kannst du nicht frei sein, wird deine Freiheit nur Selbsttäuschung sein, wird sie nichts weiter sein als Selbstmord. Du bringst dich damit nur um, zerstörst deine Möglichkeiten, deine Energien. Eines Tages wirst du das Gefühl haben, dein ganzes Leben lang alles Mögliche versucht zu haben, ohne dass etwas dabei herausgekommen ist: du bist dadurch kein Stückchen reifer geworden.

Selbstbeherrschung bedeutet als erstes: Man muss seinem Leben eine Richtung geben. Selbstbeherrschung bedeutet, etwas gesammelter werden. Wie aber wird man gesammelter? Sobald du deinem Leben eine Richtung gibst, beginnt augenblicklich ein inneres Zentrum wirksam zu werden. Solange du noch nicht selbstbeherrscht bist, ist das Zweite nicht möglich – darum spricht Patanjali von Stufen.

Das Zweite ist *niyama*: ein Leben mit einer gewissen Regelmäßigkeit – mit einer geordneten Lebensführung, ohne alle Hektik. Regelmäßigkeit, das wird in euren Ohren wieder wie Sklaverei klingen. All die herrlichen Wörter aus Patanjalis Zeit sind heute hässlich geworden. Aber solange euer Leben ohne Regelmäßigkeit, ohne Disziplin ist, werdet ihr nur Sklaven eurer Instinkte bleiben – das mögt ihr zwar für Freiheit halten, aber ihr werdet jedem dahergelaufenen Gedanken zum Opfer fallen. Was soll das mit Freiheit zu tun haben? Ihr mögt keinem sichtbaren Herrn untertan sein, aber ihr werdet viele unsichtbare Herren haben – in euch selbst. Nur ein Mensch, der mit einer gewissen Regelmäßigkeit lebt, kann irgendwann sein eigener Herr werden.

Aber auch das ist noch weit entfernt: Denn wer wirklich Herr im Hause ist, zeigt sich erst, wenn der achte Schritt geleistet wurde – dahin geht die Reise. Dann wird der Mensch zum *jina*, zum „Eroberer". Dann wird der Mensch zu einem Buddha, einem Erwachten.

Das Dritte ist *asana*: eine Körperhaltung der Entspannung. Jede Stufe ergibt sich aus der ersten, der vorherigen. Sobald du ein geregeltes Leben führst, kannst du zur *asana* weitergehen, zur Haltung des entspannten Körpers. Gehe ab und zu in die *asana! Asana* kommt nur zu demjenigen, der ein Leben der Selbstbeherrschung und Regelmäßigkeit führt. Dann ist ein entspannter Körper möglich. Dann kannst du stillsitzen – einfach so. Denn inzwischen weiß der Körper: du bist ein disziplinierter Mensch; wenn du stillsitzen willst, wirst du stillsitzen – da ist nichts zu machen. Der Körper will dir alles Mögliche einflüstern … aber nach einer Weile gibt er es auf. Es hört ja niemand zu!

Mit Unterdrücken hat das nichts zu tun. Damit wird der Körper nicht unterdrückt! Du zwingst den Körper ja nicht zu irgendetwas, sondern du ruhst einfach! Der Körper versteht deshalb nichts vom Ruhen, weil du ihm niemals Ruhe gegönnt hast. Das Wort *asana* heißt an sich schon Ruhe – in tiefer Ruhe sein. Und wenn dir das gelingt, werden dir viele Dinge möglich werden. Wenn dein Körper in Ruhe sein kann, kannst du dein Atmen bewusst in einen Rhythmus führen. Jetzt kommst du tiefer, denn der Atem ist die Brücke zwischen Körper und Seele, zwischen Körper und Geist. Nach *asana* kommt also die Regelung des Atmens, das Vierte: *pranayama.*

Beobachtet euch ein paar Tage lang und macht euch einfach Notizen: Wann werdet ihr wütend und in welchem Rhythmus atmet ihr dann? – und ob ihr lang ausatmet oder lang einatmet, oder ob beides gleich ist, oder ihr nur ganz kurz einatmet, dagegen sehr lang ausatmet, oder nur kurz ausatmet, aber lange einatmet. Achtet einfach auf das Verhältnis von Ein- und Ausatmen. Wenn ihr sexuell erregt seid, beobachtet und haltet es fest. Wenn ihr manchmal still am Abend dasitzt und zum Nachthimmel aufschaut und ringsum alles still ist – achtet darauf, wie ihr atmet. Wenn ihr von Mitgefühl erfüllt seid, schaut hin und notiert es. Wenn ihr in Kampfstimmung seid, beobachtet es, notiert es. Legt einfach eine Tabelle über euer eigenes Atemverhalten an und das wird euch vieles lehren. *Pranayama* gehört nicht zu den Dingen, die einem beigebracht werden können. Ihr müsst selber dahinter kommen; denn jeder Mensch hat seinen eigenen Atem-Rhythmus. In eurem Atmen und seinem Rhythmus unterscheidet ihr euch ebenso sehr wie in eurem Daumenabdruck. Atmen ist etwas

Individuelles, und darum lehren wir es auch nie. Ihr müsst euren eigenen Rhythmus herausfinden. Dein Rhythmus mag auf niemanden sonst zutreffen, ja könnte einem anderen sogar schaden. Deinen Rhythmus … den musst du erst entdecken. Und das ist nicht weiter schwer. Da braucht man keine Experten zu fragen. Leg dir einfach nur eine Tabelle über all deine Stimmungen und Zustände an, einen Monat lang. Dann weißt du, bei welchem Rhythmus du dich am ehesten ausgeruht, entspannt, in tiefer Gelassenheit fühlst; bei welchem Rhythmus du dich still, ruhig, gesammelt, kühl fühlst; welcher Rhythmus plötzlich einsetzt, wenn du dich selig fühlst, von etwas Unbekanntem, Überströmendem erfüllt bist – du hast in diesem Augenblick so viel davon, dass du es der ganzen Welt austeilen könntest, ohne es zu erschöpfen.

Spüre hin und beobachte den Augenblick, wenn du dich mit dem Universum eins fühlst, wenn du das Gefühl hast, dass du nicht mehr getrennt von ihm, sondern durch eine Brücke mit ihm verbunden bist. Wenn du dich eins fühlst mit den Bäumen und den Vögeln und den Flüssen und den Felsen und dem Ozean und dem Sand – beobachte! Du wirst sehen, dass dein Atem viele Rhythmen hat.

Und wenn du deinen Rhythmus entdeckt hast, dann praktiziere ihn – beziehe ihn in dein Leben ein. Nach und nach geschieht es von selbst: Du atmest nur noch in diesem Rhythmus. Und mit diesem Rhythmus wird dein Leben zum Leben eines Yogi werden: Da ist keine Wut, keine sexuelle Abhängigkeit, kein Hass mehr in dir. Plötzlich erlebst du, dass in dir eine Wesensveränderung geschieht. *Pranayama* gehört zu den großartigsten Entdeckungen, die dem menschlichen Bewusstsein je beschieden waren.

Pranayama ist eine Reise nach innen. Und *pranayama* ist die vierte von den acht Stufen: Mit *pranayama* hast du die halbe Reise schon hinter dir! Ein Mensch, der *pranayama* durch eigenes Nachforschen und in Wachsamkeit gelernt hat, ein Mensch, der seinen eigenen Daseinsrhythmus erkannt hat, ist schon halbwegs am Ziel. *Pranayama* ist eine der wichtigsten Entdeckungen überhaupt.

Und nach *pranayama* kommt *pratyahara. Pratyahara* heißt Umkehr, Rückkehr, Einkehr, die Wendung nach innen, Heimkehr. *Pratyahara* wird erst nach *pranayama* möglich; erst durch *pranayama* bekommst du den hierfür nötigen Rhythmus. Jetzt kennst du die ganze Bandbreite, du weißt, mit welchem Rhythmus du deinem Zuhause am ehesten näher kommst und mit welchem Rhythmus du dich immer weiter von dir selber entfernst.

Wenn du gewalttätig, sexuell, wütend, eifersüchtig, habsüchtig bist, wirst du sehen, dass du am weitesten von dir entfernt bist; wenn du mitfühlend, liebe- und hingebungsvoll, dankbar bist, wirst du dich deinem Zuhause nähern. Nach *pranayama* wird *pratyahara*, die Heimkehr möglich. Jetzt kennst du den Weg – und somit auch, wie du deine Schritte nach Hause lenken kannst.

Danach kommt *dharana*. Nach *pratyahara*, wenn du den Heimweg bereits eingeschlagen hast, deinem innersten Kern immer näher kommst, kommst du direkt vor das Tor zu deinem eigenen Wesen. *Pratyahara* führt dich zum Tor hin; *pranayama* ist die Brücke vom Äußeren zum Inneren. *Pratyahara*, die Heimkehr, bringt das Tor und daraus ergibt sich die Möglichkeit zu *dharana*: Versenkung. Jetzt bist du in der Lage, deinen Geist in einem einzigen Gegenstand zu sammeln. Anfangs hast du deinen Körper an die Zügel genommen; zunächst musstest du deine Lebensenergie an die Zügel nehmen; jetzt nimmst du dein Bewusstsein an die Zügel. Jetzt darf sich das Bewusstsein nicht mehr auf alles stürzen, was es möchte – jetzt gilt es, sich einem Ziel zuzuwenden.

Dieses geschieht in Versenkung, *dharana*: Du fixierst dein Bewusstsein auf einen einzigen Punkt. Ist dein Bewusstsein auf einen einzigen Punkt gerichtet, stehen deine Gedanken still; Gedanken sind nur möglich, wenn du dein Bewusstsein ungebunden schweifen lässt – von hier nach da und von da nach dort. Wenn dein Bewusstsein dauernd herumhüpft wie ein Äffchen, dann laufen eine Menge Gedanken durcheinander und dein Geist ist ein einziges Gewimmel – ein Marktgewühl. Jetzt hast du die Möglichkeit – jetzt, nach *pranayama* und *pratyahara* hast du die Fähigkeit, dich auf einen einzigen Punkt zu konzentrieren.

Sobald du dich auf einen einzigen Punkt konzentrieren kannst, wird *dhyana* möglich. In Konzentration sammelst du deinen Geist auf einen Punkt. Bei *dhyana* lässt du auch diesen Punkt fallen. Jetzt bist du vollends zentriert, du beziehst dich auf nichts mehr – alles Abschweifen ist ein Streben nach außen. Selbst bei der Konzentration auf einen einzigen Gedanken gibt es noch etwas Äußeres, es existiert noch ein Objekt. Du bist nicht allein, es sind zwei da. In der Konzentration gibt es noch zweierlei: Das Objekt und dich. Nach der Konzentration fällt jegliches Objekt weg.

Alle Tempel führen euch nur bis zur Konzentration. Sie können euch nicht darüber hinaus führen, weil alle Tempel ein Objekt beherbergen: Das Gottesbild ist ein Objekt, auf das man sich konzentrieren soll. Alle Tempel führen also nur bis hin zu *dharana*, Konzentration.

Dhyana ist reine Subjektivität – reine Kontemplation; nicht Kontemplation über etwas – denn wenn du zu irgendetwas in Kontemplation bist, ist es Konzentration; Konzentration bedeutet, das Bewusstsein auf etwas Bestimmtes zu lenken. *Dhyana* ist Meditation: Nichts ist mehr da, alles ist verschwunden, du befindest dich in einem Zustand intensiver Bewusstheit. Das Objekt hat sich aufgelöst, das Subjekt ist nicht eingeschlafen: Es ist zutiefst gesammelt, ohne jedes Objekt. Doch das Gefühl von einem selbst besteht weiter. Das Objekt ist fortgefallen, aber das Subjekt ist nach wie vor da. Du fühlst noch, dass du bist.

Das ist nicht das Ego. Im Sanskrit haben wir zwei Wörter *ahankar* und *asmita. Ahankar* bedeutet: „Ich bin" und *asmita* bedeutet „bin" – ohne das Ich; nur noch sein Schatten ist übrig geblieben. Du hast noch immer das Gefühl da zu sein. Nicht in Form eines Gedankens; denn wäre da der Gedanke „Ich bin", wäre dies das Ego. In der Meditation hat sich das Ego restlos aufgelöst; es hängt dir jedoch noch ein „bin", etwas Schattenhaftes an, als flüchtiges Gefühl nur, wie ein Schleier. In der Meditation dämmert der Morgen, aber die Sonne ist noch nicht aufgegangen, alles ist dunstig: *asmita* – ein Rest von „bin" ist noch da. Wenn auch *asmita* verschwindet, wenn du nicht mehr weißt, wer du bist ... natürlich bist du noch da, aber das spiegelt sich nicht in dem Gedanken „Ich bin", nicht einmal in einem „bin" wieder – folgt *samadhi*, die Ekstase.

Samadhi heißt, zum Jenseits werden, du kehrst nicht mehr zurück! *Samadhi* ist der Punkt ohne Wiederkehr. Von dort stürzt niemand mehr ab. Ein Mensch im *samadhi* ist ein Gott. Wir nennen Buddha einen Gott, Mahavir einen Gott. Ein Mensch im *samadhi* ist nicht mehr von dieser Welt.

Er mag zwar auf Erden wandeln, ist aber nicht von dieser Welt. Er ist kein Irdischer mehr. Er ist ein Außenseiter. Er mag zwar hier sein, aber sein Zuhause ist ganz woanders. Er mag auf dieser Erde wandeln, aber seine Füße berühren die Erde nicht mehr. Vom Menschen im *samadhi* heißt es: „Er lebt in der Welt, aber die Welt lebt nicht in ihm."

Dies also sind die acht Stufen – oder auch acht Glieder – beides. Glieder, weil sie ineinandergreifen und organisch zusammenhängen; Stufen, weil ihr eine Stufe nach der anderen nehmen müsst. Man kann nicht irgendwo zwischendrin anfangen: Anfangen muss man mit *yama*.

Nun noch ein paar weitere Hinweise. Hier befinden wir uns so sehr im Zentrum von Patanjali, dass es noch Folgendes mehr zu verstehen gibt. *Yama* ist die Brücke zwischen dir und den anderen; Selbstbeherrschung bedeutet: deinem Verhalten eine Richtung geben. *Yama* betrifft das Verhältnis zwischen dir und den anderen, dir und der Gesellschaft – und zwar als bewusstes Verhalten. Du reagierst nicht mehr unbewusst, du reagierst nicht mehr wie ein Mechanismus, wie ein Roboter. Du wirst umsichtiger; du wirst wacher. Du bist vor allem darauf bedacht, mehr auf die Situation einzugehen, statt auf sie zu reagieren.

Das Eingehen ist etwas anderes als die Reaktion. Reaktion ist etwas Mechanisches. Eingehen ist etwas Bewusstes. Irgendwer beleidigt dich: Sofort reagierst du und beleidigst zurück. Da gab es nicht einmal eine Sekunde Abstand, um zu verstehen – das heißt Reagieren. Ein selbstbeherrschter Mensch wird abwarten, sich die Beleidigung anhören, wird über sie nachdenken.

Gurdjieff hat oft erzählt, dass sich sein ganzes Leben änderte, als sein Großvater starb. Gurdjieff war erst neun Jahre alt; der alte Mann rief ihn zu sich und sagte: „Ich bin ein armer Mann und habe nichts, was ich dir geben könnte. Aber eines möchte ich dir doch geben – meinen einzigen Schatz, den ich von meinem eigenen Vater bekommen und gehütet habe wie meinen Augapfel. Du bist noch zu jung, aber merke es dir. Eines Tages wirst du es verstehen, aber jetzt präge es dir nur ein. Vorläufig glaube ich nicht, dass du es verstehen kannst, aber wenn du es nicht vergisst, wirst du es eines Tages verstehen." Und dann sagte er zu Gurdjieff folgenden Satz: „Wenn dich jemand beleidigt, antworte ihm erst, wenn vierundzwanzig Stunden verstrichen sind."

Dies führte zur Transformation. Wie willst du nach vierundzwanzig Stunden noch reagieren? Eine Reaktion geschieht unmittelbar. Gurdjieff sagt: Immer, wenn mich jemand beleidigte oder Unwahres über mich sagte, musste ich sagen: „Ich komme morgen zu dir. Ich darf dir erst nach vierundzwanzig Stunden darauf antworten. Das habe ich meinem Großvater versprochen und der ist tot; also kann ich mein Versprechen nicht zurücknehmen. Aber ich werde kommen."

Und dann dachte Gurdjieff erstmal darüber nach. Je mehr er darüber nachdachte, desto unsinniger kam ihm das Ganze vor. Manchmal spürte er, dass der Mann recht hatte und das, was er gesagt hatte, stimmte.

Dann ging Gurdjieff zu dem Mann hin und bedankte sich: „Du hast mir etwas klargemacht, was mir nicht bewusst war." Manchmal kam er zu dem Schluss, dass der Mann völlig unrecht hatte. Und wenn jemand unrecht hat, was soll man sich damit beschäftigen? Niemand kümmert sich um Lügen! Wenn du dich verletzt fühlst, dann muss etwas Wahres dran sein, andernfalls würde es dich nicht verletzen. Aber auch dann wäre es zwecklos hinzugehen. Und er schreibt: „Ich hatte oft genug Gelegenheit, die Faustregel meines Großvaters anzuwenden. Und mit der Zeit verschwand alle Wut – und nicht nur die Wut; denn nach und nach wurde mir klar, dass ich dieselbe Formel auch auf andere Gefühle anwenden konnte. Und siehe da: Alles löste sich auf."

Gurdjieff war einer der höchsten Gipfel der Neuzeit – ein Buddha. Und mit einem so winzigen Schritt begann seine ganze Reise – mit dem Versprechen, das er einem sterbenden alten Mann gegeben hatte. Es veränderte sein ganzes Leben.

Yama ist die Brücke zwischen dir und den anderen – lebe bewusst. Gestalte deine Beziehungen zu anderen bewusst. Danach gelten die nächsten beiden Stufen deinem Körper: *niyama* und *asana*. Die dritte, *pranayama*, ist wieder eine Brücke. Während die erste, *yama*, eine Brücke zwischen dir und anderen ist, stellen die zwei nachfolgenden nur die Vorbereitung auf eine weitere Brücke dar: Dein Körper muss durch *niyama* und *asana* vorbereitet werden und danach bildet *pranayama* die Brücke zwischen deinem Körper und deinem Geist. Danach dienen *pratyahara* und *dharana* der geistigen Vorbereitung. *Dhyana* wiederum ist eine Brücke zwischen deinem Geist und deiner Seele. Und *samadhi* ist die Erfüllung. Sie alle sind miteinander verschlungen und alles zusammen macht dein Leben aus.

Deine Beziehungen zu den anderen müssen sich ändern. Die Art, wie du dich beziehst, muss transformiert werden. Wenn du dich weiterhin so wie bisher auf andere beziehst, ist jede Veränderung ausgeschlossen. Du musst deine Beziehung ändern. Beobachte, wie du dich deiner Frau oder deinem Freund oder deinen Kindern gegenüber verhältst. Verändere es. In deinen Beziehungen gilt es tausend Dinge zu verändern. *Yama* dient dazu, eine freundliche Atmosphäre um dich herum zu erzeugen.

Wenn du aller Welt feindlich, kämpferisch, hasserfüllt und wütend begegnest, wie kannst du dich da nach innen wenden? Das alles wird dir im Wege stehen. Schon an der Außenseite wirst du dann so verstört sein, dass dadurch die Reise nach innen vereitelt wird. Wenn du dich in schöner Art und Weise auf andere beziehst – also bewusst – dann werden sie dir bei deiner inneren Reise keine Schwierigkeiten mehr machen. *Niyama* und *asana* gelten dem Körper, weil der Körper ein System ist.

Wenn du ein ungeregeltes Leben führst, verwirrst du den Körper. Heute hast du um ein Uhr zu Mittag gegessen, morgen tust du es um elf Uhr, übermorgen um zehn Uhr – damit verwirrst du den Körper. Der Körper hat eine innere biologische Uhr; er arbeitet nach Plan. Wenn du jeden Tag um genau dieselbe Zeit zu Mittag isst, dann wird der Körper immer verstehen können, was jetzt geschieht, er hat sich regelrecht darauf eingestellt, dass es geschieht. Dann fließen die Magensäfte im richtigen Augenblick. Andernfalls magst du dein Essen zwar zu dir nehmen, wann immer du willst, aber die Säfte werden nicht fließen. Und wenn du dein Essen zu dir nimmst, wenn die Säfte nicht fließen, dann wird das Essen kalt, dann bekommst du Verdauungsprobleme. Die Säfte müssen bereit sein, um das Essen zu empfangen, solange es heiß ist; dann kann die Verarbeitung sofort beginnen. Das Essen kann binnen sechs Stunden verarbeitet sein, wenn die Säfte bereit sind und es erwarten. Wenn die Säfte es nicht erwarten, dann kann es bis zu zwölf, ja achtzehn Stunden dauern. Dann fühlst du dich schwer, lethargisch. Dann gibt dir dein Essen zwar Leben, aber spendet kein reines Leben. Es fühlt sich an wie ein Mühlstein um den Hals: Irgendwie bist du bedrückt, schleppst du dich ab. Dabei könnte dein Essen zur reinsten Energie werden! – aber dazu musst du ein geregeltes Leben führen.

Niyama und *asana* – geregeltes Leben und eine ruhige Haltung – betreffen den Körper. Ein geordneter Körper ist etwas Schönes: Geordnete Energie, glühend, immer im Überfluss, lebenssprühend, niemals stumpf und tot! Dann wird auch der Körper intelligent, weise, mit der Ausstrahlung einer neuen Bewusstheit. Danach baut *pranayama* wieder eine Brücke; tiefes Atmen ist die Brücke zwischen Geist und Körper. Du kannst deinen Körper durch Atmen verändern; du kannst deinen Geist durch Atmen verändern.

Dann dienen *pratyahara* und *dharana* – Heimkehr und Konzentration – der Transformation des Geistes. Und schließlich *dhyana* – wieder eine Brücke, vom Geist zum Selbst – oder zum Nichtselbst, wie immer ihr es nennen wollt, denn beides trifft zu. *Dhyana* ist die Brücke zum *samadhi. Samadhi* ist ein wunderschönes Wort. Es bedeutet: Nunmehr hat sich alles gelöst. Es bedeutet *samadhan* – alles ist erreicht. Jetzt gibt es kein Verlangen mehr, es gibt nichts mehr, das zu erreichen wäre. Du bist angekommen, darüber hinaus gibt es nichts mehr.

13. Kapitel

Disziplin und Tod

Yama – die erste Stufe des Yoga – besteht aus fünf Regeln. Man muss sie so tief wie möglich verstehen. Sie lösen euer Ego vollkommen auf. Entweder besteht euer Ego fort, oder ihr lebt diese fünf Regeln. Beides zusammen geht nicht. Und ehe ihr euch auf die Welt der Macht einlasst, und Yoga ist eine Welt grenzenloser Macht, ist es absolut unerlässlich, vor dem Betreten des Tempels euer Ego abzustreifen. Wenn ihr das Ego mit euch mitnehmt, werdet ihr die Macht höchstwahrscheinlich missbrauchen. Dann waren alle Mühen umsonst – in einer gewissen Weise einfach lächerlich:

Gewaltlosigkeit, Wahrhaftigkeit, Nicht-Stehlen,
reiner Lebenswandel und Nicht-Besitzergreifen.

Diese fünf Regeln – *ahimsa, satya, asteya, brahmacharya, aparigraha* – bilden die Grundlage, das Fundament. Man muss sie so tief wie möglich verstehen. Diese fünf Regeln sollen euch reinigen, euch zu einem Vehikel machen, damit die Macht darin Einzug halten und sich auf andere wohltuend, segensreich auswirken kann. Sie sind unverzichtbar; keiner kommt um sie herum. Man kann es gern versuchen. Sie zu umgehen ist einfacher, als sie auf sich zu nehmen; aber dann fehlt eurem Bau jegliches Fundament. Jeden Tag kann er einstürzen, jeden Tag zusammenkrachen und dabei vielleicht Nachbarn, vielleicht euch selber erschlagen. Dies gilt es als Erstes zu verstehen.

Das Zweite: Jemand hat die Frage gestellt – eine sehr wichtige Frage, sie lautet: „Das Sanskritwort *yama* bedeutet sowohl Tod als auch innere Disziplin. Gibt es eine Beziehung zwischen diesen beiden: Tod und innere Disziplin?"

Es gibt sie! Und auch die will verstanden sein. Sanskrit ist eine sehr bedeutungsschwangere Sprache. Tatsächlich ist keine Sprache der Welt in dieser Hinsicht mit Sanskrit zu vergleichen. Jedes einzelne Wort ist mit großer Umsicht und Sorgfalt geprägt worden. Sanskrit ist nämlich keine natürliche Sprache. Alle anderen Sprachen sind natürlich. Allein schon das Wort „Sanskrit" bedeutet: „das Erfundene", „Verfeinerte", „Kunstvolle". Die natürliche Volkssprache Indiens heißt Prakrit – „das Natürliche", „das Überkommene". Sanskrit ist etwas Verfeinertes. Es ist nicht wie natürliche Blumen, sondern das Wesentliche, Herausdestillierte. Viel Mühe und Sorgfalt ist in das Schmieden der einzelnen Wörter eingeflossen; man hat lange darüber nachgedacht und gebrütet, damit ja keine Bedeutungsnuance ausgelassen wurde.

Das Wort *yama* muss man richtig verstehen, es bedeutet, „der Gott des Todes"; aber es bedeutet auch, „innere Disziplin". Aber welch notwendige Verbindung mag es zwischen diesen beiden Bedeutungen – „Tod" und „innere Disziplin" – geben? Bis heute hat es auf der Erde immer zwei Arten von Kulturen gegeben – beide einseitig, beide unausgewogen. Bisher hat sich noch keine Kultur entwickeln können, die allumfassend, heil – heilig wäre. Und warum? Es geschieht immer wieder: Wann immer eine Gesellschaft die Sexualität unterdrückt, orientiert sie sich am Tod. Unterdrückt sie hingegen den Tod, feiert sie die Sexualität. Sexualität und Tod bilden die beiden Pole des Lebens. Die sexuelle Kraft steht fürs Leben, denn aus ihr kommt alles Leben. Leben ist ein sexuelles Phänomen – und der Tod steht am Ende. Will man sich beides zugleich vor Augen führen, scheint da ein Widerspruch zu sein: Sexualität und Tod sind nicht miteinander zu vereinbaren. Wie ließen sie sich vereinbaren? Es ist leichter, das eine zu vergessen und nur das andere zu beachten.

Wenn du beides gleichzeitig beachten willst, wird es für deinen Verstand sehr schwierig: wie beides zugleich? Tatsächlich aber existiert beides zugleich, hängt beides miteinander zusammen. Ja, im Grunde handelt es sich nicht einmal um zweierlei, sondern um ein und dieselbe Energie – in zwei Zuständen: Aktiv und passiv, *yin* und *yang*.

Habt ihr das nie beobachtet? Wenn Mann und Frau sich lieben, kommt irgendwann der Augenblick des Orgasmus, wo ihr Angst bekommt, furchtsam werdet, zu zittern anfangt: Denn auf dem höchsten Gipfel des Orgasmus existieren Leben und Tod zugleich, erfahrt ihr den Gipfel des Lebens, aber auch den Abgrund des Todes.

Gipfel wie Abgrund sind in ein und demselben Augenblick zum Greifen nah – daher die Angst vor dem Orgasmus. Die Menschen begehren ihn, weil er Leben bedeutet und die Menschen fliehen ihn, weil er Tod bedeutet. Sie verzehren sich nach ihm, weil er einer der schönsten Augenblicke überhaupt ist – ekstatisch! Und würden am liebsten vor ihm weglaufen, weil er zugleich einer der gefährlichsten Augenblicke ist: die Ahnung des Todes. Ein Mensch mit Bewusstheit wird sofort gewahr werden, dass

Tod und Sexualität ein und dieselbe Energie sind. Eine alles umfassende Kultur, eine Kultur, die heil und ganz ist, kurz eine heilige Kultur, wird beides akzeptieren, wird nicht einseitig sein, wird nicht nur das eine Extrem gelten lassen und das andere leugnen. In jedem Augenblick bist du sowohl Leben wie Tod. Dies verstehen heißt, alle Dualität transzendieren. Der gesamte Yoga kennt nur ein Bestreben: „Wie transzendieren?"

Yama ist genau das richtige Wort; denn erst wenn ein Mensch sich des Todes bewusst wird, wird ein Leben in Selbstdisziplin möglich – niemals zuvor. Wenn du nur Sexualität kennst, nur des Lebens eingedenk bist und den Tod meidest, vor ihm fliehst, ihm immer nur den Rücken zukehrst und ins Unterbewusste verdrängst, dann wirst du kein Leben in Selbstdisziplin fertig bringen. Wozu denn? Du wirst dann deinen Wünschen frönen.

Sobald der Tod ins Leben einbezogen wird, ist *yama* geboren – ein Leben in Disziplin. Dann lebst du – aber immer eingedenk des Todes. Dann gehst du voran, du weißt aber stets, dass du dem Tod entgegen gehst. Dann genießt du, weißt aber immer genau, dass es nicht ewig währen wird. Der Tod wird zu deinem Schatten – Teil deines Daseins, du hast ihn immer im Blick. Jetzt hast du den Tod mit einbezogen. Jetzt wird Selbstdisziplin möglich. Jetzt wirst du dich fragen: „Wie leben, sodass ich lebe und in Schönheit sterben kann? Wie soll ich leben, dass nicht nur mein Leben zu einem Crescendo der Seligkeit, sondern auch der Tod zu einem Gipfel wird?" Denn der Tod ist der Höhepunkt des Lebens.

So zu leben, dass du fähig wirst, das Leben voll zu leben und vollkommen zu sterben – dies und nichts anderes ist unter Selbstdisziplin zu verstehen. Selbstdisziplin hat nichts mit Unterdrückung zu tun, sondern heißt: ein Leben mit einem Gefühl der Richtung zu leben. Heißt, dein Leben völlig wach und eingedenk des Todes führen. Dann fließt dein Lebensstrom zwischen beiden Ufern dahin, zwischen Leben und Tod. Zwischen diesen beiden verläuft auch der Strom deines Bewusstseins.

Wer ein Leben zu führen versucht, in dem er den Tod verleugnet, der versucht, sich nur an einem Ufer entlang zu bewegen. Sein Bewusstseinstrom kann so nicht umfassend sein. Es wird ihm etwas fehlen und zwar etwas sehr Schönes fehlen. Sein Leben wird künstlich sein – ohne alle Tiefe. Ohne den Tod gibt es keine Tiefe.

Ein Leben in *yama* ist ein Leben der Ausgewogenheit. Diese fünf Regeln Patanjalis sollen euch ausbalancieren. Aber ihr könnt sie auch missverstehen und eine andere Art unausgewogenes Leben damit führen. Yoga ist nicht gegen Genuss; Yoga ist für Ausgewogenheit. Yoga sagt: „Sei lebendig, aber sei auch stets zu sterben bereit." Das klingt paradox. Yoga sagt: „Genieße. Aber vergiss nicht, dass du hier nicht zu Hause bist. Du übernachtest hier nur."

Nichts ist Sünde. Selbst wenn du es dir in einer *dharamsala*, einer Pilgerherberge mal gut gehen lässt, die Vollmondnacht genießt – nichts ist verkehrt daran! Genieße sie, aber halte die Herberge nicht für dein Zuhause. Denn morgen früh ziehen wir weiter. Wir werden uns für diese Übernachtung bedanken, werden uns erkenntlich zeigen – es war wunderschön, solange es währte! – aber verlange nicht, dass es ewig währt. Wenn du verlangst, dass es ewig währt, fällst du in das eine Extrem; aber wenn du es gar nicht erst genießen willst, weil es ja doch nicht ewig währt, fällst du in das andere Extrem. Und so oder so bleibst du nur halb.

Ein Leben gewöhnlichen Genusses ist monoton. Ein gewöhnliches Yoga-Leben ist ebenfalls monoton, langweilig. Ein Leben jedoch, das alle Widersprüche in sich zu vereinen weiß, das viele Melodien enthält und sie alle zu einer Harmonie zu verweben weiß: So sieht ein reiches Leben aus! Und wenn dein Leben in diesem Sinne reich wird, ist das Yoga für mich.

Diese fünf Regeln sollen euch also nicht etwa vom Leben abschneiden, sondern mit ihm in Verbindung bringen. Vergesst diesen Unterschied nicht! Viele Menschen haben diese fünf Regeln dazu missbraucht, um sich vom Leben abzuschneiden. Dafür sind sie nicht gedacht – ganz im Gegenteil. Patanjali ist nicht gegen das Leben; er liebt das Leben. Keiner, der erkannt hat, ist gegen das Leben. Folglich bedeutet Gewaltlosigkeit: Liebt das Leben so sehr, dass ihr niemandem weh tun wollt, mehr nicht. Das Leben bringt vieles mit sich, woran ihr nichts ändern könnt. Macht euch darüber keine Gedanken, sonst werdet ihr verrückt. Behaltet nur eines im Sinn: Dass ihr niemanden mit Absicht tötet. Und dass ihr, wenn ihr jemanden unwillentlich verletzen müsst, es mit einem Gefühl der Liebe tut.

Geh zu einem Baum: Wenn du seine Frucht pflücken musst, weil du Hunger hast, dann dank dem Baum. Bitte ihn um Erlaubnis: „Ich nehme mir jetzt diese Frucht. Das ist zwar Raub, aber ich werde es in jeder Weise wieder gutmachen. Ich werde dir mehr Wasser geben, ich werde dich mehr pflegen. Du bekommst also alles wieder, was ich dir weggenommen habe, ja mehr noch als das.“ Liebe also das Leben, hilf dem Leben, sei gut zum Leben – erweise dich als Segen für alles Lebendige. Und wenn du etwas tun musst, das dir vermeidbar erscheint, dann vermeide es. Wenn es sich nicht vermeiden lässt, dann versuche es wettzumachen.

Und das macht viel aus. Heute sprechen sogar Naturwissenschaftler davon: Wenn ihr euch einem Baum nähert und ihn um Erlaubnis bittet, fühlt sich der Baum nicht mehr verletzt. Dann ist es nicht mehr Raub. Du hast ihn ja um Erlaubnis gebeten! Tatsächlich tut es dem Baum gut, dass du gekommen bist. Der Baum ist froh darüber, dass er jemandem, der es brauchen kann, helfen konnte. Es hat den Baum bereichert, dass du gekommen bist und er dir etwas geben konnte. Seine Früchte wären ohnehin abgefallen. So konnte er freigebig sein – du hast nicht nur dir geholfen, sondern du hast auch dem Baum geholfen, in seinem Bewusstsein zu wachsen.

Gewaltlos sein heißt segensreich sein, jedem hilfreich begegnen – dir selbst ebenso wie jedem anderen. Das ist also das erste im *yama*, die erste Selbstdisziplin heißt Liebe. Gewaltlosigkeit bedeutet Liebe. Liebst du, dann bist du mit allem einverstanden. Liebst du aber nicht, dann ist es zwecklos, selbst wenn du noch so gewaltlos wirst.

Und warum erhebt Patanjali Gewaltlosigkeit zum ersten *yama*, zur ersten Disziplin? Liebe ist die erste Disziplin, die Grundlage überhaupt. Solange in dir ein noch so kleines Begehren danach ist, andere zu verletzen, stellst du eine Gefahr dar, sobald du Macht hast. Dieser Rest wird dann zur Gefahr. Es darf nicht einmal mehr eine Spur in dir sein, andere verletzen zu wollen. Und das steckt in jedem. Ihr könnt auf tausenderlei Art und Weise verletzen – und zwar so, dass sich niemand wehren kann.

Manchmal verletzt ihr auf eine sehr versteckte Art – mit guten Gründen und Rationalisierungen. Zum Beispiel sagst du etwas zu jemandem, das durchaus stimmt und dann kannst du sagen: „Ich sage ja nur die Wahrheit!“ Aber eigentlich hattest du den heimlichen Wunsch, den anderen damit zu verletzen, indem du „ja nur die Wahrheit sagtest.“ Dann ist die Wahrheit schlimmer als eine Lüge und dürfte nicht ausgesprochen werden.

Wenn du es nicht schaffst, deine Wahrheit sanft zu machen, sie freundlich und kreativ anzubringen, ist es besser, nichts zu sagen. Und prüfe immer erst in dir nach, warum du es sagst. Was willst du im Grunde damit? Möchtest du den anderen verletzen – im Namen der Wahrheit? Dann ist deine Wahrheit bereits vergiftet, damit ist sie nicht mehr religiös, sondern wertlos und unmoralisch. Vermeide eine solche Art von Wahrheit! Ich sage euch: Selbst eine Lüge, die aus der Liebe kommt, ist besser als eine Wahrheit, die nur verletzen soll.

Das hier sind keine toten Prinzipien. Ihr müsst sie verstehen und herausfinden, wie ihr sie anwenden könnt. Ich habe Leute gute Prinzipien aus schlimmen Gründen befolgen, aus schlimmen Gründen vorbildlich leben sehen. Ihr mögt fromm sein, um euch etwas darauf einzubilden – dann ist eure Frömmigkeit Sünde. Ihr mögt charakterlich lupenrein sein, nur um den Stolz zu haben, einen „guten Charakter“ zu haben. Dann wäre es besser, du hättest einen schlechten Charakter, dafür aber kein solches Ego. Wenn dein Charakter nur dein Ego füttern soll, ist er schlimmer als Charakterlosigkeit. Prüft euch also innerlich immer. Erforscht die Tiefen eures Seins: „Was tu ich da? Warum tu ich es?“ Und seid nicht mit oberflächlichen Rationalisierungen zufrieden – die gibt es zu Tausenden und mit denen könnt ihr euch selber weismachen, dass ihr „richtig“ seid. Gewaltlosigkeit kommt zuerst – Liebe kommt immer zuerst. Und wenn ihr erst einmal lieben könnt, habt ihr alles gelernt. Nach und nach wird die Wirklichkeit der Liebe zu eurer Aura. Wo immer ihr hingeht, bewegt sich eine Anmut mit euch, wo immer ihr hingeht, kommt ihr mit Gaben, lasst ihr andere an eurem Wesen teilhaben. Gewaltlosigkeit ist nichts Verneinendes, kein Verbot, sondern das bejahende Gefühl der Liebe.

Wahrhaftigkeit, die zweite Regel des *yama*, bedeutet Authentizität: ehrlich sein, nicht verlogen sein – keine Masken tragen. Euer echtes Gesicht, wie es auch sein mag – zeigt es! Was immer es kosten mag. Wohlgemerkt, das heißt nicht, dass ihr andere entlarven sollt. Wenn sie sich wohl fühlen mit ihren Lügen, ist das ihre Sache. Geht nicht hin und reißt den Leuten die Maske vom Gesicht. Sei dir selbst gegenüber wahrhaftig. Du brauchst niemanden sonst auf der Welt zu verändern. Wenn es dir gelingt, selber zu reifen, ist das genug. Sei kein Reformator und versuche nicht, andere zu belehren und versuche nicht, andere zu ändern. Wenn du dich änderst, ist das Botschaft genug. Authentisch sein heißt: Deinem eigenen Wesen treu bleiben. Aber wie geht das – sich treu bleiben? Da gilt es drei Dinge zu beachten.

Höre nicht hin, wenn dir irgendwer erzählen möchte, wie du sein solltest. Höre immer auf deine innere Stimme. Andernfalls ist dein ganzes Leben vertan. Bleibe deiner inneren Stimme treu. Und wenn sie dich in Gefahr führt, dann geh in diese Gefahr – aber bleibe deiner inneren Stimme treu! Nur so besteht die Möglichkeit, dass du dich eines Tages tanzen siehst vor lauter Erfülltsein. Prüfe immer zuerst, was dein Inneres sagt und gestatte keinem anderen, dich zu manipulieren oder zu kontrollieren. Es gibt so viele, jeder möchte dich kontrollieren, dich verändern, jeder will dir eine Richtung sagen, um die du nicht gebeten hast. Jeder drückt dir einen Leitfaden fürs Leben in die Hand. Du hast deinen Leitfaden in dir, du trägst deinen Bauplan in dir!

Authentisch sein heißt: sich selber treu sein. Das ist etwas sehr, sehr Riskantes; nur die wenigsten getrauen sich das. Aber wann immer Menschen es tun, schaffen sie es auch. Dann gewinnen sie eine solche Schönheit, eine solche Zufriedenheit, wie ihr sie euch nicht einmal vorstellen könnt. Wenn alle Welt so frustriert dreinschaut, dann nur deshalb, weil niemand auf seine eigene Stimme gehört hat.

Höre immer auf deine innere Stimme und auf sonst nichts. Tausendundeine Versuchung umgaukeln dich, weil die Leute überall ihren Trödel feilbieten. Sie ist ein Jahrmarkt, diese Welt, und jeder will dir nur „sein Ding" andrehen; alle sind Trödler. Wenn du auf zu viele Trödler hörst, wirst du wahnsinnig werden. Höre einfach nicht hin. Stelle dich taub und höre auf deine innere Stimme. Genau darum geht es beim Meditieren: Lerne, auf deine innere Stimme zu hören. Dies ist das Allererste.

Das Zweite dann – aber das Zweite wird erst möglich, wenn du das Erste getan hast – trage niemals Masken! Wenn du wütend bist, sei wütend. Das ist riskant, aber lächle nicht, denn das wäre unecht. Aber man hat dir beigebracht zu lächeln, als du wütend warst. Dann wird dein Lächeln verlogen, zur Maske, zur reinen Lippengymnastik. Im Herzen kocht es vor Wut und Gift, aber die Lippen lächeln – so wird man zum Phantom. Und nicht nur das.

Es passiert auch das Umgekehrte: Wenn du mal lächeln möchtest, kannst du es nicht mehr! Dein ganzes System ist durcheinander geraten: Als du wütend sein wolltest, warst du es nicht und als du hassen wolltest, hast du es unterbunden. Jetzt möchtest du lieben: Plötzlich musst du entdecken, dass das System nicht mehr funktioniert. Wenn du jetzt lächeln möchtest, musst du dich dazu zwingen.

Tatsächlich ist dein Herz ein einziges Lächeln und du möchtest laut lachen, aber du bringst kein Lachen mehr hervor. Etwas im Herzen, etwas in der Kehle erstickt es. Das Lächeln kommt einfach nicht und selbst wenn es kommt, ist es ein sehr blasses und totes Lächeln. Es beglückt dich nicht. Du sprudelst nicht über davon. Es fehlt ihm jede Ausstrahlung.

Und das Dritte: Bleibe immer in der Gegenwart – denn alles Unechte schleicht sich über die Vergangenheit oder die Zukunft ein. Was vorbei ist, ist vorbei – kümmere dich nicht darum und schleppe es nicht als Altlast mit; es hindert dich nur daran, der Gegenwart authentisch zu begegnen. Und was noch nicht da ist, ist noch nicht da – mache dir nicht unnötig Gedanken über die Zukunft; sonst drängt sie sich der Gegenwart auf und zerstört sie. Bleibe der Gegenwart treu und du wirst authentisch sein. Im Hier-Jetzt sein heißt authentisch sein. Ohne Vergangenheit, ohne Zukunft ist dieser Augenblick alles, ist dieser Augenblick die ganze Ewigkeit.

Diese drei Dinge also und ihr werdet verstehen, was Patanjali Wahrhaftigkeit nennt. Dann könnt ihr sagen, was ihr wollt und es wird wahr sein. Ihr glaubt normalerweise, auf der Hut sein zu müssen, um die Wahrheit zu sagen. Davon ist hier aber nicht die Rede. Was ich hier sagen will, ist nur: Sorgt für Authentizität und dann wird alles, was ihr sagen werdet, wahr sein. Ein authentischer Mensch kann nicht lügen. Was immer er sagt, wird wahr sein.

Das Dritte: Nicht-Stehlen, Ehrlichkeit – *asteya.* Der Verstand ist ein großer Dieb. Er stiehlt immerzu, auf alle mögliche Art und Weise. Ihr mögt vielleicht andere nicht bestehlen, aber ihr könnt Gedanken stehlen: Ich sage etwas zu dir und du gehst hin und tust so, als wäre es dein Gedanke. Du hast diesen Gedanken gestohlen, du bist ein Dieb – auch wenn dir vielleicht gar nicht bewusst ist, was du da tust.

Bei Patanjali heißt es: „Sei in einem Zustand des Nicht-Stehlens." Weder Wissen noch Sachen – nichts darf gestohlen sein. Du solltest aus dir heraus leben und solltest jederzeit klar stellen: „Das hier ist nicht von mir, nicht meines." Bleib lieber leer, das ist besser, aber stopfe dein Haus nicht mit Diebesgut voll; denn wenn du immer nur stiehlst, verlierst du alle Ursprünglichkeit. Dann wirst du nicht mehr in der Lage sein, deinen eigenen Raum zu finden, du bist voll von den Meinungen, Gedanken und Dingen anderer Menschen. Und die werden sich letzten Endes als völlig wertlos erweisen. Nur was aus dir kommt, hat Wert. Letztlich kannst du sowieso nur besitzen, was aus dir stammt, sonst nichts. Du kannst es zwar stehlen, aber besitzen kannst du es nicht.

Ein Dieb fühlt sich nie wohl, kann es einfach nicht – er lebt ständig in der Angst, entlarvt zu werden! Und selbst wenn dies nicht passiert, er weiß ja, dass das alles nicht ihm gehört. Das belastet ständig sein Dasein. Patanjali sagt: Sei kein Dieb – in keinerlei Hinsicht, so dass deine Ursprünglichkeit aufblühen kann. Belade dich nicht mit gestohlenen

Dingen und Gedanken, Philosophien, Religionen. Lass dein Inneres aufblühen.

Das Vierte ist *brahmacharya.* Dieses Wort zu übersetzen ist kaum möglich. Man hat es mit „Keuschheit“, „Zölibat“ übersetzt. Das trifft es aber nicht, denn die Bedeutung von *brahmacharya* ist viel umfassender! Keuschheit, sexuelle Enthaltsamkeit sind etwas sehr Beschränktes; sie gehören zwar auch dazu, sind aber nicht das Ganze. Im Wortsinn bedeutet *brahmacharya,* „Leben wie ein Gott“, „göttliches Leben haben“. Natürlich, in einem göttlichen Leben gibt es keine Sexualität.

Brahmacharya ist nicht gegen die sexuelle Energie gerichtet. Wäre sie dagegen, könnte sich diese niemals auflösen. In *brahmacharya* geschieht eine Energietransformation; man führt die gesamte Energie vom Sexzentrum zu den höheren Zentren. Wenn sie beim siebten Zentrum des Menschen, beim *sahasrara* angelangt ist, tritt *brahmacharya* ein. Solange sie sich im ersten Zentrum, im *mooladhara,* aufhält, bleibt sie Sexenergie. Im siebten Zentrum angekommen geschieht *samadhi.*

Ein Mensch, der in der Sexualität stecken bleibt, ist ein sich selbst gefährdender Mensch. Er zerstört seine eigene Energie. Er ist wie jemand, der zum Markt geht und für seine Diamanten Kieselsteine kauft und glücklich nach Hause kommt, im Glauben, ein großes Geschäft getätigt zu haben. In der Sexualität erreichst du so wenig, einen winzigen Moment des Glücks und verlierst dabei so viel Energie. Die gleiche Energie kann dir unermesslichen Segen bringen, aber dann muss sie sich auf einer höheren Ebene bewegen. Die sexuelle Energie kann transformiert werden, aber sei nicht gegen sie! Bist du gegen sie, kannst du sie nicht transformieren. Wenn du gegen etwas bist, etwas bekämpfst, kannst du es nicht verstehen. Ein Verstehen setzt große Sympathie voraus: Wenn du feindlich eingestellt bist, wie kannst du dann Sympathie aufbringen? Und wenn du feindlich bist, kannst du auch nicht beobachten. Du willst dich vom Feindlichen zurückziehen, ihm ausweichen. Sei in Freundschaft mit der Sexualität, denn es ist eine Energie mit ungeheuren, verborgenen Möglichkeiten.

Der ganze Yoga ist ein Weg des Höherbringens, der Veränderung des Grundmetalls in edles Metall. Die ganze Kunst besteht darin, Eisen in Gold zu verwandeln. Yoga ist Alchemie – die Alchemie deines inneren Wesens.

Brahmacharya bedeutet: die sexuelle Energie zu verstehen; zu verstehen, wie ihre Bahnen durch euer Inneres verlaufen; zu verstehen, warum sie euch ein solches Vergnügen bereitet; zu verstehen, von wo dieses Vergnügen wirklich kommt – von der sexuellen Vereinigung, der sexuellen Entladung, oder von anderswo? Wenn du dabei der Beobachter bleibst, wirst du bald merken und entdecken, dass es von anderswo herkommt. Wenn ihr euch im Orgasmus befindet, steht euer ganzer Körper unter Schock. Unter Schock deswegen, weil durch ihn eine so starke Energie freigesetzt wird, dass der ganze Körper erzittert. In diesem Schock stehen die Gedanken einfach still, ähnlich wie bei einem elektrischen Schock. Wenn die Energie aufsteigt, wirst du zu einem Bassin voller Energie.

Das bedeutet *brahmacharya:* In dir sammelt sich immer mehr Energie an. Je mehr sich ansammelt, desto höher steigt sie. Wie bei einem Stausee: Jetzt setzt die Regenzeit ein und der Wasserpegel steigt höher und immer höher.

Aber wenn irgendwo ein Leck ist, kann der Pegel nicht steigen. Deine Sexualität ist so ein Leck in deinem Dasein.

Wenn aber kein Leck da ist, steigt der Wasserpegel immer höher und höher und höher. Die Energie durchläuft dabei mehrere Zentren. Sie steigt vom *mooladhara* zum zweiten Zentrum auf. In diesem Zentrum bekommt ihr ein Gefühl für die Illusion des Todes – es wird euch bewusst, dass nichts jemals stirbt. Alle Angst verschwindet. Habt ihr je bemerkt, dass jedes Mal, wenn ihr Angst bekommt, euch das wie eine Art Schlag in der Nabelgegend trifft? Dort liegt das Zentrum für Tod und ewiges Leben. Wenn die Energie dieses Zentrum erreicht, in dieses Zentrum kommt, fühlt ihr euch jenseits des Todes. Selbst wenn euch dann jemand töten sollte, wüsstet ihr: Nicht ich bin es, der da getötet wird. „*Na hanyate hanyamane sharire* – Du magst meinen Körper töten, aber meine Seele kannst du nicht töten."

Dann steigt die Energie weiter hoch, sie erreicht das dritte Zentrum. Im dritten Zentrum breitet sich in euch ein großer Friede aus. Ist euch je aufgefallen, dass ihr jedes Mal anfangt, wenn ihr euch friedlich fühlt, aus dem Bauch zu atmen statt aus der Brust?

Denn das Zentrum für Frieden liegt direkt oberhalb des Nabels. Unterhalb des Nabels liegt das Zentrum für Tod und für ewiges Leben; oberhalb des Nabels liegt das Zentrum für Frieden und Verspannung. Solange keine Energie dorthin gelangt, fühlt ihr euch verspannt. Solange es keine Energie bekommt, empfindet ihr Angst.

Bekommt es dagegen Energie, verfliegt alle Anspannung, fühlt ihr euch sehr, sehr friedlich, unaufgeregt, beruhigt, still, gesammelt. Dann steigt die Energie weiter hoch, zum vierten Zentrum – das Zentrum der Herzenergie.

Dort kommt Liebe auf. Im Augenblick könnt ihr noch nicht lieben; alles, was ihr als Liebe bezeichnet, ist nichts weiter als Sexualität, getarnt unter dem schönen Wort Liebe. Liebe wird erst dann möglich, wenn eure Energie zum vierten, zum Herzzentrum aufgestiegen ist. Plötzlich bist du dann in Liebe, in Liebe mit der ganzen Existenz, mit allem. Jetzt bist du Liebe.

Und weiter steigt die Energie zum fünften Zentrum, in der Kehle. Dies ist das Zentrum des Schweigens – des Schweigens ebenso wie des Sprechens. Sprache wie Nichtsprache, beides sitzt hier. Im Augenblick dient eure Kehle nur dem Sprechen. Sie versteht es noch nicht, schweigend zu funktionieren, zum Schweigen zu finden. Wenn die Energie dort ankommt, werdet ihr ganz plötzlich schweigsam. Ohne die geringste Anstrengung, ohne euch zum Schweigen zwingen zu müssen, spürt ihr euch plötzlich schweigsam, von Schweigen erfüllt! Ihr könnt jetzt selbst dann kaum noch sprechen, wenn ihr es müsst! Und dann wird eure Stimme melodisch werden. Was immer ihr sagt, es wird poetisch klingen; eure Worte fangen an, aus einer verborgenen Lebendigkeit zu glühen. Und eure Worte werden von Schweigen erfüllt, umhüllt sein. Ja, euer Schweigen wird jetzt beredter sein als euer Reden.

Danach kommt die Energie ins sechste Zentrum, zum Dritten Auge. Dort findet ihr Licht – Klarheit, Bewusstsein. Hier sind aber auch der Schlaf, die Hypnose zu Hause. Habt ihr je einen Hypnotiseur beobachtet? Er verlangt, man solle seine Augen auf einen bestimmten Punkt richten. Wenn ihr nämlich beide Augen auf einen Punkt richtet, schläft euer Drittes Auge ein. Das ist ein Trick, um das Dritte Auge einzuschläfern. Wenn eure Energie zum Dritten Auge gelangt, fühlt ihr euch von Licht erfüllt. Alles Dunkel ist gewichen, unendliches Licht empfängt euch. Ja, nicht einmal ein Schatten bleibt nun noch in euch zurück. Der älteste Spruch in Tibet lautet: „Wenn ein Yogi seine Bewusstheit erlangt hat, wirft sein Körper keinen Schatten mehr."

Man darf das nicht wörtlich nehmen – als Körper wirft er durchaus noch einen Schatten. Nicht aber in seiner Tiefe, denn dort ist alles von Licht erfüllt, von einem Licht ohne Quelle! Wo Licht eine Quelle hat, gibt es auch Schatten; Licht ohne Quelle kann keinen Schatten mehr haben.

Und nun bekommt das Leben einen anderen Sinn, eine andere Dimension. Du gehst zwar noch auf der Erde, aber du gehörst der Erde nicht mehr an. So als flögest du. Jetzt befindest du dich in unmittelbarer Nähe zur Buddhaschaft. Jetzt ist der Garten ganz nah, du nimmst schon dessen Duft wahr. An diesem Punkt bist du zum ersten Mal in der Lage, einen Buddha zu verstehen. Bis dahin magst du zwar hier und da, nach und nach ein paar Dinge verstanden haben, du hast ihn aber nie ganz verstanden. Aber an diesem Punkt bist du unmittelbar an der Tür – du hast den Tempel erreicht.

Ein Klopfen und die Tür wird sich auftun und du selbst wirst ein Buddha sein. Jetzt, da du so nah und in so unmittelbarer Nachbarschaft bist, fühlst du zum ersten Mal, was Verstehen überhaupt bedeutet.

Und dann steigt die Energie zum siebten, zum *sahasrara*. Dort wird sie zu *brahmacharya*, zu göttlichem Leben. Dann bist du kein Mensch mehr – dann bist du ein Gott, hast du *bhagwatta*, Göttlichkeit erlangt. Das ist unter *brahmacharya* zu verstehen. Erst nach *brahmacharya*, wenn du zur Erfüllung gelangt bist, besitzt du die Welt, ohne sie zu besitzen.

Jetzt die fünfte Regel des *yama*: Nichtbesitzen. Auf dieses Nichtbesitzen müsst ihr euch nach und nach einstellen. Erhebe keine Besitzansprüche; wer das tut, zeigt damit nur, dass er ein Bettler ist. Jedes Mal, wenn du Besitz von etwas ergreifen willst, beweist du nur, dass es nicht dir gehört – denn sonst bedarf es keiner Anstrengung. Du bist der Meister, du brauchst es nicht zu fordern.

Zum Beispiel: Du liebst jemanden. Wenn du Besitzansprüche auf diesen Menschen erhebst, liebst du ihn nicht und bist dir auch nicht seiner Liebe gewiss. Nur darum triffst du ja all diese Sicherheitsvorkehrungen, umgarnst ihn mit allen Tricks, stellst alles klug und schlau an, damit er dich nicht verlassen kann. Aber damit bringst du die Liebe um. Liebe heißt Freiheit; Liebe gibt Freiheit, Liebe lebt nur in Freiheit – Liebe ist in ihrem innersten Kern gleichbedeutend mit Freiheit. So zerstörst du das Ganze nur. Wenn du wirklich liebst, brauchst du nicht zu besitzen. Du bist so reich, wozu noch besitzen? Du brauchst keinen Besitzanspruch anzumelden. Dein Anspruch wird hohl klingen. Wer wirklich besitzt, ergreift nicht Besitz – aber das will gelernt sein.

Seid auf der Hut! Macht keine Besitzansprüche geltend. Macht wohl Gebrauch von allem, was ihr habt und seid froh und dankbar, es gebrauchen zu dürfen, aber meldet keine Besitzansprüche an. Besitzanspruch ist eine Form des Geizes. Und ein geiziges Wesen kann nicht aufblühen. Ein Geizhals ist spirituell gesehen verstopft, krank. Man muss sich öffnen, mit anderen teilen. Teile alles was du hast und es wird mehr werden – je mehr du es austeilst, desto mehr wird es werden. Schenke mit vollen Händen aus, und dir wird ständig nachgefüllt werden. Die Quelle fließt ewig;

geize mit nichts, was es auch sei, Liebe, Weisheit – egal was es ist, verteile es. Teilen heißt dasselbe wie Nichtbesitzen.

Aber du kannst auch töricht sein – und viele Menschen sind es. Sie denken bei sich: „Verlass dein Haus, zieh in die Wildnis! Denn wie kann man in seinem Hause wohnen, ohne es auch zu besitzen?“ Das geht durchaus. Man braucht es nicht zu besitzen. Du willst also in der Wildnis wohnen – wirst du etwa die Wildnis besitzen?

Sagst du vielleicht: „Jetzt bin ich Herr dieser Wildnis!“? Wenn du in der Wildnis wohnen kannst, ohne sie zu besitzen, wo liegt dann das Problem? Warum kannst du dann nicht auch zu Hause wohnen, den Laden inklusive, ohne das Ganze zu besitzen? Törichte Leute sagen: „Kehr dich ab von Frau und Kindern! Fliehe! Denn man muss sich der Besitzlosigkeit befleißigen!“ Sie sind dumm.

Wo willst du hin? Wo du auch hingehst, ganz gleichgültig wohin, dein Besitzstreben wird dich begleiten. Daran wird sich nichts ändern. Wo immer du bist: Verstehe einfach nur und lass dein Besitzstreben los. Nichts ist an deiner Frau verkehrt – hör einfach nur auf, von *meiner* Frau zu reden. Lass nur das *meine* weg. Nichts ist an deinen Kindern verkehrt – wunderbare Kinder, Kinder Gottes!

Du hast die Chance bekommen, ihnen zu dienen, sie zu lieben – nutze sie, aber sage nicht meine! Sie sind zwar durch dich gekommen, aber sie gehören nicht dir. Sie gehören der Zukunft; sie gehören dem Ganzen. Du warst der Kanal, das Vehikel für sie, aber ihr Besitzer bist du nicht. Wozu also weglaufen, wohin auch immer? Sei dort, wo immer der Zufall dich hingestellt hat. Sei dort, wo Gott dich hingestellt hat und lebe ohne Besitzansprüche und plötzlich wirst du zu blühen beginnen.

Deine Energien werden zu strömen anfangen, du wirst nichts mehr festhalten, abwehren, du wirst zu einem Strom werden. Und Strömen ist herrlich. Blockiert und eingefroren leben heißt, hässlich und tot sein.

Patanjali möchte in euch mit diesen fünf Regeln des *yama* keine Schuldgefühle wecken, nicht im geringsten. In diesem Sinn ist er mehr wissenschaftlich denn religiös, mehr Psychologe denn frommer Priester. Er ist kein Prediger. Mit allem, was er sagt, will er euch nur Orientierungen geben, wie ihr reifer werden könnt. Und wer reifer werden will, braucht eine Disziplin. Nur darf einem diese Disziplin nicht von außen aufgezwungen werden, sonst entsteht Schuld.

Die Disziplin darf sich nur aus der eigenen inneren Einsicht ergeben – dann ist sie schön. Der Unterschied ist sehr fein. Man kann dir vorschreiben, etwas Bestimmtes zu tun und dann tust du es, aber du tust es wie ein Sklave. Man kann dir aber auch helfen, etwas Bestimmtes zu verstehen; dann tust du es aus Einsicht und dann tust du es in eigener Verantwortung. Was immer du in eigener Verantwortung tust, macht dich schön; was immer du als Sklave tust, macht dich hässlich.

Lasst mich einen alten jiddischen Witz erzählen:

Es war einmal ein Schneider namens Zumbach. Ein Kunde kam; als sein Anzug fertig war und der Kunde ihn abholen wollte, bemerkte er, dass der eine Ärmel länger war als der andere. Er begann sich zu beschweren. Schneider Zumbach sagte: „Na und? Was machen Sie einen solchen Lärm! Sehen Sie doch nur, was das hier für ein Kunstwerk ist! Und da machen Sie solchen Wirbel um einen winzigen Schönheitsfehler! Sie brauchen doch nur die Hand ein wenig einzuziehen, dann ist der Ärmel völlig in Ordnung!"

Also versuchte der Mann es damit. Aber kaum hatte er seine Hand eingezogen, spürte er, wie sich das Ärmelfutter auf seinem Rücken bauschte. Also sagte er: „Und was ist jetzt mit diesem Knubbel hier auf meiner Schulter?"

Darauf Schneider Zumbach: „Na und? Dann beugen Sie sich halt ein klein wenig vor. Aber dies ist ein Kunstwerk und ich bin nicht bereit, daran etwas zu verändern. Er sieht einfach wunderschön aus, dieser Anzug!"

So beugte sich der Mann also etwas vor und ging seines Weges. Kaum war er ein paar Schritte gegangen (was mühselig war, denn er musste ja immer die eine Hand einziehen und dazu noch einen Buckel machen – um des Anzugs willen, denn auf ihn kam es ja nicht an, wichtig war nur sein Jackett!), sprach ein Passant ihn an und sagte: „Was für ein herrlicher Anzug! Ich wette, dass der vom Schneider Zumbach stammt!"

Unser Mann staunte: „Woran erkennen Sie das?"

Der andere sagte: „Woran ich das erkenne? Nur ein Genie wie Zumbach ist fähig, einen so großartigen Anzug zu schneidern – für einen Krüppel wie Sie!"

Genauso ist es der ganzen Menschheit mit ihren Religionen ergangen: Sie haben euch herrliche Gesetze auf den Leib geschneidert. Und wenn ihr einen kleinen Buckel machen müsst, sagen sie: „Na und? Völlig in Ordnung – steht euch prächtig!" Hauptsache ihr befolgt und erfüllt das Gesetz. Um euch geht es nicht; es geht ums Gesetz. Wenn du dich dafür verbiegen musst – völlig in Ordnung. Wenn du ein „bucklicht Männlein" wirst, wenn du darüber krank wirst –

völlig in Ordnung! Hauptsache, dem Gesetz ist Genüge getan.

Patanjali macht euch keine Vorschriften dieser Art, nein. Sein Blick geht tiefer. Er durchschaut die Gesamtsituation. Die Regeln werden euch helfen. Sie sind im Grunde wie ein Gitterwerk, das man aufstellt, bevor man mit dem Bauen beginnt – ein Gerüst, das den Neubau erst möglich macht. Ist das Haus fertig, wird das Gerüst wieder abgebaut. Es hat seinen Zweck erfüllt; es war nicht das Ziel. Alle diese Gesetze dienen nur dem einen Zweck: euch wachsen zu helfen. Ihr werdet bemerkt haben, dass die fünf großen Regeln alle eines gemeinsam haben: Sie haben nur im Rahmen der Gesellschaft Geltung. Wenn man allein im Walde lebt, kann man sie nicht befolgen. Dann braucht man das weder, noch bietet sich Gelegenheit dazu. Um wahrhaftig sein zu können, müssen andere da sein. Auf einem einsamen Himalaja-Gipfel spielt Wahrheit keine Rolle, denn wie willst du dort lügen können – wem gegenüber? Es fehlt die Gelegenheit.

Yama ist eine Brücke zwischen dir und den anderen. Das kommt also zuerst: Erst muss zwischen dir und den anderen alles in Ordnung sein. Was immer zwischen dir und anderen ungeklärt bleibt, wird dir ständig zu schaffen machen. „Begleiche deine Rechnungen mit anderen" – das ist der Sinn der ersten Stufe. Wenn du mit den Leuten Streit hast, führt das zu Spannungen und Verdruss; dann verfolgt dich das bis in deinen Schlaf, in Form von Albträumen. Dann folgt dir das wie ein Schatten, es begleitet dich überallhin. Ob du isst, schläfst, meditierst – immer wird die Wut, die Gewalt zugegen sein und alles fahl machen, alles kaputt machen. Du kannst nicht in Frieden leben, bei dir sein.

Folglich sagt Patanjali: Kläre zuerst alles, was andere betrifft, mit Hilfe von *yama*, damit es zwischen dir und anderen zu keinen Konflikten kommt. Dies ist der erste Kreis deines Seins – deine Peripherie, mit der du mit den Peripherien anderer in Berührung kommst. Hier muss Ausgeglichenheit entstehen, damit du in tiefer Freundschaft mit dem Ganzen leben kannst. Nur in einer tiefen Eintracht kannst du reifen. Andernfalls wachsen dir die äußeren Sorgen über den Kopf, ziehen deine Aufmerksamkeit an sich, lenken dich ab, zerstreuen deine Energie und werden dir weder Frieden noch Alleinsein gönnen. Wenn zwischen dir und den anderen nicht Friede herrscht, kannst du auch nicht mit dir selber in Frieden leben.

Und nun zur zweiten Stufe: *Niyama*, dieses Wort bedeutet „das Gesetz." Das hat nichts mit anderen zu tun – dazu hast du schon gearbeitet. Jetzt musst du mit dir selbst arbeiten. *Yama* musst du zwischen dir und den anderen, *niyama* mit dir selber ausmachen.

Reinheit, Zufriedenheit, Einfachheit,
Selbsterforschung und Hingabe an Gott
sind die Regeln, die es zu leben gilt.

Hier will jedes Einzelne zutiefst verstanden sein. Das Erste ist Reinheit – *saucha*. Du existierst in einem Körper. Wenn sich dein Körper mit giftigen Stoffen abschleppt, schwer belastet ist, kannst du nicht leicht sein, kannst du deine Schwingen nicht öffnen. Also musst du etwas für deinen Körper und seine Reinheit tun.

Es gibt Speisen, die dich mehr in der Erde verwurzeln; es gibt Speisen, die dich mehr zum Himmel erheben. Es gibt

Lebensweisen, in der die Schwerkraft mehr Einfluss auf euch hat und es gibt Lebensweisen, die euch mehr für das Gegenteil, für die Schwerelosigkeit öffnen. Es gibt Dinge, die dich leicht machen und es gibt Dinge, die dich schwer machen. Alles, was dich schwer macht, ist „unrein", und alles, was dich leicht macht, ist „rein."

Reinheit ist Schwerelosigkeit; Unreinheit ist schwer und belastend. Ein gesunder Mensch fühlt sich leicht, gewichtslos. Ein ungesunder Mensch fühlt sich so, als trüge er die Weltkugel auf dem Rücken, als drückte sie ihn nieder. Ein gesunder Mensch geht nicht zu Fuß, sondern schwebt förmlich; und ein ungesunder Mensch sitzt nicht einmal dann, wenn er sitzt, sondern schläft.

Yoga kennt hier drei Begriffe – die drei *gunas: Sattva, rajas und tamas. Sattva* heißt Reinheit, *rajas* heißt Energie und *tamas* heißt das Schwere, das Dunkle. Dein Körper ist aus allem gemacht, was du zu dir nimmst – in gewisser Hinsicht kann man sagen: „Du bist, was du isst." Wenn du Fleisch isst, macht dich das schwerer. Wenn du nur von Milch und Obst lebst, macht dich das leicht. Habt ihr schon manchmal beobachtet, wie schwerelos ihr euch fühlt, wenn ihr eine Weile fastet? – so als wäre euer ganzes Körpergewicht verflogen! Wenn ihr euch auf die Waage stellt, zeigt sie durchaus euer Gewicht, aber ihr spürt es nicht. Was ist geschehen? Der Körper hat nichts zu verdauen; der Körper hat Urlaub von seiner Alltagsroutine. Eure Energie kann frei fließen, eure Energie hat nichts zu tun – euer Körper macht Ferien. Du entspannst dich, fühlst dich großartig. Man muss darauf achten, was man isst. Was ihr esst, ist keineswegs nebensächlich. Da müsst ihr genau hinschauen; denn euer Körper besteht aus allem, was ihr bisher gegessen habt. Jeden Tag führt ihr ihm neue Baustoffe zu, mit allem was ihr esst. Auch ist es nicht unerheblich, ob ihr weniger oder mehr esst – oder genau die richtige Menge.

Auch das zählt: Du magst unter Esszwang leiden – also zuviel von Dingen zu dir nehmen, die du gar nicht brauchst; dann wirst du sehr, sehr schlapp, sehr überladen sein. Man kann auch genau sein richtiges Maß finden, dann wirst du dich wohler fühlen, nicht so überfüllt – deine Energie fließt, ist nicht blockiert. Und jeder, der in seine innere Welt, zu seiner inneren Mitte fliegen möchte, wird schwerelos sein müssen. Andernfalls kann er diese Reise nicht schaffen. Wenn du träge bist, wirst du deine innere Mitte niemals erreichen. Wer soll dann auf jenen inneren Gipfel steigen?

Achte auf das, was du isst, achte auf das, was du trinkst – achte auf deine Lebensweise und auf deinen Körper. Schon kleine Dinge zählen. Für einen gewöhnlichen Menschen zählen sie nicht, aber der will ja auch nirgendwo hin. Hast du die Reise erst einmal angetreten, zählt alles.

Saucha, Reinheit, beinhaltet sowohl eine reine Ernährung, einen reinen Körper wie einen reinen Geist – drei Schichten von Reinheit. Und das Vierte – nämlich dein Wesen – bedarf keiner Reinhaltung, weil es sich gar nicht verunreinigen lässt. Dein innerster Kern ist immer rein, immer unberührt; doch liegt dieser innerste Kern unter vielen anderen Dingen begraben, die durchaus unrein werden können, ja täglich unrein werden. Du benutzt täglich deinen Körper; so sammelt er Staub an. Du benutzt täglich deinen Geist; so sammeln sich Gedanken an.

Gedanken sind genauso wie Staub. Wie könntest du, wenn du in der Welt lebst, ohne Gedanken auskommen?

Der Körper sammelt Staub an, wird schmutzig; der Geist sammelt Gedanken an, verschmutzt also. Beides erfordert ein kräftiges, säuberndes Bad. Macht euch das zur Gewohnheit. Betrachtet dies aber nicht als eine Vorschrift, sondern einfach als Regel für eine schöne Lebensführung. Und wenn ihr euch rein fühlt, eröffnen sich augenblicklich andere Möglichkeiten – weil alles mit allem zusammenhängt, ineinander greift. Wer sein Leben ändern möchte, sollte immer am Anfang ansetzen.

Die zweite Stufe von *niyama* ist *samtosa*, Zufriedenheit. Fühlt ein Mensch sich gesund – heil und ganz, leicht, schwerelos, frisch, jung und unberührt – wird er auch in der Lage sein zu verstehen, was Zufriedenheit heißt. Ein Gefühl tiefer Akzeptanz – das heißt *samtosa:* Zufriedenheit, es ist das Gefühl des Ja! zur gesamten Schöpfung.

Gewöhnlich nörgelt unser Verstand vor sich hin: „Nichts ist in Ordnung!" Gewöhnlich findet er immer etwas: „Dies ist verkehrt, das ist verkehrt ..." Gewöhnlicherweise ist er negativ, ein Neinsager. Das Ja-Sagen fällt dem Verstand sehr schwer; denn kaum sagst du Ja, steht der Verstand still! Dann hat er nichts mehr zu tun. Sobald man Nein sagt, darf der Verstand immerzu weiterdenken, denn mit Nein hört nichts auf. Auf ein Nein folgt kein Punkt, ein Nein bildet immer nur einen Anfang. Ja ist das Ziel. Nach dem Ja kommt der Punkt; jetzt fällt dem Verstand nichts mehr ein – kein Räsonieren, kein Groll, keine Beschwerde, nichts. Und dieser Stillstand deines Verstandes – das ist Zufriedenheit. Zufriedenheit heißt nicht Trost, merkt es euch.

Ich habe schon viele Leute gesehen, die sich für zufrieden halten, weil sie sich trösten. Nein, Zufriedenheit ist nicht Trost. Trost ist Falschgeld. Wenn du dich tröstest, bist du nicht zufrieden. Im Gegenteil, dann ist tiefe Unzufriedenheit in dir – aber diese Unzufriedenheit zuzugeben brächte Probleme, sie zuzugeben wäre Besorgnis erregend, diese Unzufriedenheit zuzugeben führte nirgendwohin.

Du hast dir eine falsche Zufriedenheit auferlegt und machst dir immerzu weis: „Ich bin zufrieden. Ich brauche auf keinem Thron zu sitzen, ich brauche nicht in Geld zu schwimmen, ich habe keine Gelüste, weder nach diesem noch nach jenem ..." Aber trotzdem gelüstet es dich. Wo sonst kommt dieses „brauch ich nicht!" her? Es gelüstet dich sehr wohl. Du hegst Wünsche, hast aber erkannt, dass es praktisch unmöglich ist, sie zu erfüllen. Also stellst du es schlau an und sagst dir schlauerweise: „Es ist nicht erreichbar!" Innen drin weißt du zwar, dass es unmöglich zu erreichen ist, aber du willst auch nicht klein beigeben, willst dich nicht ohnmächtig fühlen, willst dir nicht wie ein Schwächling vorkommen, also sagst du: „Brauche ich nicht!"

Trost ist ein Trick – Zufriedenheit ist eine Revolution. Zufriedenheit heißt nicht etwa, dass du angesichts all des Fehlerhaften um dich herum die Augen schließt und sagst: „Diese Welt ist Illusion. Ich will nichts von ihr."

Von Basho, einem der größten Haiku-Dichter Japans, stammt folgendes kleines Haiku:

Gesegnet der Mensch, der in der Morgensonne
die Tautropfen verdunsten sieht und nicht sagt:
„Die Welt ist Illusion, die Welt ist nur ein Traum."

Ein seltenes Haiku. Es ist so leicht sich mit so einem Satz zu trösten. Bist du jedoch rein, wird Zufriedenheit möglich. Was ist Zufriedenheit? Zufriedenheit ist Sehen – das Ganze in seiner vollen Schönheit sehen. Zufriedenheit stellt sich spontan ein, wenn du den Morgen sehen kannst – wie schön er ist; wenn du den Nachmittag sehen kannst – wie schön er ist; wenn du den Abend sehen kannst – wie schön er ist! Wenn du alles zu sehen vermagst, was ständig um dich ist, dann wirst du von solch einem Staunen, einem nicht enden wollenden Staunen erfüllt sein, jeder Augenblick wird zu einem Wunder. Aber ihr seid völlig blind geworden. Blumen blühen, ihr seht es nie; Kinder lachen, ihr hört es nie; Flüsse singen, ihr seid taub; Sterne tanzen, ihr seid blind. Buddhas kommen und wollen euch wachrütteln, ihr bleibt fest eingeschlafen. Zufriedenheit ist so nicht möglich.

Zufriedenheit ist Wachheit für alles, was da ist. Selbst wenn du nur flüchtige Einblicke in das hast, was gerade geschieht, was mehr kannst du erwarten? Mehr zu erwarten ist einfach nur Undankbarkeit. Wenn du das Ganze zu sehen vermagst, wirst du Dankbarkeit empfinden; du wirst spüren, wie eine unwahrscheinliche Dankbarkeit aus deinem Sein aufsteigt. Du wirst sagen: „Alles ist gut, alles ist schön, alles ist heilig! Ich bin voller Dankbarkeit, ich habe diese Chance nicht verdient: zu leben, zu sein, zu atmen, zu sehen, zu hören – zu sehen, wie die Bäume blühen, wie die Vögel singen."

Wenn du bewusst wirst – wirst du sehen, dass nichts verändert werden muss, dass dir nichts fehlt, du hast bereits alles bekommen. Es ist wegen deines ewigen Jammerns – Wolken voll des Jammerns und der Negativität –, dass du nicht zu sehen vermagst. Deine Augen sind mit Rauch gefüllt und du kannst das Feuer nicht sehen.

Zufriedenheit ist ein Sehen – ein anderes Sehen des

Lebens: du siehst nicht durch die Brille deiner Wünsche, sondern du siehst einfach das, was ist. Wer durch die Brille seiner Wünsche sieht, der wird nie Zufriedenheit empfinden. Wie sollte er auch – wo dein Wünschen immer nur weiter und weiter geht? Immer, wenn du dein Ziel erreicht hast, ist dir dein Wünschen schon um Meilen voraus.

Es wird niemals da sein, wo du bist, ihr werdet euch niemals begegnen. Wo du auch hingehst, du wirst es immer vor der Nase haben. Und die Folge wird Unzufriedenheit sein: Mit deinem Wünschen als Vorhut wird Unzufriedenheit dein Los sein. Und Unzufriedenheit ist die Hölle.

Wenn du das begriffen hast, betrachtest du die Realität nicht mehr durch die Brille deiner Begierden; dann siehst du alles unverstellt, lässt deine Begierden dahingestellt sein und schaust, machst die Augen auf und schaust einfach nur – und plötzlich erkennst du alles als vollkommen.

Ich habe es gesehen. Deshalb sage ich es euch. Es ist so vollkommen, dass es durch nichts verbessert werden könnte. Es ist in sich absolut. Dann sinkt Zufriedenheit auf dich herab wie ein Abend: Die Sonne, die sengende Sonne der Begierden ist jetzt untergegangen, und die stille Abendluft und das schweigende Dunkel breiten sich über dich und bald schon wirst du umfangen sein von der Wärme der Nacht, vom Schoß des Erfülltseins.

Und nach der „Zufriedenheit", sagt Patanjali, Einfachheit – *tapah.* Hier gilt es wirklich in einer sehr zarten und feinen Weise zu verstehen. Man kann auch ohne Zufriedenheit anspruchslos leben.

Aber hinter einer solchen Anspruchslosigkeit steckt immer noch eine Begierde. Dann willst du dir deinen Wunsch nach *moksha* – Befreiung, Paradies, Gott – durch

Anspruchslosigkeit erfüllen. Dann wird deine Einfachheit ein Mittel zum Zweck. Darum stellt Patanjali die Zufriedenheit vor die Einfachheit. Wenn du bereits zufrieden bist, ist deine Einfachheit kein Mittel zum Zweck mehr, sondern nur eine schlichte, schöne Lebensweise. Dann kommt es nicht drauf an, ob du ein paar Dinge mehr oder weniger hast – das spielt dann überhaupt keine Rolle. Dann kommt es nicht mehr darauf an, was du hast oder nicht hast. Dann ist dein Lebensstil nur noch schlicht, unkompliziert.

Und dies ist schwer zu verstehen: Wenn du ohne Zufriedenheit versuchst einfach zu leben, wird deine Einfachheit zu einer komplizierten Sache. Ohne Zufriedenheit kannst du nur so tun als ob. Du magst leiden, verzichten, magst schlicht werden – du magst Haus und Kleidung aufgeben und nackt herumlaufen. Aber deine Blöße wird etwas Konstruiertes haben, sie kann nichts Einfaches sein. Einfachheit hat nichts damit zu tun, was du hast. Einfachheit hat etwas mit deiner inneren Empfindung zu tun.

Es ist gar nicht so leicht: Ein Mensch mag in einem Palast wohnen; solange der Palast ihm nicht zu Kopf gestiegen ist, ist es Einfachheit. Du magst in einer Hütte hausen, aber wenn dir deine Hütte zu Kopf gestiegen ist, ist es keine Einfachheit. Du magst auf einem Thron sitzen wie ein Kaiser und dabei ein Sannyasin sein. Du magst ein Sannyasin sein und nackt am Straßenrand stehen – und bist vielleicht gar kein Sannyasin. Die Dinge sind nicht so einfach, wie sie den Leuten erscheinen und auf den Schein darf man nicht viel geben. Da muss man schon tiefer blicken.

Die Einfachheit kann sich erst nach der Zufriedenheit einstellen, weil deine Einfachheit nach der Zufriedenheit kein Mittel zum Zweck sein wird. Sie ist ein unkomplizierter Lebensstil. Und warum einfach? Weil sie fröhlicher ist. Je komplizierter dein Leben ist, desto unfroher wirst du, weil du so viele Dinge organisieren musst. Je einfacher dein Leben, desto froher, weil es im Grunde nichts mehr zu managen gibt. Du kannst einfach so leben wie du atmest.

Und danach kommt *svadhyaya*: Selbsterforschung. Nur wer zu Reinheit, Zufriedenheit und Einfachheit gelangt ist, kann sein Selbst erforschen; inzwischen ist aller Müll beseitigt, alles Verrottete hinausgeworfen. Jetzt ist Selbsterforschung möglich. Ihr schleppt so viel Müll mit euch herum, dass ihr, wenn ihr euer Selbst erforschen wollt, nur Müll untersucht. Patanjali geht sehr wissenschaftlich vor.

Nach der Einfachheit, wenn du ganz schlicht geworden bist, wenn sich in dir kein Müll mehr ansammelt, wenn du so zufrieden geworden bist, dass sich kein Wunsch mehr in dir regt, wenn du so unschuldig und rein geworden bist, dass dich nichts mehr beschwert, dann bist du dem Duft gleich schwerelos, schwebend, getragen vom Wind.

Das ist der Augenblick zur Selbsterforschung; jetzt kannst du dein Selbst anschauen. Selbststudium heißt hier nicht Selbstanalyse, es ist das einfache Sehen des Selbst.

Nach der Selbsterforschung kommt der letzte Schritt des *niyama* – *isvarapranidhanani*, die Hingabe an Gott. Es ist wirklich wunderbar, wie Patanjali vorgeht. Er muss sich jeden einzelnen Schritt sehr lange überlegt haben, denn es ist genau so, wie er es sagt. Erst nachdem du dein Selbst erforscht hast, kannst du dich hingeben. Denn was willst du sonst hingeben? Das Selbst ist hinzugeben.

Das kannst du erst hingeben, wenn du es gut kennst. Wie willst du dich sonst hingeben?

Die Leute kommen zu mir und sagen: „Wir möchten uns hingeben!“ Aber was würdet ihr mir da „hingeben“? Zur Zeit steht ihr mit leeren Händen da. Was ihr Hingabe nennt, ist eine leere Angelegenheit. Um dich hingeben zu können, musst du erstmal vorhanden sein. Um dich hingeben zu können, brauchst du erst einmal ein ganzheitliches Selbst. Einfach indem du das Wort aussprichst, findet noch keine Hingabe statt: Du musst dazu in der Lage sein, es ist der Lohn deiner Anstrengung. Wenn du dein Selbst erforscht hast und dein Selbst in dir aufsteigt wie eine Säule von Licht und du es verstanden und alles Unwesentliche abgegeben und fortgeworfen hast und nur noch dein Selbst in seiner ursprünglichen Reinheit und Schönheit ist – dann geschieht Hingabe.

Und noch ein Letztes – und zwar ganz Außergewöhnliches – hat Patanjali zu sagen: Nämlich dass es gar nicht darauf ankommt, ob Gott überhaupt existiert.

Gott ist für Patanjali keine Theorie; Gott gilt es nicht zu beweisen. Für Patanjali ist Gott nichts weiter als ein Vorwand für Hingabe. Wem wollte man sich sonst hingeben? Wenn du dich ohne Gott hingeben kannst, wunderbar – Patanjali hat nichts dagegen. Er besteht nicht darauf, an Gott zu glauben.

Er ist Wissenschaftler genug um zu sagen, dass Gott nicht unbedingt notwendig ist; aber Gott ist eine Chance zur Hingabe. Wenn ihr sonst nicht wüsstet, wie ihr euch hingeben sollt, würdet ihr fragen: „Wem soll ich mich denn hingeben?“ Patanjali sagt: Wenn ihr euch ohne Gott hinzugeben vermögt, bestehe ich nicht auf ihn.

Was zählt ist die Hingabe, nicht Gott. Wenn ihr wirklich versteht, was ich hiermit sage, dann ist Hingabe Gott!

Sich hingeben heißt, göttlich werden, sich hingeben heißt: beim Göttlichen ankommen. Aber du musst dich dabei auflösen. Um dich auflösen zu können, musst du dich vorher gefunden haben.

Reinheit, Zufriedenheit, Einfachheit, Selbsterforschung und Hingabe an Gott – das sind die Regeln, an die man sich halten muss. Sie verbieten nicht, sondern helfen. Sie sind nicht restriktiv, sondern kreativ.

Quellennachweis

Kap. 1	Yoga, The Alpha & Omega, Bd. 1, Kap. 1, 6
Kap. 2	Yoga, The Alpha & Omega, Bd. 1, Kap. 3, 4, 5
Kap. 3	Yoga, The Alpha & Omega, Bd. 1, Kap. 7, 8, 9
Kap. 4	Yoga, The Alpha & Omega, Bd. 2, Kap. 3
Kap. 5	Yoga, The Alpha & Omega, Bd. 2, Kap. 5, 7, 8
Kap. 6	Yoga, The Alpha & Omega, Bd. 2, Kap. 9
Kap. 7	Yoga, The Alpha & Omega, Bd. 3, Kap. 3
Kap. 8	Yoga, The Alpha & Omega, Bd. 3, Kap. 4, 5
Kap. 9	Yoga, The Alpha & Omega, Bd. 3, Kap. 7, 9
Kap. 10	Yoga, The Alpha & Omega, Bd. 4, Kap. 3, 5
Kap. 11	Yoga, The Alpha & Omega, Bd. 4, Kap. 7, 8, 9
Kap. 12	Yoga, The Alpha & Omega, Bd. 5, Kap. 5
Kap. 13	Yoga, The Alpha & Omega, Bd. 5, Kap. 7, 9

Dies ist die überarbeitete Neuauflage des 1. Bandes (Köln 2002), eine Auswahl aus den ersten 5 Bänden der 10-bändigen englischen Original-Ausgabe.

Im Band II des Yoga-Buches von Osho ist die Auswahl aus den Bänden 6-10 zugänglich: Das Yoga Buch – Freiheit und Liebe, ISBN 978-3-942502-35-1.

Über Osho

Oshos Lehren widerstehen jeglicher Kategorisierung, sie reichen von der persönlichen Sinnsuche bis hin zu den dringendsten sozialen und politischen Fragen, mit denen die Welt heute konfrontiert ist. Seine Bücher wurden aus zahllosen Tonband- und Videoaufnahmen transkribiert. Er hat über einen Zeitraum von 35 Jahren vor einer internationalen Zuhörerschaft stets aus dem Stegreif gesprochen. Der Londoner Sunday Times zufolge zählt Osho zu den „1000 Machern des 20. Jahrhunderts"; der amerikanische Romanautor Tom Robbins hat ihn einmal „den gefährlichsten Mann seit Jesus Christus" genannt.

Osho selbst beschreibt sein Werk als „Beitrag, die Voraussetzungen für die Entstehung einer neuen menschlichen Lebensweise zu schaffen". Diesen neuen Menschentypus hat er immer wieder als „Sorbas der Buddha" umschrieben – also einen Menschen, der nicht nur wie Sorbas der Grieche die irdischen Freuden zu schätzen weiß, sondern ebenso sehr die stille Heiterkeit eines Gautam Buddha. Wie ein roter Faden zieht sich durch alle Aspekte von Oshos Arbeit die Vision einer Verschmelzung der zeitlosen Weisheit des Ostens mit den höchsten Potenzialen westlicher Wissenschaft und Technik.

Vor allem seine revolutionären Ansätze zur Wissenschaft der inneren Transformation haben Osho berühmt gemacht. Denn seine Auffassung von Meditation wird dem rasanten

Tempo einer modernen Lebensweise gerecht. Seine innovativen „aktiven Meditationen" basieren auf dem Gedanken, dass erst der in Körper und Geist angesammelte Stress abgebaut werden muss, um, frei von Gedanken und entspannt, einen meditativen Zustand zu erfahren.

www.osho.com

Das Osho International Meditation Resort

Das Ressort ist ein Platz, an dem Menschen eine neue Lebensweise erfahren können – geprägt von mehr Bewusstheit, Entspannung und Lebensfreude. Etwa 100 km südöstlich von Mumbai im indischen Pune gelegen, hat dieser Platz ein reichhaltiges Programm zu bieten; Tausende von Menschen aus mehr als hundert Ländern weltweit besuchen ihn Jahr für Jahr.

Das Meditationgelände erstreckt sich über ca. 15 Hektar inmitten eines von prächtigen alten Baumalleen gesäumten Villenviertels namens Koregaon Park und bietet Unterkunftsmöglichkeiten auf dm Campus im neu erbauten Gästehaus. Außerdem gibt es ein breites Angebot an nahegelegenen Hotels und privaten Unterkünften.

Das Programm des Ressorts gründet auf Oshos Vision einer qualitativ neuen Art von Mensch, der nicht nur sein Alltagsleben schöpferisch zu gestalten vermag, sondern auch Zugang zu entspannter Stille und Meditation findet.

Angeboten werden u. a. Einzelsitzungen, Kurse und Trainings zu allen möglichen Themen – von den bildenden Künsten bis hin zu ganzheitlichen Heilmethoden, von persönlicher Transformation bis hin zu Therapie, esoterischer Wissenschaft, Sport- und Fitnessprogrammen mit Zen-Akzent, Beziehungsthemen und Angebote für Menschen, die in grundlegenden Veränderungsphasen ihres Lebens sind. Und natürlich gibt es ganzjährlich die täglich stattfindenden Meditationen im Ressort.

www.osho.com/ resort

OSHO
Das
YOGA BUCH
Freiheit und Liebe
innenwelt verlag

Osho
DAS HARA BUCH
Zurück zur Quelle der Lebenskraft
Vorwort von Gabrielle Roth
336 Seiten, Broschur
ISBN 978-3-936360-54-7

Alle die Tai Chi, Chi Gong, Yoga oder die östlichen Kampfkünste praktizieren, wissen und schätzen die Zentriertheit im Nabelzentrum, auch Hara genannt, als unerschöpfliche Quelle für Kraft, Ausdauer und Zentriertheit.

Osho erläutert hier, wie man mit einfachen Übungen die Achtsamkeit auf das Hara richten kann, und so Schritt für Schritt dieses Zentrum stärkt und aus ihm heraus agiert.

„Oshos spricht unmittelbar zur Seele. Werden Sie ganz Ohr, lauschen Sie ..."

Gabrielle Roth

www.innenwelt-verlag.de